女人最想要的社交书

▼ 商业社会最有价值的 13 堂社交课 ▲

瞬间赢得好人缘的秘诀
迅速提升受欢迎的法宝

北大纵横管理咨询顾问、北大EMBA 桑郁
管理咨询专家、百万年薪职业经理人 邱庆剑
鼎力推荐

李妍/编著

中国华侨出版社

图书在版编目(CIP)数据

女人最想要的社交书 / 李妍编著.—北京:中国华侨
出版社,2010.7

ISBN 978-7-5113-0501-5

Ⅰ.①女… Ⅱ.①李… Ⅲ.①女性—人间交往—通
俗读物 Ⅳ.①C912.1-49

中国版本图书馆 CIP 数据核字(2010)第 115560 号

女人最想要的社交书

编　著 / 李　妍
责任编辑 / 文　喆
责任校对 / 王京燕
经　销 / 新华书店
开　本 / 787×1092 毫米　1/16 开　印张/18　字数/257 千字
印　刷 / 北京建泰印刷有限公司
版　次 / 2010 年 8 月第 1 版　2010 年 8 月第 1 次印刷
书　号 / ISBN 978-7-5113-0501-5
定　价 / 29.80 元

中国华侨出版社　北京市安定路 20 号院 3 号楼　邮编:100029
法律顾问:陈鹰律师事务所
编辑部:(010)64443056　　64443979
发行部:(010)64443051　　传真:(010)64439708
网址:www.oveaschin.com
E-mail:oveaschin@sina.com

 前　言

qianyan

　　社交的技巧就像是女人的化妆品，多彩的眼影，粉嫩的腮红，绚丽的唇膏……它在这一刻可以让女人成为可爱的天使，在下一刻也同样可以把女人幻化成妖冶的魔鬼。涉世之初，女人好比空谷里的幽兰，只因美丽而美丽，孤独惯了，娇宠惯了，真正地踏上社会才知道自己最初的世界原来那么渺小。社交圈让她们萌生了一切的好奇之心，但是与人相处起来远不如想象中的那么简单，朋友、上司、同事……错综复杂的关系，多种多样的潜规则让她们备感折磨。在这个压得快喘不过气的空间里，她们有了渴望，希望自己也可以像某些女子一样，独立、自信，并且拥有许许多多的朋友。她们喜欢女人那种遇事而不惊，在谈笑间就能将矛盾解开的本领。她们更羡慕女人那种无论面对哪种人，哪怕是傲慢无礼的，哪怕是胆小懦弱的，都能灵活处之的本领……她们开始渴望能在社交生活中健康地成长。

　　同事关系处理不好，和上司总是产生矛盾，婆媳关系继续恶化，朋友之间不冷不热……声声急催。每一个事实都在告诉女人，社交处世的成绩单已经亮起了红灯，你必须要给自己补补课了。

　　女人在社会上打拼，社交处世的本领已然成为了一种生存的必需。哪怕你现今的身份阅历都不值一提，哪怕你常常把握不好做人与处事的分寸，会说一些让自己懊恼的话，做一些让自己后悔的事，只要你愿意修炼自己做一个人情练达的女人，社交场上的风采和魅力是可以一点点积蓄起来的。每一个女人都是一块金子，闪不闪亮在于你会不会去雕琢自己，从内而外，只要用心，只要有心，谁都有可能成为一件精品之作。

社交的魅力，能让一个外表平凡的女子焕发动人的光彩。当年的法国沙龙女人，是一代女性高雅风范和高超社交能力的代表，那些贵妇们通常都不是很年轻了，但她们的个人魅力却能使头戴金冠的国王相形见绌。在很多场合下，当人们的谈话陷入僵局之中，当剑拔弩张火药味十足的时刻，这种聪慧的女子能轻而易举地使整个局面得以改观。

拿破仑·希尔指出："有魅力的人，人人都爱和他交友；和有魅力的人相处总是愉快的。他好像雨天的太阳，能驱除昏暗。人人都乐于为他做事，他也能要一个人做别人连做梦都想不到的事。"

有魅力的女性，应该要以"内外兼修"为基础。在认识上不出现偏差，技巧的问题，可以慢慢地领悟和锻炼。在这个基础上，做一个玲珑剔透、广受欢迎的女人，其实也不是很难。

本书给你的是一份指导，一个理念，最重要的是你自己要给自己一次闪光的机会。如果你天生不善言词，没有关系，这本书会告诉你怎样可以舌绽莲花；如果你在生活中不惹人喜爱，也没有关系，这本书会帮助你一步一步地赢得人心；如果你怕生胆怯，更不要在意，这本书会辅助你完成一次华丽的转身。需要你做什么？需要你勇敢地去相信，自己是可以的。这些就足够了。

相信这不可思议的力量吧，让我们一起来上课。

 目 录
contents

第①课 社交赢天下的黄金法则

世间之事很少能离得开人与人交往的范畴,良好的人际关系不仅可以促进彼此的感情,还可以使自己的事业路、情感路、财运路等,路路亨通。当然,即便社交有一百种好,有的女子仍然会说:"这些虚表的东西,我都是不屑一顾的。"那么,暂且抛弃这些所谓的浮华,现在来问你,亲密的好友,你想不想要? 相处和谐的上级和同事,你想不想拥有? 己的理想,你想不想实现? 如果回答都是肯定的,那么,对社交你是不是需要有一种新的认识?

第2课 赢得陌生人认同的技巧

　　现在网络上流行这样一句话:"姐又不是人民币,怎么会人见人爱。"初看这句话的时候只是觉得很搞笑,但是,深入来看这何尝不是人们渴望得到别人喜爱的内心反面倾诉呢?在我们的生活中,对待亲人、朋友等熟悉的人,也许还可以敞开心扉,自由地畅谈。但是,当面对陌生人的时候却总会不自觉地产生或多或少的防备之心。要想赢得别人的喜爱就要懂得为别人留下一道能走进来的心门,如果处处堵得密不透风,那么别人要如何和你相处,怎样走进你的社交世界呢?

第3课 赢得朋友欢迎的技巧

　　朋友是一个永恒的话题。如果一个人没有朋友,那么她必将是世界上最寂寞的灵魂。朋友重要,所以维系友谊就自然提高了分量。这真是个让人头疼的问题。青春年少时,朋友们腻在一起,友谊仿佛只有这个时候才是可以保温的。随着成长,女人们毕业了、工作了、结婚了、生子了……生活从来没有如此匆忙过。虽然心里还挂念着朋友,可是似乎自己不知道如何去做了。眼睁睁地看着友情在变淡,在流逝,难道你不想去坚固一下岌岌可危的感情吗?让老朋友仍然属于你,让新朋友喜欢上你,你是可以做到的。

第4课 赢得亲人喜爱的技巧

在亲人的圈子里,你是女儿,是媳妇儿,是妻子,是妈妈,是阿姨,是姑姑……首先你要意识到,多种角色集于一身的你是个幸福之人。也许父母及公婆的唠叨会让你不耐烦,丈夫和孩子的事情会让你操了许多的心。可是,当你累了的时候,长辈们满是关心的让你注意休息;丈夫充满爱意地说上一句:"老婆,你辛苦了。"孩子给你端来了洗脚水来慰劳你的时候,是否以前烦你的一切就都变成甜蜜的负担了。所以,尽力地让亲人们喜欢你吧,让自己有权力去享受这种至亲至爱吧。

第5课 赢得同事亲睦的技巧

现代女性大多数都想经济独立，工作就必然成为了她们生活中重要的一部分。以此看来，除了家里人，同事就是在一天中与你相处时间最多的人了。试想一下如果你把工作场合搞得极糟，人缘弄得特别差，同事关系紧张……你要如何在这种环境下度过一天又一天呢？难道要从踏入公司大门的那一刻起就盼着晚上下班逃离这个气氛的那一秒吗？身体累再加心里累，你想这样的日子会坚持多久，一天？一个月？一年？别傻了，聪明的女子不会把自己陷入到这种境地，学点人生智慧，让自己变成一个受同事喜爱的人，你的生活自然会轻松不少。

第6课 赢得下属尊重的技巧

站上了高位，当上了领导，盯着你看的眼睛自然就会多了。不经意的一句话,一个动作都可能成为下属们"奔走相告"的焦点。这一点是你必须知道的。当你升上领导位置的那一天开始,你就从"取水人"到"分水人"做了全面的转型。以前,也许你分到的多一点了不会受大家的抱怨,因为原因并不在你;而今,如果你分水分得有多有少,就势必会激起下属们的满腹牢骚。要想得到下属的喜爱是一件非常不容易的事情,而抱着一颗公正公平的心是首要条件。

第7课 赢得上司欣赏的技巧

在某种意义上看来,做下级比做上司更具有挑战性。最起码做上司的时候是你在挑别人,而做下级的时候,是上司在挑你。挑你倒是不要紧,最可怕的是挑不到你。上司下面有十几个甚至二十几个下属,每个人都想被上司看到,这些早就让他眼花缭乱了,而你要如何做才能脱颖而出赢得上司的青睐呢?这可是一门大学问!

第8课 树立优雅干练形象的技巧

俗语道："树是死的，人是活的。"树没办法走动，人却可以变通。觉得自己知识不够就去充电，经验不够就去磨炼，魅力不够就去培养……竭尽可能地去完善自己才是你不被社会淘汰的砝码。新东方的总裁曾经说过："人有两种生活方式，第一种是像草一样活着。你尽管活着，每年还要成长，但是你毕竟是一棵草，当人们踏过你的时候不会因为你的痛苦而产生痛苦，因为他们并不知道你的存在；另一种是像树一样活着，远看是一片风景，近看你给别人带来一处绿色，我们每个人都应该像树一样成长，活着是美丽的风景，死了是栋梁之材，活着死了都有用……"成就自己，该做的你都要去做好。

第9课 洞察人心掌握先机的技巧

美国著名文化人类学家露丝·本尼迪克特在她的《文化模式》一书中就说过："谁也不会以一种原始质朴的眼光来看世界,他看世界时,总会受到特定的习俗、风俗和思想方式的剪裁编排。"在人际交往中,谁拥有灵巧之心,洞悉之眼,谁就可能赢得先机,加大胜算的几率。虽然你不可能一下拥有神奇的读心术,但是要想去了解一个人的心理活动还是有迹可寻的,只要你能掌握一些洞察他人的方法和技巧,你就一定会在人际交往中崭露头角并取得成功。

第10课 获取他人支持和帮忙的技巧

一个人的力量是有限的,集体的力量是无限的,只有把有限的力量投入到无限的集体中,才能使自己的力量得以最大程度地发挥。社交场也是如此。自己的本领再大,没有人支持,没有人帮忙也都等于零。当美好的想法因为"寡助"而导致无法付诸实践是一件非常悲哀的事情。所以,女子要懂得一些"网"住人脉的技巧,最好有自己忠实的支持者,这样才会让你省去后顾之

忧,全心全意地去经营自己的交际圈。

第11课 化解敌意和处理反对意见的技巧

这个世界上鲜有人愿意为自己树敌。中国自古以来讲究以和为贵,如果稍退一步可以解决问题且化解敌意的话,尽量为之。人与人之间的交往并不像是话家常那样简单,冲突、矛盾、敌对都像是埋在地里的地雷一样不知什么时候就会踩到而突然爆炸。所以,防患于未然是每一个新时代女性应有的意识。自己多长一个心眼儿,多学习一些交际场上应对难题的技巧是大有益处的。

第12课 打动人心赢得信任的技巧

守信是中国人的传统美德。商人讲究"诚信为本",老百姓追求"诚信做人"。要想赢得别人的信任,除了要抱有这样的心态之外,还要学习一些技巧,让别人有机会感受到你的"诚",这才是良好合作的开始。当对方把你当成毫不设防的"自己人"时,愉快的气氛中,你就有可能梦想成真。

第13课 和八种不同类型的人交往的技巧

在生活中即使你是个超级幸运的女子,你也不会一直碰到的都是好好先生,好好小姐。既然有人类群体的存在,就一定会包含形形色色的人。有的人不爱说话,总是让你的热情碰壁;有的人趾高气扬,好像所有人都长在他们的鼻子底下;有些人目中无人;有些人顽固不化等等。如果他们仅仅是路人甲、乙、丙、丁也就罢了,若是长时间与他们交往、相处的话,就必须提起十二分的精神,想办法对付这些"难以相处"的人。一通则百通,只要你掌握了其中的诀窍,就会发现有许多事情一瞬间都迎刃而解了。

第 1 课

社交赢天下的黄金法则

世间之事很少能离得开人与人交往的范畴，良好的人际关系不仅可以促进彼此的感情，还可以使自己的事业路、情感路、财运路等，路路亨通。当然，即便社交有一百种好，有的女子仍然会说："这些虚表的东西，我都是不屑一顾的。"那么，暂且抛弃这些所谓的浮华，现在来问你，亲密的好友，你想不想要? 相处和谐的上级和同事，你想不想拥有? 自己的理想，你想不想实现? 如果回答都是肯定的，那么，对社交你是不是需要有一种新的认识?

树立良好的口碑，增加人际吸引力

中国有一句话叫做"好事不出门，坏事传千里"。英国字典编纂家约翰生曾经说过："圆满人生不仅限于个人的独立，还须追求关系的成功，维系人与人之间的情谊，最重要的不是技巧，而在于诚信。"现代的女子随着社会地位的逐渐提高，工作乃至创业的机会都在与日俱增，她们也在用自己的实力和独有的魅力向世界证明"女子不会不如男"。

在人际交往中，女子的闪光点会显得格外耀人。一个善于交际的女子一定会把功夫下在为自己树立"口碑"的工作上。女子的生理特点决定她们更富于人情味，男子的成功一般更注重于权力，而女子的成功则往往是通过交际联络取得的。人际关系就像是一张无形无色的大网，虽然每个人都身处其中，可是并没有人天生就会拥有它，所以，要想让自己立于"高手"之地就要不断地去学习和修正，一点一滴地进行累积，为自己树立良好的口碑，增加人际的吸引力。上司，对你信任有加，你的职场之路将走得更顺；同事，对你赞不绝口，你的力量就会强上更强；下级，对你尊重信赖，你的业绩就会更加的优秀；家人，对你爱意绵绵，你的后盾就会更为强劲……女人，请相信自己的力量，只要你有建立良好的人际关系的愿望，你就会左右逢源，得到众人的爱戴。

施乐曾被称为"即使在车轮面前仍能安心睡觉"的公司。短短评语让我们可以联想到该公司不可小窥的实力。可是就是这样的一家公司，也曾经有过"乱了手脚"的事件。2005 年 7 月 25 日，全球著名的施乐公司宣布，该公司今年第二季度亏损达到 2.81 亿美元。不仅如此，施乐公司在此做出表示，

由于全球经济发展放缓，美国经济出现了下滑的趋势，公司在第四季度之前极有可能都处于"不盈利"的状态。这一重大信息一出，投资者纷纷对施乐公司持怀疑态度，甚至失去信心，继而大量地将手中持有的施乐公司股票尽数抛售。这种情况对于施乐公司来讲简直是当头一棒，股价像是脱了缰的野马，从上百美元一路跌到7美元。施乐公司再也无法"安睡"，董事会迅速做出决定，7月26日，仅仅过了一天，原公司首席运营官安尼·玛尔卡被任命为公司的CEO。就在新的公布实施后，奇迹出现了，施乐的股票开盘就涨到了8.05美元，涨了46美分，涨幅约6%。

这是碰巧之事吗？绝对不是。安尼·玛尔卡是从施乐公司的一名普通的销售人员做起的。在施乐工作的若干年里，她良好的处事风格，坚韧的性格都是公司人士有目共睹的。从销售人员到部门经理，再到地区经理、总裁等，直至今天的CEO。公司高级领导人曾经称赞她："一个公认的、富有领袖才能、高效率的管理者。"安尼·玛尔卡一路走来，一直在用自己的实际行动不断地壮大着自己的人格魅力，口碑自在人心。也正是安尼·玛尔卡在以往工作和处事中所表现出的坚韧的性格，使她赢得了众人的信任和认可。当她被施乐公司任命为掌舵人之后，本来一直处在下坡路上的公司股票居然起死回生。

在生活中也是一样，我们常羡慕那些受人尊敬和喜爱的女人，觉得她们总是上天的宠儿，拥有特殊的眷顾，好像一切不顺利的事情到了她们的手里都变得顺畅起来。难道真的是别人就具有超能力吗？这个想法实属好笑，机遇和幸运从来都是一对孪生姐妹，总是并行存在的。有些女子成功了，只是因为她们都拥有一个共同的特点就是人际吸引力。这些女性，几乎都具备有亲和力、有礼貌、平易近人的特质，这些特点会使她们赢得别人的好感，在众人面前树立良好的口碑，从而帮助她们在人际关系中无往而不利。

热情地接纳别人，使人更好地接纳你

老人常说："没有人愿意用自己的热脸蛋去贴别人的冷屁股。"虽然，话听起来有些不入主流，但是正是因为它的通俗才更能一针见血地让我们去明白一个直白的道理——在人际交往中，要想使他人更好地接纳你，你就要先热情地接纳别人。人是很复杂的动物，而以它做为主体形成的人际关系就更令人叹为观止。正因为我们有思想、有情感，所以神经也就越显得敏感。对于刚认识的人来讲，如果你眼神飘移不定，或是没有直视对方，就很可能会被对方认定为"你没有在意他"或是"你不重视他"；但是，如果你表现出自己的热情，就会让对方觉得你不仅接受了他，还对他产生了好感，这种情愫更有助于人际交往的良好运行。

"热情"不仅仅表现在态度上，它还具有一定的技巧性。如果女子可以多了解一些有关的知识并把它们灵活地运用到人际交往中，相信这些小秘籍一定会让你不再头痛于人际关系的错综复杂，反而会对你的工作、生活起到推波助澜的作用。首先，你一定要学会记住别人的姓或名，主动与人打招呼。给人以"尊称"似乎已经成为人际交往中不可缺少的一项内容。试想，如果你连别人的姓氏都叫不出来，即使是态度上表现得再热情，仍然会让对方感到不受重视，甚至有了觉得你很虚伪的感觉。其次，无论对方的地位如何，比你高上许多、平级或是比你低上许多，女子都要表现得大方、坦然自若。这种行为会让处于高级别的人觉得你没有阿谀奉承之态，平级别的人觉得你平易近人更可交为朋友，低级别的人觉得你不要高姿态，让人感到轻松、自在，激发交往的动机。再次，女子要注重自己的言行举止，待人要和气，幽默而不失

分寸，风趣而不显轻浮，给人以美的享受。最后，女子要处事果断、富有主见。因为热情是心理表态的一种方法，简单地说就是把复杂的内心想法通过明了的方式让对方去认知，从而做出是否去接纳你的抉择。女子具备了这种良好的品质，自然会更容易激发出别人与你交往的动机，如果顺利地得到了别人的认可和信任，那么热情的目的自然水到渠成。

女子是感情这把尺子最好的测量者，要想让一个人去接纳你，起初无论他是敌对的还是不亲近的，你都可以不要介意，让对方感觉到你的真诚，在不知不觉中热情的因子就会感染到他人，水到自然渠成。

随时播种良性人际关系的种子

一提到"随时播种良性的人际关系的种子"这个话题，我就不得不又想起那个"老青蛙与老蜘蛛"的故事。一直觉得这个寓言说得很经典，天下女子，请记住，直到老也不要成为"老青蛙"的雏形。

青蛙和蜘蛛多年以后相逢了，但是它们的青春已经逝去，感慨时光流逝的同时，老青蛙看着老蜘蛛老来无忧的生活，很羡慕，于是对其大吐苦水："老哥啊，你说我这命怎么就这么苦，从自娘肚里出来变成蝌蚪开始，便每日工作，没有一天懈怠过，才勉强温饱。可是你看看我现在，老了，动不了了，正在丧失劳动力，最后的结局也恐怕逃不了被饿死的命运。而您老呢？可比我有福哦，我从来没见你劳作过，却衣食丰足。就是现在老了，你仍不愁吃喝，自有投网者，送来美味佳肴。不是说上天是公平的吗？简直是放屁，我觉得太不公平了！"老蜘蛛看了老青蛙一眼，慢慢地说："从我出生开始，打从会吐丝，我就经营着我的这个大网，日复一日，如此劳作。我的工作就是让这

个网更结实、更耐用。风吹破它，我就要补，雨浇断它，我也要补，正因为我夜以继日地维护着大网，才会让现在不再年轻的自己有了生活的依靠。我也像你一样，劳作一生，可是我更注重于加强、维护和修补，其目的是让我的大网更强、更好用。如果我也像你一样靠我这几条纤细的腿来生活，我会生活得比你还惨百倍。"青蛙听了蜘蛛的话，不再抱怨，默默地走开了。

　　人际关系网就像是老蜘蛛用一辈子编织的那个大网。有的女子善用人际网达成过许许多多难办的事情，它看起来十分好用。可是，这个大网也会遭遇到风、雨、雪、电等坏天气的滋扰，并不是一劳永逸的理想境地，这就需要人们随时对它进行维护。无论你是青蛙还是蜘蛛，无论你有没有结网的能力，生活就是你给它一个微笑，它还你一个大笑。要想有收获，要想让自己在人际关系交往中可以长治久安，就要时刻给自己提上一个醒，人无论有多大的本事，个人的能力是有限的，只有把自己有限的能力投入到无限的扩充中，才会让自己处在人际交往的不败之地。要懂得随时为自己播下良性的人际关系的种子，当荫护你的大树枯萎落叶的时候，后备的小树早已经生根发芽，这样的人际关系网才是永恒的。

立足长远，别忽视感情投资

　　所谓"人无远虑，必有近忧"。如果一个人从事人际交往活动时，只是为了达成某种目的而简单地去完成工作的话，势必会让许多本来唾手可得的机会从身边溜走。人，总是逃离不了感情，特别是女子更应该熟知"感情投资"之道。那么何为感情投资呢？说直白一些，在完成某项工作的同时，无论成功与否，在工作交往之外总会萌生一层相知和沟通，这份感情往往与利益无关，但

是却让人情世故方面彼此多了一份关心，一份相助的情谊。朋友和敌人之间都只是简单的一线之隔，如果女子在人际交往中表现出多一些豁达，多一些真诚，那么感情自然会与之融合为一体，让你在交际场上独展英姿。

人情本身就是人生一本很难读懂的书。以它为载体依托而形成的感情更是聚其思想的精华，生活中，往往最恨的人就是我们曾经最爱的人；最仇视的对手，往往是我们先前最亲密的朋友。其原因是繁复多杂的，除了彼此的指责与怨恨恐怕再难说出一二，而这一切的结果正是因为我们忽略了感情的投资。这一点对女子来讲好像是个通病，闺中密友，合作的好伙伴，一旦关系好了，就总会觉得某些事情就可以可有可无了，自己去保护它的责任感弱之又弱，几乎会忽略到对方的一些细节问题。比如说，不用商量就帮助他人做出了决定，有了误解之事，认为彼此关系"好"而不去解释。这类事件越来越多，日子越来越久，往往就会到了难以化解的地步。除此之外，女子可能由于性别原因往往喜欢被"宠"爱的感觉，两个人关系很好的时候，对另一方要求就会越来越高，好像他人这样做本来就是该尽的本分，实际上是自己失掉了分寸。综上看来，女子应该把感情投资提上一个高度了，别让自己在不经意中被忽略的细微之处暗伤。聪明的女子要学会在日常生活中为自己聚人气、增魅力。一个人外表美只为让人有赏心悦目之感，内心美才会拥有真正愿意为你付出的追随者。在人际社交活动中，真正的高手并没有点石成金的瞬间变化法，她们使用的都是循序渐进累积法。千万不要小看"累积"的魔力，它将让你在社交活动中变得游刃有余，左右逢源，拥有更好、更有效的人际关系。

美国前国务卿奥尔布赖特在早年曾经做过某电影公司的公关部经理。她被下属们称作是一个有魔力的女子，因为无论工作压力多大，人际关系多么复杂，她总是可以心情愉悦地完成任务，并且感染到每一个人。她的出现总会让下属感到无比的亲切，更难得的是，家里的生活仍然被她处理得井然有序，无比和谐。原来，在公司当每个人面临压力的时候，他们总会收到上面写着"你辛苦了"、"你做得非常出色"等字样的小卡片,这些精致的小东西就像在闷热的空间里忽然吹来的一阵凉风,虽然风力不大,但是实入人心,下属们往往有了她的鼓励干劲更足了。在家里,奥尔布赖特也常常别出心裁地给家人带来惊喜,比如说在丈夫过生日的时候,她总会记得十分清楚,并且会精心地策划一场家庭舞会,给家人送去快乐。她,就是这样一个女子,用一个个真诚的小问候打开下属与上级之间那扇感情的门,用自己的行动向家人表达自己对他们的爱。人与人之间都是少不得爱与沟通的,要想让自己的未来之路可以条条通罗马,首先就要掌握感情投资,就像奥尔布赖特对于送下属卡片做出的解释那样:"这是对我个人形象及风度的一个最佳的传播,当他们看到那张卡片的时候,就一定会想起我,而且在他们心中会留下对我的那一份谢意,这会让他们更认为我是一个完美无缺的人,所以,他们总会记得我好的地方,不会注意我的缺陷。"

在体见自己良好品德的同时,不妨也让自己再多得一点东西,女人,你也可以变得很"完美"!

投桃报李,保持良好的互动关系

虽然人们总不想把人际关系的玄机说得落了俗套,可是事实往往就像眼睛直白见到的东西,利益驱动的力量无法忽略,甚至不可小窥。人与人之间,说得简单就是"交往",弄得复杂最少不得的就是"互惠互利"。你生活在这个人际的大熔炉里,可以不求回报的无限付出的人,除了你的父母,你的至爱,鲜少会碰到其他的了。所以,相处如果没有做到互惠互利的话就不可能建立和谐长久的人际关系。古人就有"投之以桃,报之以李"之说,也就是说你从别人那里得了恩惠,反过来自己也应该给予别人报答,现代社会同样适用。女子不要耍弄小聪明,如果在小事情上占了便宜而沾沾自喜的话,你就要小心了,谁都不会是傻瓜,即使别人一时没有反应过来,总会有真相大白的时候。这就是互惠互利的根本所在,也是建立良好人际关系的前提条件。

"互惠互利"说起来很功利的感觉,可是这只是人们的一种片面的理解。在日常生活中得到他人的关照,给予下属的关心等等都应该属于这个范畴。比如,同事今天抽出了自己的私人时间帮助你处理好了工作上的事物,那么,你出于感激下了班之后请他吃饭。这类事情,也都是互惠互利的具体表现。

宋莹是公司里出了名的交际能手,无论是什么重要的大项目老板只要交给她都会放一百个心。公司新进了一个助理,每日跟在宋莹的身边帮助她处理日常工作。一开始的时候,助理就发现宋莹有一个很特别的地方,好像时刻都在为别人办事,只要和她有过工作接触并且熟悉的人就会得到她的"好处"。说好处吧,又不见得是什么很贵重的实物,但是不称为"好处"吧,还真是找不到其他的词汇来形容。比如说,上个月王老板在和她合作的时候曾无意地提到过总是找不到让他满意的材料供应商,没想到,宋莹就把他的这句话记在了心上。这次去南方考查,恰好合作者中有一位很可靠且实力很强的供应商,她就很自然地想到了王老板,于是给他们牵上了线。一个买方,一个卖方,一个可心了,一个舒心了,宋莹也自然成了他们所要感谢的人。还有一件事情,公司曾与一个大客户做过一笔木材交易,宋莹是公司的全权代表,在木材交付的前一周,突降大雨,虽然大部分的木材由于抢救及时都没有遭受损失,但是仍有一些被淋到且没有做出措施从而有了严重的发霉情况。在交货的前一天,保管员来向她传达了这一信息,宋莹看后,当即表示这一部分要采取降价或排除处理。这时,保管员建议,发霉的木材不太多,只要将这一部分在装车的时候分开装,混合在好木材中是可以混过关的,而且就算是买方发现了,只要坚持称这是在运输的过程中不可避免的情况,不给予退换，买方也是没有办法的。宋莹听后，笑了笑说："你的办法很好啊，但是你难道不明白吗，我们的公司是要发展的，并不是今天有明天无的皮包公司。是，这种方法我们这次不会有一丁点的损失，但是实质上呢？我们损失大了。交际场包括生意场是要讲究互惠互利的，今天我们如果占了小便宜，对方也一定知道自己吃了亏，下次合作就不会这么痛快了，即使有合作，也避免不了他们想办法把今天吃的亏在明天找回来，懂了吗？"

每个人的心里都有一杆秤，嘴上不说不代表心里不知。互惠互利是建立良好人际关系不可缺少的精神，如果能具有"为对方做些什么呢？"这种关照对方的精神，那你一定会获得良好的人际关系，你的事业也一定会蒸蒸日上。

肯定别人，是人际交往的最高境界

张口就"否定"的女子一定不会得到别人的喜爱，无论是在公司还是在家里，别人都会把这种不愉快记在心上。这一切并是不因为别人的心胸不够宽广，也不一定是因为你所传达的信息是错误的，只是源于你在处理事情的方法上显得不近人意。比如说，公司的一个同事刚刚订好了去夏威夷的机票，准备结婚度蜜月，这时你却说："听说最近有一位旅游者在夏威夷被人强奸后，掐死又被分尸了。"也许你是完全没有恶意地提醒朋友要注意安全，可是结果呢？你意识到自己的错误了吗？这种女子属于"事件否定型"。也许同事没有订夏威夷的机票，而订了其他地方的，这种女子也总会找到一些不动听的新闻事件。并不是她本身有多么的"罪恶"，只是这已经成为她的一种习惯。如果，你也是这个队伍中的一员，请你记住，没人喜欢一个专会带来坏消息的家伙。

肯定别人也是一种美德，用在事业上，它会帮助你交到更多诚实守信的合作伙伴，用在生活中也会使自己的幸福指数直线上升。

又是周末了，婷婷和老公都迎来了他们共同的休息日。闲来无事，两个人下起五子棋，第一盘，婷婷赢了，老公马上失去了再玩的欲望，他觉得一个大男人输了很没有面子，就说她欺负他。婷婷一笑，缠着老公要再下几盘，三盘下来，婷婷次次都赢。老公彻底失去了兴趣，于是借口到厨房打果汁跑开了。婷婷偷偷一笑，深知老公的纠结所在，于是自己也跟着跑进了厨房。看着老公忙活着，婷婷在一旁就径自地说起来："老公，要不然咱们一会儿一边喝果汁一边下象棋吧？好吗？"然后，自己特意地在他身边小声嘀咕，说是自己恐怕是连棋子都不会摆，肯定要遭人笑话了。然后，婷婷偷偷地瞄了一眼老公。老公听了此话，又看见她可爱的样子，终于忍不住笑着说："那不是变成我欺负你了嘛，我可不忍心啊！"两人你一句，我一句地说笑着。婷婷闹了一会儿，就回到房间里去看她忠于的"快乐大本营"了，老公随后端着制好的果汁也进来了，虽然，他永远不懂电视里的人都在笑些什么，可是只要她高兴，他还是愿意陪在她身边的。这时，老公忽然说："老婆，你的五子棋下的真不错，比我好多了。"婷婷一听，美极了，随口说："我也就五子棋能下过你吧，你的象棋下得最棒，我还真得学学。"老公哈哈大笑起来。

生活就是这样的简单，快乐就是这样来得很容易。你肯定了对方，也就肯定了你自己。生活，才会波澜不惊，才会更加融洽。在爱情中，在某些方面，"争"是个不需要存在的名词，你赢了又能怎样？你赢了对方，其实也许会输得更惨。小孩子更是一样，你夸奖赞美他，他往往会表现得更好。在工作中，虽然严肃了一些，可是给予别人必要的肯定也是百利而无一害的，不仅会让别人做事更具动力，也会在无形中大大地提升了自我的人气。做一个人见人爱的女子，难道你不想吗？培养自己的豁达，人都有一个通病就是习惯用挑剔的眼光看待他人，除了亲人之外，人与人之间通常首先看到的是别人的短处和不足。实际上，真正的和谐与融洽来自于感同身受的理解，来自一种善意的态度，来自一颗同情心。抛去"外人"这个碍眼的外衣，拿出父母看待自己孩子的那种宽容的、充满爱的态度，你就会发现别人的身上有很多值得我们去肯定和学习的地方。

在人际交往中学会"肯定"他人，不仅会让他人的长处得以积极地发挥，而且也是对自己内心品质的修炼。一个见不得别人比自己优秀的女子总是讨人厌的，即使你很优秀，可是山外有山，人外有人，再强的女子也不可能没有缺点，没有不如他人之处。聪明的女子善用他人的优点来弥补自身的不足，只有这样追求尽善尽美才不会永远只是个梦。让我们做一个有爱心的人，首先肯定别人，然后也会逐渐得到别人的肯定。这才是人际交往的最高境界。

注重礼节，点旺你的人气

再美的花苗如果离开了阳光、水和空气，也无法生存。每一个人融入到社会中，摆在人际这张网上就自然会变得渺小起来。这就好比是绿叶上的一颗露珠，本身很小，但是，只要它懂得为人处事之道，在太阳升起的时候，它依然可以折射着太阳的光芒，诠释着自己的美丽。女子就好像是这美丽的花苗，就仿佛是这晶莹的露珠，能不能在人际交往中成其气候就要看自己的本事了。

与人交往，"礼"字当前。中国自古以来就是礼仪之邦，有礼之人常会让人奉为上宾，无礼之人被拒之门外似乎也是合情合理。"怜香惜玉"那只是一个梦境中的词汇，职场上你以为只要楚楚可怜就可以百事通顺吗？别闹了，没人会吃这套的。最好的方法之一就是学习一些必要的礼节，如果面对任何

场合你都能做到心中有数,社会心理承受力自会有所加强。

第一,不要信口开河。女人爱八卦,爱唠家长里短,这是大"病"。成大事之人必是言行谨慎之辈。嘴上痛快了就像是服了慢性毒药,起初是没什么反应的,可是"毒"是迟早要发作的。长远地说,失去了别人的信任,就失去了最大的资本。

第二,别做"毒妇人"。口下留德,阻止了别人的冲动,也让自己的高风格亮相。当对方脾气一触即发时,要么临时回避,使对方找不到发泄对象,并逐步消火。这个时候没人会说你是"缩头乌龟",特别是面对重大事件的时候,激烈的争吵往往会使双方两败俱伤,要么人品受损,要么利益遭殃,回避并不等于"妥协",而是给对方冷静思考的机会,同时也证明了自身的修养。

第三,不留"隔夜仇"。双方有了矛盾要趁早解决,以免在今后的人际交往中碰到不必要的麻烦,女子如果遇到脾气"倔"的对手,不妨"软"一下,给对方找个台阶下,就当是"不打不相识"多个朋友总比多个仇人要好得多。

第四,控制自己的"火气"。总是暴跳如雷的女子是不大招人喜爱的,伤了和气不说,自己还伤肝伤脾,这又是何苦呢?所以,遇事要冷静思考,学会"换位"思想,站在对方的角度考虑考虑。

第五,开玩笑要讲究"度"。俗话说"宰相肚里能撑船"。可是你要知道,宰相毕竟是少之又少,无伤大雅的玩笑可以增进彼此的感情,可是过分的玩笑则是破坏友情的最具有伤杀力的武器。开玩笑要事可而止,因人而定,对性格开朗、大度的人,稍多一点玩笑,可以使气氛更加活跃;对拘谨的人,则少开甚至是不开玩笑为妙;对于有缺陷或明显缺点的人,不要抓着别人的把柄开玩笑;对于尊长、领导,开玩笑要找好自己的位置,千万不可跨越应有的尺度,否则,你的下场一定会变得很难看。

总而言之,女子要想让自己拥有好的人缘就要在为人细节上多加注意。所谓"礼多人不怪",在下意识里人们总会把修养和礼节挂钩,所以无论是面对你的老朋友还是新朋友,适当的礼节都是不可省略的重要步骤,特别是在

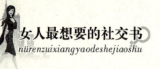
严肃场合,比如公司、宴会等,礼节就成为了一道大餐,做得好不好看,美不美味,招不招人喜爱,就要看你自己的本领了。

做让人放心的朋友,学会保守秘密

　　每个人都有自己的雷区,心理敏感的点是不允许任何人去碰触的。出于人情来讲,朋友信任你,把秘密告诉了你,无论别人如何去谈论,你就要成为这个秘密的终结者,这不仅是对友情的考验也是在为良好的人际交往做铺垫;同事与你闲谈的时候,不小心说漏了嘴,透露了自己的秘密被你听到了,聪明的女子就会缄口不言,甚至做出没有听到的样子,让同事不会对你多了防备之心。曾经看过一个小品类的节目,其中一个人问另一个人"1 加上 1 等于多少?"另一个回答说:"等于 2。"接着这个人又问:"那么 2 加上 2 等于多少？"另一个人想也没想就回答说:"等于 4。"于是,这个人做势地掏出"枪"要把另一个人给"毙"了。另一个人不明缘由,问:"为什么要用枪打我？"这个人举着自己手里的枪道:"因为,你知道的太多了。"在我们哈哈一笑的同时,不知你是否意识到什么?秘密如果人人都可以说,都可以去传,它也就称不上是秘密了,既然当事人想要隐去它,就说明那可能是他潜在的伤疤,他也许费了几年甚至几十年的工夫去将它淡忘,你可能只需短短的一分钟就把他的这些努力化为乌有了。当你的好友或感情还不错的同事将自己的秘密向你和盘托出后,不久却从别人的口中听到了自己的秘密被公开曝光,不用说,他肯定认为是你出卖了他。被出卖的人定会在心里不止千遍万遍地骂你,诅咒你,这个时候什么友谊、什么多年的情谊,一切将不付存在。天下没后悔药可吃,你失去的不仅仅是一个友人,还有那些旁观者以及知情人的信任。也许某一个角落里，其他人在说："千万不要信任像他这样的人，要不然我们的结果也许会更惨。"一招棋错，满盘皆输。不要随意泄露他人的秘密是巩固人际关系的基本要求，如果你连这一点都做不好，恐怕没有哪个人再敢和你推心置腹了。

梨梨和桃子是同一个寝室的好友，几年的同吃同住让俩人的友谊与日俱增。可是，梨梨做梦都没有想到这么"铁"的关系竟然毁在了自己的一张嘴上。桃子身材高挑，特别有男人缘，可是也正是因为这一点她爱上了一个有妇之夫，并且把自己宝贵的第一次也奉献了出去。可是真诚的爱意却没有换得好结果，当这个男人知道桃子有了身孕之后竟然消失得无影无踪了。桃子伤透了心，她不敢对别人说，但是孩子又不能留，于是她把这件事情告诉了自己最好的朋友梨梨。梨梨听了气得全身发抖，看着好友哭得像个泪人儿一样，心里像刀子割得一样难受。梨梨陪着桃子去了医院，并且精心照料她的一切事情。这段友谊看似多么的让人感动，可是谁能料到一年之后却发生了天翻地覆的变化。梨梨和桃子都毕业了，两人在外地一起租了房共同生活。桃子的漂亮仍然还是人们目光的焦点，一年前的那段往事好似已经随风逝去，而梨梨却始终不能迎来自己的爱情。可能是出于嫉妒，可能是觉得自己受了朋友的冷落，两人的矛盾越演越烈，忽然有一天桃子带着一个男人回来，并且对她说："梨梨，我可能不能和你住在一起了，我有了男朋友。"梨梨眼睛睁得老大："有了男朋友就要住在一起吗？"桃子没有说话，默认了。梨梨一下子爆发了，仿佛为了发泄心中的恶气，头脑一下子冲动了，脱口大喊："你都堕了一次胎了，难道还不够吗?!"此话一说，梨梨马上意识到了自己的错误，可是已经来不及了，她看到了桃子那张苍白的脸……

老人有句话："不该说的不要说，不该听的不要听，不该做的不要做！"想想真是有道理。既然不可避免地知道了别人的秘密，在没有特殊的情况下你要做的就是"守住"。不要让自己的冲动把"不能说的秘密"演变成了"非说不可的秘密"。这种做法不仅不利于你的人际交往，更甚者，不仅伤害了别

人，也使自己终身悔恨。

泄密一说无论大小，情节轻重都会让自己的人际关系处于被动，人际交往遭到阻碍，个人形象受到影响，相信这些都不是你想要得到的，所以，聪明女子啊，给嘴上安个"门"再上道"锁"是十分有必要的。

难得糊涂，小事不必计较

在社会这个大家庭中每个人都有自己的定位，我们每天都会面对不同身份，不同辈分的人，比如说，师长、上司、同事、朋友等等。如果你有一个执拗的性子，那么在人际交往中肯定是要处处碰壁的，即使你手中拿的是"真理"，它也会被你的性子埋没，很难有水落石出的一天。所以，人要学会变通，要学会分场合，分人来行事。特别是女子，交际场往往是你展示才情和圆滑的好地方，做一件聪明且漂亮的事会给自己加分不少。现代社会是一个强调女子知性美的时代，亦庄亦谐，会看火候是人际人交往的重中之重。

在某著名酒店里曾经发生过这样一件事情：一位外宾在就餐过后，顺手就把一个精美的景泰蓝食筷悄悄插入自己的西装内衣口袋里。这一动作被一旁的服务员小姐尽收眼底。虽然这类事件在酒店中是被明令禁止的，可是如果当面揭穿的话不仅会让外宾下不来台，而且也许还会引发不必要的矛盾与争执。所以，这位服务员小姐并没出言直接拆穿那位外宾的行为，而是双手擎着装有一双景泰蓝食筷的绸面小匣子来到外宾面前说："我发现先生在用餐时，对我国景泰蓝食筷颇有爱不释手之意。非常感谢你对这种精细工艺品的赏识。为了表达我们的感激之情，经餐厅主管批准，我代表中国大酒家，将这双图案最为精美并且经严格消毒处理的景泰蓝食筷送给你，并按照

大酒家的'优惠价格'记在你的账簿上，你看好吗？"此话一出，外宾自然知道自己的行为已经被别人看到，在表示感谢之后也就顺着服务员小姐给搭的台阶而下，掏出了装在内衣口袋中的筷子，称自己多喝了几杯，头脑有些不清，所以把筷子收入口袋了，既然酒店有此美意，自当"以旧换新"。而后，这位外宾不失风度地去结账了。

难得糊涂，"水至清则无鱼"这个道理不言自明。要知道不是任何事情都必须像数数一样"1、2、3、4……"一个都不能落，一个都不能少。在人际交往中，有时候偶尔地"糊涂"一下就是在给自己播下一枚良性的种子，不知道什么时候，这粒种子就会给你带来意想不到的收获。

在春秋时期，楚国刚刚经历了一场全胜的大战，为了哀悼逝者，振奋生者，楚庄王特别设宴带领众将开怀畅饮。酒过三巡，菜过五味，楚庄王喝得起了劲儿，豪情高涨，特令当时他最宠爱的许姬上殿献舞。歌声渺渺，美人妖娆，略有些醉意的将士们看得如痴如醉。正在这时，忽然厅外电闪雷鸣，一阵狂风拂来扫灭了大厅所有的灯烛，届时漆黑一片。许姬忽然感到一双大手紧紧地搂住了自己的纤腰，欲要一亲芳泽。许姬大惊，奋力挣扎，毕竟男女力量悬殊，在拉扯之间这个男子扯掉了许姬的一只衣袖。而许姬却也顺势拔掉了他头盔上的帽缨。再后来，执灯者进厅，男子自动隐去，许姬立即跑到楚庄王面前哭诉："请大王为奴家做主，酒席宴上有一狂徒趁烛灭灯息之中，欲非礼奴家，现有盔缨为证，请大王燃烛辨案为奴家一雪蒙羞之耻。"听后，楚庄王对执灯者说："先莫点灯，今天我是设宴款待有功的战士们从战场上大胜归来，你们远离了亲情故土，一朝温柔，众臣子将帅难免有酒后失德之举。这样说来，本王也是难逃其责的，许姬，你就看在我的面子上，别把这件事放在心上了。"许姬听罢，也为之动容，更觉自己没有理由拒绝大王的宽慰，点头应允了。于是楚庄王下令在点灯之前让所有的文臣除冠，武将绝缨，歌舞筵宴一往如前，许姬之事不许再提，违令者斩！

事情好像是完结了，可是这粒善意的种子却早已经悄悄地生根发芽。7

年后，楚国与郑国大战，楚庄王更是大获全胜，偏将唐狡一马当先掠营夺寨立下头功。楚庄王邀唐狡受奖，谁知当唐狡见到楚庄王后竟然跪拜在地，含着泪说："罪将就是当初被许姬扯掉盔缨之人啊，当年大王不仅没有治罪于我，还给罪将保足了面子，小人当以死报效大王，怎敢论功得赏啊。"

看吧，必要的时候糊涂一下，也许就是在为自己种下福音。爱"较真儿"仿佛是大多女子的通病，它也往往是你社交场上的绊脚石。当然，我们不能要求人人都有宰相的胸怀，可是最起码要懂得一个道理，为正确的人铺路，也是在为自己将来欲盖的高楼大厦打下地基。慢慢地体会吧，这也是一种人生智慧。

多交朋友，少结冤家

"朋友多了路好走"，多一个冤家不如多一个朋友，人际交往说白了就是一个关系垒一个关系，这就像是搭积木，要想搭得又高又好，就要注重每一个细节。再者说"明枪易躲，暗箭难防"，如果你觉得小人物得不得罪无所谓的话，那么你就大错特错了，也许他就会成为让你功亏一篑的关键人物。在人际交往中，女子要想找到自己的定位是一件不易之事。太热情了，好听点的说你是攀关系，难听些的说你是傍大树；要是表现的冷淡，好听点的说你是冰山美人，难听些的说你态度不好。看来只有不温不火，保持一个度才会成就自己在社交场上一展风采的希望。那么这个所谓的"度"要如何把握呢？首先要从人性出发，在这个世界上，每个人都有被尊重、被需要、被关心和被爱的欲望，想要在人际关系中一路顺畅，我们只要满足人们在交际中的一些需要就容易得多了。

1.低调的女子最聪慧

生活中、工作中我们难免会遇到这样那样的纠纷。比如说与同事之间产生了一些小矛盾，那也是很正常的。产生矛盾不要紧，重要的是如何正确地对待这些问题。无论事情让你多么的愤怒，请你冷静、冷静、再冷静，尽量不要让你们之间的矛盾公开激化。无论你占有多大的理，也不要表现出盛气凌人的样子，女子有时候表现出"弱"的一面，会更见奇效。得理不饶人的举动，最终往往会让自己陷入被动的局面，不仅其他人不会和你站在一起，也会让你的对阵之人表面服输，但是却怀恨在心。即便是他没有怀恨，在今后的工作和生活中也会对你敬而远之，那样的话，你职业生涯的黑名单上就这样又添一员"敌将"。这又是何苦呢？

2.得道者多助，失道者寡助

一个成功的领导肯定是受下属拥戴的；一个有成就的演员肯定是有无数人喜爱的；一个优秀的教师肯定是获得学生的支持与拥护的……这些来源于什么？人缘儿。一个人的朋友越多，群众基础越好，他的能量就越大，这是毋庸置疑的。

3.多想想，化干戈为玉帛

当别人抓着你的错误"咬"住不放的时候，在你恼怒之前，告诉自己平静下来，把这种指责当作是他对你的关心，因为争论并不是目的，解决问题才是当务之急；当别人话中带刺，句句带有玄机之时，生气之前，你要想想引发事件的真正原因，找其源头，对症下药；当别人总是"针对"你的时候，你要先从自身下手，不妨把话放在台面上，问一问他："我不知道发生了什么事，是否可以告诉我是什么问题。""我知道你对我似乎有些不满，我认为我们有必要把话说清楚。"有些事情并没有想象的那么复杂，凭空猜测只会让彼此的误会越来越深，谈开了也许就是好事一件也说不定。

人心比人心，你做的一切都不是白搭的，只要用心去做，自会传达到对方的眼里、心里，冤家变友人绝非难事。

第 2 课
赢得陌生人认同的技巧

　　现在网络上流行这样一句话："姐又不是人民币,怎么会人见人爱。"初看这句话的时候只是觉得很搞笑,但是,深入来看这何尝不是人们渴望得到别人喜爱的内心反面倾诉呢? 在我们的生活中,对待亲人、朋友等熟悉的人,也许还可以敞开心扉,自由地畅谈。但是, 当面对陌生人的时候却总会不自觉地产生或多或少的防备之心。要想赢得别人的喜爱就要懂得为别人留下一道能走进来的心门,如果处处堵得密不透风,那么别人要如何和你相处,怎样走进你的社交世界呢?

出色的外表让人过目不忘

俗话说："人靠衣装，佛靠金装。"服装是女子性格的重塑和深化，可以毫不夸张地说，服装能使女子的每一种姿态，每一条曲线，每一个角度得以全面的表现。这种感觉就像是要结婚的新娘，经过精心打扮之后再出现在新郎的面前，即便是新郎已经十分了解自己心爱女孩的样子，还是会从心里一惊，然后情不自禁地说上一句"你真美"。女子与生俱来的自然美通过精心地雕琢，往往会成为众人的焦点，虽然现在整个社会都在呼吁，看人要看内涵，可是人人都有欣赏美的权力，没有人不喜欢美的事物，如果你的外表出色，在社交场上是一定会为自己加分的。

小时候看过这样一个童话故事，说是有一个国王有两个女儿，大女儿非常非常的漂亮，但是智商却有些问题；小女儿长得很难看，但是智商却出奇的高。一次国王组织宴会，他的两个女儿都来了。来参加宴会的王子、贵族们都被国王大女儿的美貌所吸引了，稍有机会就到她的身边，和她说话，围着她打转。然而小女儿却无人问津。当然这个故事是说人们发现大女儿脑袋有问题，从而转向小女儿，而小女儿的风趣、健谈成为了另一个亮点。放下后来的结果暂且不谈，前面的事态就足以证明，出色的外表是吸引别人，引发别人好感的有利武器。所以，女子别再认为"穿什么"、"化不化妆"无所谓了，起码在社交场上，"美丽"的确会起到推波助澜的作用。

那么，要如何去美呢？如果天生姿色不足就失去美的权力吗？众生皆平等，每个人的机会都是平等的。女子要根据自己的经济条件量力而行，选一些适合自己的服装及装饰品，只要能很好地强调出自己的优点，掩盖住缺

点,能够让自己锦上添花,你一样可以美丽动人。除此之外,细节方面女子也要做足功课。

1.保护好自己的第二张脸

无论你是金领一族还是朝九晚五的上班族,一定要养成一种习惯,工作结束后,要立刻抹上护手霜,要像爱自己的第二张脸一样爱护你的手。美女的手大都会养护得很好。

2.鞋子要舒适

别强迫自己的脚,你的鞋子一定要定期做保养,记住一定不要穿挤脚、变形或后跟磨损的鞋子。如果鞋子不舒适就会影响你走路的姿势,破坏你的气质,因小失大。

3.不要忽视手袋的作用

俗话说:"男人看腰,女人看包。"挑选一个对的包有助于提升女子的品位。如果金钱不到位的话,就去买一些有特点的包,最好不要去买赝品,因为要是被人看出来的话会让你的品位大跌。

4."内衣"别以为"看"不见

有很多女人外装都十分的有品位,但是内衣却毫不讲究。因为她们认为那是别人看不见的,即使是穿破、穿旧了也将就。实际上女人必须要学会从内到外地宠爱自己,即使最隐私的内衣也要精挑细选,不要失去弹性、裂缝或开衩。好的内衣会有修形作用,会让你的气质大升。

5.别做"大咧咧"的女子

美得精致些也是"出色"的必要步骤。包括未剃尽的体毛,嘴唇上的死皮,鼻尖上的黑头,头屑,牙垢,不洁的口气等等,一个都不能有。

6.别对自己太放纵

不要容忍自己的"胖",身材是美的原形,只有身材好了穿上衣服才会好看。多余的脂肪会让体形失去美感,所以减肥的功课不得不做。

巴尔扎克在其《信使》中描绘过一名男子为一位衣着得体的妇女打动的

心理感受："她穿着一件白色细纱长袍，头上戴一顶饰着粉红色锻带的精美女帽，腰间结一根红色腰带，无袖胸衣十分美妙地裹住她的肩膀和美丽的胸脯，使人一见就从心底里产生一种不可抗拒的占有她的欲望。"听了这些，你会作何感想呢？觉得很麻烦吗？实际上扮美、保持美也是一种向上的心态。你给别人带来美感的同时，你的心态也会因为自己的美而变得阳光明媚。这样岂不是美事、妙事哉？

笑容是女性最有杀伤力的武器

女子的微笑是天下最美的表情。曾经有一项针对男性的调查，主旨是：你认为女人最迷人的表情是什么？几百名男性的答案都是：微笑。把微笑比作是春风一点都不为过，春风迎来一片春色，微笑造就快乐安详的境界；把微笑看成是毒药也无可厚非，毒药让人们无法自拔，微笑温柔入心让人无法忘怀。微笑是最厉害的武器，它胜于言论，对人微笑就是向人表明："我喜欢你"、"你让我快乐"、"我喜欢见到你"。如此，别人当然就会喜欢你。微笑就是好心情的传递者，在这个内心繁乱的世界里，如果你带着笑，那么你就很容易成为大家的宝。每个人都喜欢呆在你的身旁，看着你的笑，然后自己的嘴角也不自觉地微微上扬……

这个时候有些女子苦恼了，因为她们有的天生不爱笑，还有的觉得自己笑得难看全无美意。不要着急，不知道你发现没有空中小姐的微笑总是那么迷人，实际上微笑也是可以进行练习的，只要你有意去学习，拥有一个迷人的微笑根本不是问题。

1.放松嘴唇肌肉

嘴唇肌肉放松,从低音到高音,大声地清楚地把每个音(哆来咪)说三次。不是连着练,而是一个音节一个音节地发音。你可以将音节稍稍拖长。

2.锻炼嘴唇肌肉弹性

微笑形成于嘴角部位,锻炼嘴唇周围的肌肉,能使嘴角的移动变得更干练好看,也可以有效地预防皱纹。一举几用,不得不试。

伸直背部,坐在镜子前面,反复练习最大地收缩或伸张。

张大嘴使嘴周围的肌肉最大限度地伸张,并保持这种状态10秒;闭上张开的嘴,拉紧两侧的嘴角,使嘴唇在水平上紧张起来,并保持10秒;合拢嘴唇,使嘴角在紧张的状态下,慢慢地合拢嘴唇;出现圆圆的卷起来的嘴唇合拢在一起的感觉时,保持10秒。

3.形成微笑

放松,而后使嘴角微微上扬。一定要对镜练习,保持嘴角的平衡,如果嘴角歪斜,表情就不会太好看。在练习各种笑容的过程中,找到一种自己笑得最美的方式,保留住,以后就是你的一个有利武器了。

当然,光做表面功夫还是不够的,微笑美丽的诀窍在于走"心",要自内而外地笑。"眼中含笑"才是笑的极致。就像斯提德说得那样:"微笑无需成本,却可以创造出许多价值。微笑使得到它的人富裕,却并不使献出它的人们贫穷。"在社交场上,笑容不仅会给别人带来好心情,也有助于培养自己向上、自信的心态。笑着面对诽谤、危险、困难,使你在逆境中有所收获;笑着面对陌生人、亲朋好友,使你在热络中得到别人的喜爱和支持。笑容是有温度的,它的温度和春天午后的阳光是一样的,让人觉得暖暖的;它的温度和雪中燃烧的炭火是一样的,能把身体烘得热乎乎的;它的温度和心中最柔软的地方是一样的,是要融入到血液中,揉在精神中的……

微笑是每个女子应该拥有的宝贝,你发现它了吗?

给你的声音注入情感

　　声音是女子裸露的灵魂。柔美的声音往往能够赢得别人的好感。心理学家认为,声音决定了你38%的第一印象。当人们看不到你时,音质、音调、语速的变化和表达能力,决定你说话可信度的85%。声音就像是女子在社交场上的第二张名片,但是能否驾驭好这天赐的优点就要看你的本领了。听声辨人,它可以反映出人体的很多状态,比如说情绪、情感、年龄、健康状态、喜好等等。好的声音会增强你的吸引力,相反,一个无法入耳的声音是很难让人接受的。即使是它配在一个美女的身上,还是让人有种说不出的怪异感。

　　男人总会情不自禁地对漂亮的女人引发怜香惜玉之感,但是,如果这个女人说话总是冷冰冰的,似乎不带任何感情的话,即使她是天仙,人们也会只抱着"只可远观"的态度,没有几个人会愿意与你亲近。女人都是爱美的,有很多女人十分懂得穿衣打扮,也懂得社交礼仪,但是唯独对声音不懂得善加利用。

　　有一次,汤姆先生在电梯里看到一个十分漂亮的女人。电梯里人很多,汤姆先生恰好站在她的身边,由于心生的某种怜爱之情,汤姆尽可能地用自己的身体挡住挤着的其他人,好让这位美丽的女人站得舒服一些。到了十楼,这个女人到地方了,汤姆把路闪开让她出去。也正是汤姆还陶醉在她美丽的倩影中的时候,正巧这个女人在招呼她的同伴。汤姆一下子愣了,甚至忘记了去按电梯关门的按钮,这个语态粗俗、音质沙哑的声音是她的吗?汤姆摇了摇头,可惜了,那种美好此时与美貌无关,与声音有染,它已经飘散了。

　　别小看声音的作用。在人际交往中,与人谈话就像是一场朗诵比赛,美

妙且富有感情的声音会让听者融入到谈话内容之中，从而很容易与你产生共鸣。如果女子不注重这方面的包装，失去了感情，也就失去朗诵的目的。人毕竟是情感动物，有的时候你的谈判成功了，也许并不是因为你所列出的条件吸引了他，而是因为你的声音，你感情的真心流露，使你的谈话内容变得鲜活起来，从而深深地打动了对方。特别对于女子来讲，特定的生理特征本身就会激起他人的保护欲望，如果再加上一个感性的声音，你的魅力一定是无穷无尽的。

人际交往也像是一出戏，每个演员也许从来都没有经历过剧本中人物的生活，但是，还会尽自己的全力，找对人物、剧情所要求的情感思路。同理，社交场也要求你入戏且随时入戏。当然，演员也有好坏之分，本色演出往往会更为出色。这在社交中也是一样的，你的内心感受与你声音的表达越接近，情感就会传递得越到位，效果自然会更好。

内地有一个研究子女教育的专家很有名气，无论她在哪里讲座现场气氛总是很高涨。我有幸听到这位专家的演讲。她的声音不高，音质也一般，但是讲起话来却是极富于感情的。我想，可能是因为她把自己教育子女的情感融入到讲解当中了，所以讲得十分生动。而坐在台下的家长们因为有困惑、有需求，所以也显出了极大的兴趣。以此看来，声音既可以表露人的形象，也可以塑造希望获得的形象。这一点也是人际交往中的关键所在。

让眼睛帮你说出不好说的话

"巧笑倩兮，美目盼兮"，美丽的眼睛不仅会笑，而且还能传达自己内心的渴望。眼睛是会说话的，它是心灵的窗口，忧郁的眼神能引起起人们的怜爱之心；快乐的眼神会将愉快传递；有精神的眼神会表现你无限的生机，让别人觉得如沐春风……

在与陌生人初次见面时，眼神的表现是至关重要的。如果眼神漂移不定，对方就会在潜意识里认为你为人不够诚恳或不够稳重。特别是身处陌生环境时，女子特别要注意到这样的问题。无论身处的环境令你多么的惊奇，也要避免因为好奇而左盼右顾。《红楼梦》中刘姥姥逛大观园的形象如果在此时出现，淳朴的气息是不会出现的，反而会让陌生人觉得你鬼头鬼脑，甚至认为你心术不正。想一想，一个美女被冠上这样的称号，实在是有失颜面。女子有一双漂亮且包着诚恳与友善的眼睛，会让她在社交场上展示出别人不可比及的独特魅力。以参加面试为例，在短短的几分钟里，诚恳且友善的眼神肯定会让面试的考官给你打上一个很高的分数。

某知名公司的面试官在候选的两个人中做了最后的抉择，他毫不犹豫地选择了那个看起来样子很平凡的女子，而旁边美丽的女子简直不敢相信这一切。她非常不服气地问其原因。面试官笑了笑，回答说："女士，首先我应该说，你真的很漂亮，非常智敏，学历也很高，可是这些对我们公司所需要的人才并不是最重要的。我只能说你表现得并不好。在面试的时候，语言不多，在陈述自己的工作经历的时候，虽然伴有身体语言，但是很抱歉它们并没有为你加分。特别是你刚刚进来与各位面试官握手的时候，只用指尖轻轻一握，我们这里的任何一个人都没有和你有过眼神交流，我们无法判断出你的诚恳之意。而那个很平凡的姑娘却大不相同。除去和你差不多的学历及能力之外，在和她握手的瞬间，她诚恳且友善的眼神已经告诉我们，她十分想加入这个大集体，想在这个岗位上发光发热，而我们选择相信她。"漂亮的姑娘愣了，难道她是败在眼神上了吗？

眼神是最富有感染力的表情语言。在人际交往中，眼睛就像是语言的最得力的助手，可以表达万千变化的思想感情。除了流露情感之外，眼睛凝视时间的长短、眼睑睁开的大小、瞳孔放大的程度以及眼睛的其他一些变化，都能传递最微妙的信息。就以上面的面试场景为例，要想做到从容且诚恳，眼神是不可忽略的一门功课。首先，要注视考官，目光要自然、柔和、亲切、真诚。但是，要注意"注视"并不是死盯着对方的眼睛，否则适得其反，会让对方反而觉得极不自在。值得注意的是切不可东张西望或是双眼望天，这样做不仅显得很失礼而且也会让别人觉得你缺乏教养。其次，要控制自己的眨眼次数，一般情况下，每分钟眨眼 6~8 次为正常。如果眨得频繁会让别人误解你在说谎，或是认为你对对方不感兴趣，甚至厌恶。从而给社交活动带来不必要的麻烦。最后，在交谈的过程中眼神要做适当的交流。嘴在忙着，不要忽略了眼神，若双方目光相遇、相对视，不应慌忙移开，应当顺其自然地对视 1~3 秒钟，然后才缓缓移开，这样的人显得心地坦荡，容易取得对方的信任；一遇到对方的目光就躲闪的人，容易引起对方的猜疑，或被认为是胆怯的表现。

制造引起对方注意的细节表现

　　在人际交往中我们会遇到这样一种情况，自己长得没有天仙之色，说话没有百灵之音，平凡的外表常常让自己容易成为被别人忽视的对象。比如说去参加一场联谊，去做一次拜访。漂亮的女人总是被人们关注的焦点，而平凡的女人似乎变得可有可无。难道在这种热闹的氛围中你就甘愿做一名插不上话的听客？难道你不想让别人注意到你，从头到尾都要扮演一个灰突突的小角色吗？也许你会说，这是无能为力之事。其实不然，只要你用点心，在细节点上做些表现，你就可以扭转乾坤。不信，来试试你就知道它神奇的魔力了。

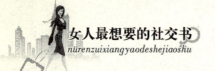

1.初次见面,要在问候上做足文章

如果是上对方的府上,刚见到对方时,要把问候带到。要想引起别人的重视,一个细节之处一定要做到,那就是"指名道姓"。相较于范围大的"你好,很高兴见到你。"就不如说:"王总,你好,见到你很高兴。"更具有效果了。无论和你同行拜访的有几个人,被点到"名字"的人,肯定会先把目光调向你,回应你的问候。

2.尽显客人之姿

这里所说的并不是让你去"装"大人物,而是又一个让主人能够注意到你的细节之处。比如说,对方没请你坐下,你最好站着。对方请你喝茶,你要适时地表示感谢。这样一来不仅使自己显得有礼貌,也会给主人留下良好的印象。

3."礼"要点到为止

如果是有求而来,在提到给对方的礼物方面,只要稍微提及一下且确定对方听到了就可。如果是带了一些介绍信、资料等,提及的时候要注意观察对方的反应,如果对方表现出有些兴趣的时候,再出示才是最好的时机。

4.主动加主动

除了必要的寒暄之外,你还需要主动引发话题。如果是有求助,就一定要主动介绍一些自己的情况,即便是对方对这一点已经了解,但是你仍要再说一遍,或者对着重的事件做一下强调。这些细小的地方都会对事态的发展起到推动的作用,女子在社交活动中切不要忽视。

5.倾听需要热情

与对方谈话的时候,要注意自己的情绪,如果对方滔滔不绝地讲,而你却一脸的淡漠,那么对方又怎么会有兴趣再说下去呢。在倾听的过程中要相应地给予微笑、点头或是说上几句话来表示对对方的话题很感兴趣。

6.要善于"总结"

简单且能点到主旨的对话,才会让陌生人觉得有谈的必要。如果特意把

问题搞得复杂，使对方听了好半天也摸不出个头绪来，自然就会不想谈下去，或是故意找理由来忽视你。

7.要注意自己的声音

声音是女子魅力值的一个保障。如果你的声音并不动听，那么在交谈的时候要尽量地调控自己的音色和音调。比如说，鼻音尽量不要表现得太重；语速要放慢，要保证对方可以接受等等，这些细节如果任其存在，很容易引发对方对你的厌恶。

8.衣着的细节

第一印象是非常重要的，如果你着装打扮合体，让人有眼前一亮之感给对方留下个好印象，那么对于之后的谈话是会有很大的帮助的。这么讲究的女子，谁还会把你扔在一边不闻不问呢？

9.赞美

没有人不喜欢听好听的话。当发现自己处于被忽视状态的时候，要适时地说出赞美之词，比如说，品到好茶，要说"这茶的味道可真好！"如果恰好对方是个酷爱品茶的人听到这话肯定会把注意力转向你，可能还会给你讲一些品茶的知识呢。女子不要吝啬赞美他人，即使是对方的学历、才华不如你，也不要流露出自己的优越感。做事要谨慎，别让这些细节坏了大事。

10.故意的举动

轻轻叹息，叹息却不言明，说话有一半却留一半，给人一种神秘的感觉。不过这些表现一定要待两人稍微热络之后，或是在提及对方想要知晓的答案的时候。比如说，两人正说得欢呢，在提及某事美好蓝图的时候，你适时地悄悄叹上一口气："唉，可惜呀，这还有一个很难解决的问题……"这种情况下会引发对方的格外关注，一般对方都会接着你的话题问下去："怎么了，难道有什么难处吗？说来听听。"这样一来，你的一个细微的小举动就成功地引起了对方的注意。

11.拜访结束

在道别的时候,告别语要简练且真诚,最好还像初次见面的时候的方法"指名道姓"。但是,如果对方是两人以上,应用概括告别词就可以了。另外,女子一般随身物品颇多,如包、帽子等等,临走时一定要检查,以免落到别人的家里。

寒暄的客套话是人际交往的第一步

"我最近很忙。""没有时间。"这些话好像成了现代社会的代名词。渐渐地,仿佛"说话"都成了费时间的事,于是"寒暄"被更多的人忽视了。实际上,在人际交往中,必要的"寒暄"还是要保留的,这不仅是一种礼节,也是打开与陌生人交往的敲门砖。

与陌生交谈,最好的方法就是从一个话题到另一个话题地试着说,而寒暄就是开口的第一步。比如说,女子在参加聚会的时候,发现身边坐着一个陌生人,问候、道好是必不可少的。如果,对方是你不认识的人,介绍自己,而后以各种各样的方式开始两人的相识;如果已经从他人口中听过他的消息,了解了他的一些情况,就可以从他感兴趣的话题直接下手。比如说,对方从事电脑行业,那么你就可以询问他一些有关电脑方面的知识;对方若是喜欢体育,你完全可以和他谈谈一场精彩的足球比赛或是一次失利的体育大赛;如果对方恰好是一名园艺师,你不妨问一问他:"我想把花园中的一年生植物改种多年生的,您建议种什么好呢?"……相信经过这番寒暄之后,下次再有交往机会的时候,他一定能从许多人中一眼把你认出来。这也就完成了陌生人到朋友的过渡。

当然，寒暄看似简单实则不易，常常会让对方绕进圈子，使自己不小心陷入了进退两难的境地。为了避免这样的事件发生，聪明的女子应该给自己补补课，有了准备自然胜算更大。

1.恭维之语

恭维之话说出来要讲究"水准"。如果过于肤浅，让对方产生"假"的感觉，不仅不会对你留下好感，反而弄巧成拙，让别人认为你是一个虚伪的人。每个人都是喜欢听好话的，如果说得入了对方的心坎，他自然也会在心里给你记上一功。有人曾经说过："恭维是切得很薄的香肠，味儿很美；而吹捧是切得很厚的香肠，没法消化。"所以恰到好处才可称妙。

2.找到共同点

与陌生人开口交谈最重要的是寻找共同话题。这就需要你观察的功夫要做到位了。从一个人的服饰、举止、谈吐找寻他精神状态和生活习惯的影子，再从侧面说一些可以靠上边的话题做试探，或是在开口之前留意一下对方和自己有没有相同之处，比如说，看到对方和你有一样的手机，你大可以它为入"口"处，打破沉默的局面："你也用这款手机呀，我的也是，觉得它满好用的。"如果对方也感兴趣的话自然会接着你的话往下讲。

3.对待敏感问题

寒暄也要讲究范围，以安全平和的话题为主。最好不要涉及到他人的隐私问题，比如说收入、婚姻、家庭等，这些都是应该主动绕过的话题。但是，既然是交谈，你不去问别人并不代表别人不会问你。如果直接拒绝回答，很容易使谈话陷入僵局，所以要学习一些应对此类问题的技巧。比如说你被问到新买衣服的价钱，除非很亲密的人，其实你没有义务为他提供有关信息，你只要回答："我不知道花了多少钱。"就可以了。同样是拒绝回答，如果你说："这不关你事。"就太生硬了。

人与人的交往，说难则难，想易则易。自己多多学习，多多体会，悟一悟，再实践一下，你也会成为社交场上的"高人"！

恰到好处地表现自己

　　金子再有价值也需要被人发现,否则它也只能被埋在土里,沉在河里发挥不了它的作用。现今社会是一个追求"外露"的时代,学习好坏要表现在名次上;找工作要通过面试;有能力就得经受考验……俗话说:"是骡子是马拉出来遛遛。"把自己的优点显示出来,是适应时代挑战的一种反应。但是凡事都要有所讲究,表现自己也要分场合、方式,如果表现得使人看上去矫揉造作,好像是做样子给别人看的,那就另当别论了。特别是对于女子来说,如果表现得过度的话,一些不好的评价之词就会接踵而来,那些一定不是你想听到的。

　　说到这里,给大家讲一个职场"菜鸟"的故事。小文终于通过了面试成为了一家名设计公司的一员。虽然"菜鸟"的工作很辛苦,但是小文仍是乐在其中。不久,机遇便来了。公司为了表现民主且公正的原则,特将一个设计项目外放,让公司的每一位员工都有机会参与到其中。小文想,这可真是一个好机会啊,如果能在这次胜出的话,也就意味着自己将脱离"菜鸟"之列,从而有机会学习到更多的知识。此想法一出,小文随即投入到了工作当中。但是,她毕竟是初涉职场,虽然有了初步的想法,但是苦于自己的技术经验不足无法付诸实践。于是小文找了自己的好朋友,帮助她在规定的时间内做好了方案。当小文及大家的方案递上去三天后,小文被叫到了经理办公室。第一个愿望就这样实现了,小文的方案受到了经理以及上级领导一致的好评,不用说,结果自然是方案打败了一切对手被采用了。小文一下子成了设计部的名人,就连平时对她指手画脚的老员工态度都有了很大的转变,而和同事之间的关系也一夜之间改善了许多，经理在见到她的时候也不像往常一样面无表情了，仿佛一切都变了模样。虽然如此，小文心里很明白，这些只是光环效应的一种表现，虽然创意是自己的，可是毕竟有朋友的帮助，自己还是要踏踏实实地不断学习、进步，才可以心安理得。

放下成功是不是完全靠小文的水平暂且不说，单单看猛然就得到缓和的人际关系，小文的决定就是十分正确的。看来如果你有"才"的话，在适当的时候表现出来，确实可以在人际交往上为自己出一把力。"女子无才便是德"的说法已经被历史的尘土早早地埋葬了，在保持老祖宗谦虚品质的基础上，让自己去发发光、出出彩也是相当有必要的。一个有素质、有知识的女子会让别人高看一眼，在展示自己知性美的同时又能达到美化他人心灵的作用。这才是一个人际高手应具备的水准。你的美好要学会适时地表露，没人喜欢费时间和精力去挖你的优点，所以适时、适当地表现出来才是上上之策。

面对小冲突，做"善解人意型"的女性

还记得曾经在春晚上郭达和蔡明演的那个《机器人》的小品吗？当郭达设制自己想要的机器人性情的时候，毫不犹豫地就选择了"善解人意"型。这也表现了男人的心理，他们都想身边有一个善解人意的女子。实际上，不仅仅是男人，身处社会的每一个人都抱有这种渴望。在中国面子简直是头等大事。在人际交往中，如果当别人陷入尴尬境地时你伸出手拉他一把，或是顾忌到对方的面子不把话说绝，而是换成别一种方法去解决的举动都会使自己的人格魅力得以展现，被"救"之人也会心存感激。善解人意是一种美德，是为你赢得人气的法宝。

　　前美国前总统吉米·卡特的母亲莉莲·卡特是一个很会为他人着想且十分聪慧的女子。有一次,她正在家中料理家务,突然门铃响了。莉莲·卡特开门一看是一名记者。这类事件已经不是第一次了,由于孩子的特殊身份,记者总会不请自来。这种频繁的来访早已经让莉莲·卡特感到非常的厌烦,但是为了不让来者感到尴尬,她还是面带笑容地说:"见到您很高兴。"

　　记者当然不会放弃这个访谈的机会,在回应了招呼之后,便问道:"作为总统,您的儿子经常到全国各地去演讲,他经常告诫人们做人要诚实。那么,您能不能告诉我,您的儿子是不是从来没有撒过谎?"

　　莉莲·卡特平静地说:"撒过,但那都是善意的谎言。"

　　记者接着问:"什么是善意的谎言,您能不能给我举个例子?"

　　莉莲·卡特当场答道:"比如说,您刚进来时,我说见到您很高兴。"

　　记者听了非常尴尬,连忙告辞。

　　这真是一个聪明的女子,虽然这种拒绝记者的方式不见得对方会高兴,但是"善解人意"已经做到位了。试想一下,如果她开门见到是记者,就马上把门关上,或者直接对来者说:"这里不欢迎你!"是不是更糟糕呢? 有的时候,让对方自己意识到行为的过失也是善解人意的一种方法。拿这个记者为例,莉莲·卡特的话不仅不会让他去抱怨,反而会觉得是自己的行为有失礼貌,且对莉莲·卡特心生欣赏之情。这也是赢得人气的另一种反面方法,有一点"不打不相识"的味道。

　　在人际交往中,虽然每个人都渴望能够不起冲突地友善相处,但是毕竟不可能为了维持表面的平和而处处忍让。规矩还是要遵守的,该办的事还是要办的。如果仅仅把"善解人意"理解成原有的意思那就过时了,给他人留下一些面子,让别人有个台阶下也是"善解人意"的一种表达方式。

　　有一天中午,工厂的厂长去车间视察工作。在进入车间之后,厂长看见了几个年轻的工作人员在车间内吸烟,而更讽刺的是他们靠着的那面墙上赫然写着:"禁止吸烟"。厂长走了过去,他并没有像一般人那样暴跳如雷地指着那块牌子对他们说："你们站在这里抽烟,难道你们都是瞎子吗?"而是友好地给每个人递上一支雪茄,说："孩子们,如果你们能到外面去抽掉这些雪茄,我将十分感谢。"这几个年轻人一听厂长这样说,本来要打算反驳的话都回到了肚子里,不好意思地挠挠头,小声地说一了句"对不起",就都跑到外面去了。

这件事解决的妙极了。试想一下,如果这个厂长大骂他们一顿,得到的结果只是暂时的禁止。也许这些员工们心里不服气,明的不行来暗的,还是的偷偷地在车间里抽烟,那这训话的作用就是零。而这种"善解人意"的批评方法不仅保住了年轻人的面子,还让他们对厂长有了敬意之心,何乐而不为呢?

女子在人际交往中更应该表现得豁达,不要像在菜市场买菜一样,一毛钱也要斤斤计较。给别人留点面子就是在给自己积累人气,只有这种以面子换面子的行为,才能得到那些忠于你,甘愿随你去闯天下的人!

听懂对方的"话中话"

谈话的最终目的是交换彼此的信息。可以说每个说话人都是有动机的,简单的是为了倾诉,为了让自己的心情愉悦,复杂的就会涉及到方方面面。有的女子身处社会很多年,仍然悟不透"言语"之道,自己总觉得像是一个被别人耍弄的玩偶。"话中话",把她们折磨得十分痛苦。因为不懂得技巧,不能理解,她们的大脑往往处在挣扎的状态,这个人说的话的真正含义是什么?只是客套话吗?哪些是虚伪的话?哪些才是真心话啊?实际上,要想了解别人内心真正的想法并不是一件难事。但是,如果人际交往中没有这种辨别的能力,就会给你的生活造成干扰。脸上带笑,语气和善的人不一定是你的朋友;而恶语相向,与你针锋相对之人也不一定是你的敌人。

周末到了,我懒洋洋地坐在自家阳台里晒太阳,老公则在一旁看电视。这时电话响了,我抢着接了起来,原来是一个多日不见的老友。今天她显得格外的兴奋,一会儿说楼房的价格又涨了,一会儿又说现在房子真难挑啊,一会儿又谈到买装修材料可真累人啊。她说了大半天,我仍然不明白她到底想说什么,只是陪着她兴奋地聊着。她说到哪里,我就把话附和到哪里。这时,在一旁看电视的老公走了过来,凑在我的耳朵边儿上小声地说:"你问她,是不是买房子了。"我一听,就顺口问道:"这么高兴,你是不是买房子了?老实交代。"电话那边的朋友一听,兴奋的劲头明显高了一个台,她阶哈哈大笑着说:"是啊,你怎么知道的?消息怎么那么灵通啊?我告诉你啊,我们挑了一个很好的房子,一百多平方米。哪天来家里看看啊,是一次性付款,不是按歇啊。好吧!"我提到了点上,朋友很高兴地讲了半个小时,而后心满意足地挂了电话。我看了一眼坐在一旁的老公笑着说:"你挺厉害的嘛!"老公笑笑说:"就你是个小傻瓜,她明显就是想让你说买房这事,然后再向你倾诉一下,显摆一下嘛,你却只字不提,当时她指不定有多急呢!"

当你猜着了对方想要让你知道的事,她是多么高兴啊。看来仅仅是当一个好听众是远远不够的,有的时候人们没有说出话语的含义与已经说出来的是一样多的,有时甚至更多。尤其是人们故意省略的话语,其含义更多。不知道为什么现在人都喜欢去玩弄信息,而且经常玩弄,如果他们和你绕圈子的时候,你自己找到了中心点,听到了他们心里的话,效果往往会比当他们忍不住后自己说出来要好得多。

还有一些"话中话"表达的比较直接,虽然说得含蓄,但是目的却十分明确。这种方式就是把自己的内心需求安排在了一个纸做的屋子里,只是薄薄一层,目的就是让你很容易地发现它,从而走近它,来满足它。

杰克到芝加哥的一家旅馆住店,在此前有友人曾对他说过,本地的蚊子

特别的厉害。在他办理入住登记的时候，正巧一只蚊子飞了过来，杰克便对服务员小姐说："早就听闻贵地的蚊子十分聪明，果然如此啊，看看，它竟然先来偷看一下我的房间号码，便于晚上过来饱餐一顿。"服务员听了不禁哈哈大笑起来。而当夜晚来临的时候，杰克如自己所料，服务员早已经为他的客房的防蚊工作做好了准备，这一晚上杰克并没有受蚊子的干扰，睡得很好。

读懂别人的话，无论是直接的还是暗藏的都会有助于你去了解别人的内心需求，从而有目的地与人进行交往，这些不仅会使你得到更多人的喜爱，还会对你在社交生活中人脉的拓展起到不可忽视的作用。

让对方多多表现自己

生活中有这样一类人，他们有才能，有学识，思路敏捷，口才也很好，但是只要他们一开口说话就会令人反感。这是因为他们太爱出风头了，太狂妄，太自以为是了。与朋友、同事，甚至是上司在一起的时候，总是把自己放在优越感最强的位置上，得不到大家的喜欢不说，有可能正是你的这一份无知，把自己的前途葬送在虚荣的手里了。聪明的女子要学会示弱，无论是在职场上还是家庭里你都会受益良多。

吴艳在一家大型公司上班，每个人见了她都会亲切地问好，吃午饭的时候大家在一起有说有笑。可是吴艳想起刚到公司来的那些日子，自己是极不受人欢迎的。

吴艳很优秀，特别有女强人的味道。公司里的事情似乎没有一样可以难得倒她，接二连三的几个大案子在她的一手包办下都出色地完成了任务。可是，这一切都不能使她快乐。她发现，虽然自己进公司已经几个月了，可是周

围的同事仍然是陌生人,没有人愿意和她共享这成功的喜悦。这使吴艳很不开心,就连回到家里也打不起精神。吴艳的妈妈很快发现了自己女儿的情绪不佳,"怎么了,工作不开心吗?"吴艳叹了一口气:"妈妈,我感到很累。我把什么都做得很好,可是心很累,我不能理解为什么大家都不喜欢我。"说着,吴艳的眼圈泛红了。妈妈看了看女儿,笑着说:"傻孩子,这有什么不明白的。你把事情做得那么好,把风头都抢没了,别人还哪里有表现的机会啊。你为什么不把自己的光芒掩一掩,多给别人一些表现的机会?这样,他们就会慢慢地接受你了。"听了妈妈的话,吴艳觉得很有道理,于是有意地按照这些话去做了。

之后吴艳把说话的主题尽量从自己的身上移开,并且把一些容易表现的案子让给其他的人。她也学着倾听他人的意见,有的时候甚至去请教经验丰富的前辈。说也奇怪,不久,原本一屋子的陌生人居然都和她熟络起来了。吴艳开心极了,她觉得这一切来得比她得到的荣誉更具有意义。

一个人的光芒太耀眼了,往往会使自己处于孤立无援的境地。你的突出,结果往往是导致别人的黯然失色。收敛自己,多给对方表现的机会,才能使人际关系向着良性的方向发展。那些生活中的女强人们,请记住,个人能力再强,如果成了光杆司令一切就都等于零。

每个人都希望有自己的坐标。当你十分优秀的时候,请学会低调处事,当面对比自己优秀的人,要抱着欣赏、学习的态度;当面对不如自己的人,也不要处处表现"能力",有的时候把自己的"短处"暴露出来,反而会让人易于接近。争强好胜是人性的一大弱点,如果你不善于隐藏自己的锋芒,往往就得不到别人的理解和帮助。其他人都会抱着看好戏的态度为之,他们心里会念叨着:"你那么强,自己一个人干就好了,关我们什么事。"

学会满足别人的心理,才是交际高手。多给别人机会,才能轻松赢得认可与友谊。逞一时英雄之人,只能说他有勇无谋,积蓄力量,韬光养晦,广积善缘,才是你应该做的。

排除不利于沟通的干扰性细节

世间恐怕没有"万事顺意",这也许只能成为人们美好的期望。社交场上也是一样,肯定会有这样那样的因素阻碍人际交往的正常运行。女子要想让自己在人际交往中处处逢缘,人见人爱,就必须要对可能造成沟通的干扰事件有所预见,并提前找出解决它的办法。切入正题,仔细看,用心做,前方道路自会畅通无阻。

1.别让细节成为困扰自己的罪魁祸首

要正视自己。成功的字典没有"我不行"、"我不能",往往最显赫的位置上标着的都是"我可以"、"我能行";别把自己圈得过"死",多交朋友,多和朋友在一起,要保持快乐,要学会忘却,人们不喜欢斤斤计较的女子;别强迫自己去完成不可能的事,结果很重要,可是过程比结果还重要;古龙说过:"爱笑的女孩,运气不会太差。"微笑地面对生活,它会回馈给你巨大的收获。

2.要保持幽默感

幽默感是一个人机智灵巧的体现和乐观精神的流露,也是理智和美感相结合所迸发出的火花,人际交往中少不了它的润滑作用。试想一下,如果同事们在讲一个有趣的故事,说完其他人都笑到直不起腰,而你却满脸的木讷,甚至愣愣地说上一句:"我还不太理解。"你不能理解幽默又怎么会融入到他人的生活中呢?不仅如此,幽默感还是帮助你摆脱困境和尴尬的保护罩。

有一次,英国首相丘吉尔在做一场公开演讲。不知从台下地什么方向递上来一张纸条,上面写着"笨蛋"两个字。如果是旁人也许会把纸条悄悄地收起来避免尴尬,但是那样做势必会引发看见这一事件的人的好奇,从而引起不必要的麻烦。丘吉尔看着纸条，他很清楚台下那些反对他的人们正在等着看他出丑呢。他并没有惊慌，而是神色从容地对大家说："刚才我收到一封信，可惜写信人只记得署名，忘了写内容。"

我们不禁为他的黑色幽默心生敬佩之情。简单的一句话，就把自己看似马上要陷入陷阱的身体一把拉了出来，而且还对陷阱的制造者做了有力的回击，而演讲也得以顺利地继续进行。这一绝妙的抗干扰招数，真值得所有的女子好好学习学习。

3.打电话须知

打电话是表示声音的平台。在通话过程中，语气要热诚、亲切，口音清晰，语速平缓；电话语言要准确、简洁、得体；音调要适中，说话的态度要自然，这些都是反映一个人修养的关键点。主动打给对方要把握好通话时间的长短，没有特殊的情况下，最好不要在休息或是对方有重要工作时打扰对方。如果这个时候把电话打过去，往往听话人没有心思将你说话的内容听下去，给沟通造成不必要的干扰。另外，接听电话时，最好在电话响了三次后接起，如果是不熟悉的人一定要记好对方的姓名、电话、口信儿等重要信息，以防在今后要联系的时候没办法找到，给交际带来麻烦。

4.女子在社交中的禁忌

一般来说，女子的小动作较男子来讲要多上许多，所以为了避免这些不雅的细节对沟通造成干扰，女子一定要未雨绸缪。耳语，无论你说什么请不要耳语，因为即便你只是讲了一个小笑话，在实际的交往中也很容易让对方误解，觉得你是在"说三道四"。你的形象在对方的心里就会大打折扣，对后来的沟通造成干扰；大笑，女人要保持自己或端庄或开朗的形象，无论听到什么好笑的故事，"花枝乱颤"式的笑容都是不可取的；刨根问底，无论你的谈话对象是谁，都不要表现出自己的过度热情，也不要一见面就进行自我推销或是打探别人的信息。特别是对私生活方面，女人不要让自己太"八卦"，请相信那对你一点好处都没有；煞风景，要考虑别人的心情，别让自己显得

格格不入。如果每个人都很高兴,你却苦着脸甚至是大哭大闹,让所有人都来安慰你才算完。这样任性的女子是不会有人愿意与你进行沟通的,光是你的苦脸就破坏了别人的心情;木讷,在对方和你谈话的时候,你要适时地给予回应,不要别人说什么你都面无表情,那样的话有人愿意和你说下去才叫怪呢。

社交场讲究随机应变,需要女子在面对不同的状况时做出相应的反应。但是,也有以不变应万变之法,只要做到有备无患,就没有什么难事可言了。

第3课

赢得朋友欢迎的技巧

朋友是一个永恒的话题。如果一个人没有朋友，那么她必将是世界上最寂寞的灵魂。朋友重要，所以维系友谊就自然提高了分量。这真是个让人头疼的问题。青春年少时，朋友们腻在一起，友谊仿佛只有这个时候才是可以保温的。随着成长，女人们毕业了、工作了、结婚了、生子了……生活从来没有如此匆忙过。虽然心里还挂念着朋友，可是似乎自己不知道如何去做了。眼睁睁地看着友情在变淡，在流逝，难道你不想去坚固一下岌岌可危的感情吗？让老朋友仍然属于你，让新朋友喜欢上你，你是可以做到的。

结交挚友，要相信真诚的力量

　　有位哲人说："好朋友是山，一派尊严；好朋友是水，一脉智慧；好朋友是泥土，厚爱绵绵。"每当你要去寻找尊严、智慧和爱的时候，一定会遇到心心相映、共荣辱同患难的好朋友。不要忽略你的朋友，在你年轻的时候也许会觉得老公、男朋友就是你的全部了，可是在若干年以后你就会发现，没有朋友是一件多么可悲的事情。有的人很富有，可是却无比的孤独，在法国流传着这样一个谚语："没有任何一个有钱人，可伟大到不需要朋友。"朋友是不可以用金钱的多少来衡量的，不一定要门当户对，但一定要同舟共济；不一定要形影不离，但一定要心心相映；不一定要锦上添花，但一定要雪中送炭；不一定要天天见面，但一定要放在心里……

　　孔夫子说过，人呀，一辈子说起来就是七八十年，好像很长。但是划分一下，也就是少年、壮年、老年三个阶段。但是在每个阶段上都会有一些需要特别注意的东西，也就是我们平常所说的坎儿。这三个坎儿如果你都越过去了，你这一生就无大碍了。而要成功越过这三道坎儿，都离不开朋友的帮助。对待朋友必须要以诚相待，不要让外在的东西迷失了自己的心。"君子之交淡如水"，友情重要的就是那颗平常心，淡淡地而超乎功利的境界。

　　在东汉时期，曾经有一对好朋友，一个叫阎敞，一个叫第五常。两人来往密切，交情深厚。特别是阎敞，人品端正，诚信无私，深得第五常的敬重。

　　第五常由于被调到京城供职，在临行前特来向阎敞辞行，并且请求把自己的家当一百三十万贯钱先寄放在阎敞的家里，日后安顿好了再回来取。阎敞满口答应并且保证一定看管好。第二天，第五常就把一百三十万贯钱拿来

了,阎敞当面把钱封存好。

第五常启程赴京那天,阎敞送了一程又一程。送君千里,终须一别,临别时第五常诚恳地对阎敞说:"那笔钱阎兄如果需要用,您尽管用就是了。"

本来去京任职是一件好事,可是天有不测风云,第五常到京后不久,京城突然爆发了一场瘟疫。第五常一家不幸染上此症,先后死去,只留下了他的一个小孙子。第五常在临终前抖抖索索地拉着小孙子的手,断断续续地说:

"你如果……能够……活下来,年纪……这么小,怎么……生活啊?我有……三十万……贯钱,寄放在……家乡……你……阎敞爷爷……家中,你可以……取来……维持……生计……"孙子记住了爷爷的话,但是京城到家乡的距离对于年幼的孩子是何等的遥远啊。无奈之下,只好先靠他家在京的亲戚和朋友周济度日。一转眼,十几年过去了,第五常的孙子长大了,这才返回了故里。他想去找爷爷的旧友要回那笔钱来置家业,可是转念一想,这么多年过去了,自己又没有任何凭据,怎么可能拿得回呢?第五常的孙子抱着无功而返的心情去拜见爷爷的旧友了。

阎敞正在书房里读书,忽然听家人进来说,有一位青年公子求见。阎敞来到客厅一看,觉得似曾相识,又实在想不起是在什么地方见过,是不是真的见过?那青年拜见了阎敞,说起爷爷第五常,阎敞才知道他原来是五常贤弟的孙子。两人详谈之后,才知道旧友一家竟然遭此一劫,想起彼此的友情不禁百感交集,为朋友哀伤。而后没等第五常的孙子询问,阎敞就对他说:"你的生计暂时不用发愁,你爷爷有一百三十万贯钱寄放在我这里,你现在可以拿回去用。"第五常的孙子一听,吃了一惊,忙说:"爷爷说是三十万,不是一百三十万呀。"于是,他将爷爷临终前的话说了一遍,又问阎敞爷爷说:"您老人家是不是搞错了?没有那么多,只有三十万。"阎敞忙说:"没有错,没有错!孩子,我估摸是你爷爷在重病之际,头脑兴许不清醒,把话说错了。"说着,忙到储藏室将第五常当年寄放的一百三十万贯钱搬了出来,亲手交给了第五常的孙子。第五常的孙子接过钱来,含泪告辞。他在想:阎敞爷爷

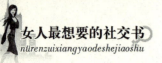

不愧是我爷爷的好朋友。这真是钱财有数,诚信无价啊。

朋友是要交心的,诚信表现在天地可鉴,不关乎"凭据"。守信、守诺,言必信,行必果,才是朋友的真色彩。不论遇到任何事情,你都要明白,交友之道在于对朋友的忠诚度,只有相互忠诚的朋友,才能让友谊地久天长。忠于朋友,能帮助朋友保守秘密,才能获得朋友之间彼此的信任。想要结交到挚友,不要总是想你的朋友为你做了什么,你应该积极思考一下,你为你的朋友做过些什么。只要想明白这一点,朋友之间还会有什么沟沟壑壑,还会存在什么隔阂,用真诚去面对你现在或是将来的朋友吧,只要有了他们,你才会真正地感受到什么叫做阳光灿烂的日子。

找到做"知音"的突破点

要想让自己在社交场上游刃有余,就要想办法扩大自己的人际圈,而交更多的朋友就是最好的方法。朋友也是多种多样的,比如说玩友、饭友、球友、书友等等,他们之所以成为了你的朋友,是因为你们都有一个共同点,就是你们乐趣相同。正因为如此,彼此之间才会产生话题,从相识到相知,大多数朋友都是这样走过来的。一个没有朋友的人,无论是在学习上还是在工作上都会感到劲头不足,这就像是长在心灵上的花朵少了阳光的照耀,无法焕发出应有的朝气一样。如果你还在苦于不知如何与朋友相处,不知如何插进朋友的话题,就一定要给自己加加课了。

1.主动也要讲究技巧

要想让一个人尽快与自己从陌生走向熟悉进而成为朋友,首先,你要保持自己热情的态度,率先出击。如果是你早已经谋划了好久,非常想认识的人,就要做好预习工作,对对方的信息多加了解,比如说性格、兴趣等等,这样一来,"怯场"的概率就会少之又少。当然,在刚认识的时候,必要的"忽悠"是不可缺少的。比如你说:"听你口音不像本地人。"对方答:"是的,我是云南的。"这时,你就要主动地去迎合他所引出的话题。你可以这样接招"云南? 那可真是个好地方,我一直苦于没有机会到那里玩,听说那里很美。"一听到这里,对方的话题也就展开了。

2.用"弱点"去交朋友

真正聪明的人,要把精明藏在心里,而不是写在脸上。做人不需要太多的城府,但社交却需要多元的手段。同样道理,人并不是神,如果一个人只知道去摆出自己的优点给别人看,那么他必然难交到朋友。在必要的时候,在特定的一些朋友群里,玩的也是交换,交换友谊也要交换彼此的弱点。

3.制造"趣味相同"

有些东西,你并不喜欢,可是你周围的朋友都喜欢,那么你就用心地多去学习一下。因为有共同的爱好、兴趣才可能走到一起去。比如说,你的朋友都喜欢娱乐新闻,有一天小 A 大叫:"哎呀,梁朝伟结婚啦!""是吗?""是吗?""让我看看!"……朋友们都一下子拥了上去,这时从不对娱乐新闻感兴趣的你说了一句让大家都吐血的话:"谁是梁朝伟啊?!"我的天啊,朋友们的惊奇度可想而知了。女人啊,告诉你,你说这句话除了成为了朋友口中传来传去的笑料,什么都没有留下。跟不上朋友们的步子是你的致命伤。

4.为他人着想

要经常运用换位思考,学会设身处地地为他人着想。比如说,朋友考研究生又失败了,你要鼓励他,而不要冷嘲热讽;朋友和男朋友分手了,你要安慰他,而不是轻蔑地说:"这也值得一哭,你脑袋进水了吧。"当外地的朋友对本地的生活感到很不适应的时候,你要抽出时间多带他走一走,多了解一下,而不是埋怨他毛病多。总之一句话,多说好话,多做益事。

5.给予帮助

他人遇到困难了,你帮助了他,他自然会对你心存感激,在这种特殊的情况下成为朋友的概率会高出许多。比如说,别人的钱包丢了,你帮助他去挂失,虽然钱包很可能是找不回来了,但是朋友你却是一定可以交到的。

6.联系方式

与别人进行愉快交谈后,如果可能的话,最好留下你的联系电话,为以后进一步深交作准备。但是有一点是非常值得注意的,就是除非对方是你比较了解的人,否则这一招女子还是慎用比较好,以免受到不必要的骚扰。

谁都喜欢和欣赏自己的人在一起

学会欣赏别人是一种人格修养,一种气质提升,"尺有所短,寸有所长"。哪怕是一个极不起眼的人也有闪光的地方。只有懂得欣赏的人才会赢得朋友们的喜爱。有这样一个故事,写的是宋代大文学家苏轼。有一次,苏轼与佛印禅师一起打坐、论佛。一时兴起,开起玩笑来,苏轼对佛印说:"大师,我打坐的时候,用我的天眼看到大师是团牛粪。"而佛印却说:"我在打坐时用我的法眼看到你是如来的本体。"苏轼很高兴,回来恰看到小妹,就把这件事告诉了她。苏小妹听后,笑得腰都直不起来了,说:"哥哥呀,这次你实在是输得太惨了。"苏轼很不解地问:"为什么?"苏小妹笑着说:"你难道不知道修行的一切外在事务都是内心的投射吗?你的内心是一团牛粪,所以看到别人也是一团牛粪;人家内心是如来,所以看到的你也是如来。"这个故事的寓意其实很简单,这就好像是你抱着欣赏的态度去看别人,你就会看到美好的一面;你喜欢别人,别人就会喜欢你;你欣赏别人,别人也同样会用赞赏的目光

来欣赏你。所以，当朋友成功的时候，你要为他真心地喝彩欢呼，而不是做出一副不屑的表情；当朋友没有自信心的时候，你要把他的优点说给他听，以此来激励他。欣赏他人并不难做到，多想想他们的好处和优点，别吝啬赞美的言词，你就会得到善意的回报。

一个春日的午后，小美跟着爸爸到附近的公园去散步。在一个转角处小美突然看到了一个穿着很异常的老太太，天气是如此的温暖，可是这个老太太却穿着厚厚的棉大衣，戴着针织帽子，脖子上还围了一条厚厚的大围巾。小美捂着嘴偷偷地笑起来，并且凑到爸爸的身边悄悄地说："爸爸，你看看那个老太太的样子是多么的滑稽呀？"爸爸听到了小美的话表情变得严肃起来，他沉默了一会儿对小美说："小美，我突然发现你缺少了一种本领，你不会欣赏别人。而这种本领是在与别人交往中最不可缺少的真诚和友善。你看，那位老太太穿得如此的多，也许是有很多原因的，比如说她大病初愈或是身体不太舒服。但是你只能看到这些。难道你没有发现在她注视着树枝上一朵清香、漂亮的丁香花时，表情是那么的生动，你不认为她很可爱吗？她渴望春天，喜欢美好的大自然。我觉得这老太太令人感动！不是吗？"说完，爸爸带着小美走上前去，并主动和老太太打了招呼："夫人，您欣赏春天时的神情真的令人感动，您使春天变得更美好了！"老太太好像很难想象还有人赞美她，显得很激动，回答说："谢谢您，先生。"说完，她还把手里的花儿递给了小美，说："你可真漂亮。"

回到家里，爸爸把小美叫到身旁对她说："你虽然还很小，可是现在就要学会用真诚去欣赏别人，因为无论是什么样的人，都会有值得我们去欣赏的优点。当你这样做了，你就会获得很多好朋友，因为谁都喜欢和欣赏自己的人做朋友。"

"谁都喜欢和欣赏自己的人做朋友，这句话说得真好。在工作和生活中，如果能够用这种眼光去欣赏你的上司，欣赏你的同事，欣赏你的孩子……他们怎么会不对你真心以待呢？威廉·詹姆斯曾经说过："人性中最深切的心理动机,是被人赏识的渴望。"每个人都希望吃到被赞美的蜜糖,每个人都希望自己的优点得到别人的肯定,而我们所需要的就是一颗宽广而又平常的心,懂得欣赏别人,放开嫉妒和轻蔑,你就一定会拥有更多的朋友。

给朋友一个"任性"的空间

  朋友是那个可以共享成功的人,反过来朋友也是那个可以让你大吐苦水的人。对待朋友,每个人都要抱着一颗包容的心,能给朋友提供一个"任性"的空间。人都有缺点,朋友之间只有做到求同存异,彼此信任、理解、包容才会收获真正的友谊。说了对朋友的包容就不得不提鲍叔牙。鲍叔牙和管仲合伙做生意,有了利润管仲在分钱的时候总会多给自己分一点,鲍叔牙却不认为这是管仲的贪心,而是觉得管仲经济条件不如自己;管仲帮助鲍叔牙筹划事情,结果越弄越糟,鲍叔牙不认为管仲没有能力,而是称时运不佳;两个人一起上战场打仗,管仲做了逃兵,鲍叔牙不认为管仲胆小怕事,而是感叹他家中有老母在堂;管仲后来做了宰相也都是鲍叔牙之功……如果每个人都能像鲍叔牙这样,从欣赏的角度去看自己的朋友,以包容的心理解朋友的错误和不足,给朋友留出一个"任性"的空间,怎么会交不到知己呢。

  当然,并非人人都是"鲍叔牙",也不能都有他的那种对朋友的大度。可是,就算是你的朋友有一些你十分不喜欢的缺点,也要懂得包容。就像是水与火,本身是不容之物,可是在这个空间里它们必须都要存在着才能满足于地球的生活。如果朋友之间容不得一点"任性"也就做不成朋友了。在《世说新语·德行》里有这样一个故事。管宁和华歆是一对好朋友,有一天两人在菜园里锄草。锄着,锄着,管宁忽然刨出一块金子,可是他却像挖出的是一般的

瓦砾一样,理都没理。华歆恰好看到了这块金子,捡了起来看了看,很想要,可是又怕管宁批评他,于是只好丢了出去。又一次,管宁和华歆在屋里读书,这时外面忽然传来了鸣锣之声,管宁像是没有听到一样,依然在读书。但是华歆却坐不住了跑了出去,正好看见一队官军的官轿从面前经过,看着那威武的样子,华歆羡慕极了。随后而来的管宁看到朋友这个样子后十分生气,大怒道:"你眼中只有名利,不能用心读书,我怎么能交你这样的朋友?你不是我的朋友。"随即拔出宝剑将他俩坐的席子割断。这就是"割席断义"的由来。

如果把管宁换成是鲍叔牙,大抵上就不会出现这种情况了,鲍叔牙一定会认为华歆是因为家里穷才十分想做官的,也就不会造成恩断义绝的局面了。先不说华歆的真实想法到底如何,不过像管宁和华歆这样的朋友是不会蕴出什么真正的友情的。朋友之间,如果连一个小小的沙粒都容不下,何谈什么共创,提什么相知。朋友并不仅仅是你的一个玩伴,也不是你的附属品,你不可能要求其他人和你的思想行为都和你一致,如果这点空间都不能够给予的话,劝你还是一个人生活吧,即使有了朋友也是让你徒惹生气罢了。

朋友是个特殊的称号,他能言别人所不能言之事。不仅你不会生气,还会产生"知我者你也"的感叹,这也是朋友"任性"的特权。

萧伯纳和丘吉尔两个人虽说一个在文坛一个在政界,但是却是志趣相投的好友。有一次,萧伯纳有一场新剧要上演,他特意给老朋友丘吉尔留了两张票,并附着一张便条,上面写着:"拙作上演,特留两张。一张给你,一张给你的朋友,如果你还有朋友的话。"丘吉尔看后,哈哈大笑,在便条上回道"很抱歉,我今天晚上没空,但是我会和朋友明天去观赏的,当然如果你那场戏明天还能继续上演的话。"

丘吉尔在政界一直都饱受竞争者攻击,朋友的幽默直接指出了"没有朋友的可能",丘吉尔倒是不介意他这样说,却以幽默的手法做了回复,指出萧伯纳便是他的好朋友,可以和他一起去看,但是,演员成了观众,台上便没有剧幕可看了。这种幽默的传递方式看上去好像有一点讽刺的味道,可是这正是友情的特权。年轻的朋友们,我们有很多人常常骂自己的好朋友自私小气,性格不好难以相处,思想怪异不可理喻。每当这个时候,你要好好想一想,你们认识的时候他就是这个样子,为什么从前你能和他成为朋友,接受他原本就有的这一切,而现在却不能了呢?每个人都不是十全十美的,朋友是这样,你也是这样。请给朋友一个"任性"的空间,他自然也会给你留下一个这样的空间。

注意别给朋友带来麻烦和是非

友情不是买卖的货物,你给我多少,我就要付你多少钱;友情不是一纸契约,一切按着章程办事;友情也不可以放到秤上,称称孰重孰轻。朋友之间如果样样都要斤斤计较的话,时常要记得自己付出了什么,朋友有没有等值地还回来……不累吗?你所计较的对象还能够称之为你的朋友吗?对待朋友要大方一些,所谓的大方并不局限于金钱、物质,还表现在一份真诚,一份豁达,至少在待人接物方面不要做得吝啬、小气。当然,你一定要把吝啬和节约分开来看,两者不能混为一谈。除此之外,大方还包括对朋友的认同、赞美、同情、宽容、尊重、理解等。

人们常用"两人好得穿一条裤子"来形容朋友之间的亲密关系,实际上好朋友并不意味着就要打成一片,如果失了原则,没了分寸,那么这种好就有些过犹不及的味道了。不要计较并不是要你处处依赖朋友,把自己包装成"海绵人",只知道讨朋友的好处,自己却一点不出,这样的友谊是长不了的。大方是建立在人与人相互信任的基础上,这就好比你希望朋友"够朋友"的时候,先衡量一下自己能否做到。遇到事情不要针锋相对,这样只会让友情挤在狭窄的缝隙中,无法自拔,其结果只有两种,一是彼此难受,二是形同陌路。相反,如果彼此都退让半步,就自然会给友情留出一步的空间。

小爱是公司的出纳员,可能是出于职业习惯,她对金钱特别敏感。但是让小爱没有想到的是,这一点竟然让她失去了一个朋友。那天,阳子来找小爱借钱,小爱想也没想就拿出了纸和笔让阳子打个借条。谁知就是这样一个举动却得罪了好朋友。阳子没有写借条,而是对小爱说:"不用了,已经从别人那里借到了。"从此,阳子再也没来找过小爱。

友情有时候真是很脆弱,如果一个不小心,可能就失去了。阳子不写借条,并不是说她不想还钱,而是对于自己的朋友让她写借条这件事情特别反感。而反观小爱呢,她也不一定是不信任朋友……到底孰对孰错谁又能说得清呢。可是,如果在这件事上小爱对好朋友少一分戒心,或是阳子多一分对朋友的体量,彼此不要计较那么多,包容一下,结果就一定不会是这个样子了。

艾尔顿与英国著名同性恋歌手乔治·迈克尔之间重演了俞伯牙与钟子期的"知音"故事,可是他们似乎没有古人那么好运,友谊没有加深反而成了导致其破灭的导火索。矛盾则缘于半年前,艾尔顿公开对媒体表示,从乔治·迈克尔的音乐中,他觉察到了迈克尔"心灵深处的悲伤"。没想此举却让多年的好友与他翻了脸。而且还专门在杂志上发表了一封公开信,谴责艾尔顿是"多管闲事的谣言传播者"。从此,乔治·迈克尔再也不与艾尔顿联系。每提此事,艾尔顿总是摇着头说:"半年了,我们没有讲过一句话。我给他打过五次电话,但是他一次也不肯接。"

又是一个难分对错的"朋友案"。作为老朋友,理应顾及对方那不为世人所接受的"秘密",至少要通过朋友的同意;同样,作为老朋友的另一个人,最起码要给对方道歉和解释的机会。

人要像容忍自己一样去容忍他人,你的心境自然会开阔起来。男人们总是说女人爱计较,女人们就理当自省。天生的心思细腻、敏感是给"计较"种下的祸因。所以,女人,当你想去苛责朋友的时候,一定要嘴下留情,给彼此留下一条重归于好的后路，别让你们的友谊当场埋葬。记住，天下没有后悔药可以卖。

直言不讳，让朋友过得更好

真正的朋友就像一面镜子，如果你妆花了，朋友会提醒你；如果你的脸色欠佳了，朋友会劝你多多休息；如果你思想偏激了，朋友会及时给予你警示。在你成功后，忘乎所以，自我成就感极度膨胀的时候，朋友就是那个敢言众人所不敢言之事的人；在你落败后，失去信心，万念俱灰的时候，朋友就是那个最后留下来，骂醒你，让你重新振作起来的人。镜子是最诚实，最不虚伪的，无论你变成了富翁还是乞丐，它照着的仍然是你最真实的一面。也许光说朋友是镜子是不全面的，实际上我们每个人都是一面镜子，很难看到自己，却能照到别人。古人有句话："难得是诤友，当面敢批评。"真正的朋友绝对不是一面哈哈镜，为了取悦你而向你传递虚假的一面，他会直视你的缺点，让它们在友情的阳光下无所遁形。

小刘和大李是好朋友。两人也许是因为喜好不同，志向不一，他们分别选择了不同的行业去发展。小刘干起了书画装裱，大李则开起了服装剪裁店。两个店面在同一条街上，彼此离得不太远。平时他们各干各的，没活的时候就在一起聊聊天。有一天，大李来找小刘闲聊，正好看见有几个顾客来结账，不一会工夫，几千块钱就进账了。大李想，自己辛辛苦苦地工作，一件衣服才十几块钱，整天还挺忙，你看人家小刘，动动手就会得来大把的钞票，工作还高雅。他怎么想自己都冤得慌。

大李打定了主意之后，就计划着自己也做书画装裱这一行。于是，他就

把这个想法和小刘说了。小刘很奇怪，就问大李："你的生意不是挺好的吗？怎么想起来转行了？你以为这行是好干的？看起来简单，实际上要求严格着呢！不仅要有技术，更要懂艺术。"小刘如此一说，大李就有些不太高兴了，答道："我那生意一天累死累活地也挣不到几个钱，哪像你，轻轻松松地收票子。怎么地，难道你怕我抢了你的生意不成？"小刘心想，在这条街面上，一家可养得起，多了可就难说了。他想说，可是一想朋友可能会误解，硬是把话压回去了。

在无奈之下，小刘只好答应了大李的请求，并帮着他忙里忙外地把店面弄好。不久，大李的小店就开张了。可是不久，小刘的想法很快就得以验证。因为有了两家装裱店，本来小刘家红火的生意也冷清了起来，而大李更惨，由于技术不过关，本身也没有艺术细胞，尽管有小刘的全力支持，最后还是以关门告终了。大李很不理解，明明看着很好的生意怎么就到了这种地步呢？小刘这会儿才开口说出心里的想法："你这个店就不应该开。你看咱们这个小街上本来就不是很兴旺，只有我一家装裱店，你一家裁缝店本来是很好，大家都能吃饱饭。""可你开始为什么不说？"大李抱怨着。小刘听了委屈地说："如果我早就说了，你相信我吗？你不认为我有其他的想法吗？你还认我这个朋友吗？"大李顿时语塞了。小刘接着说："什么也别说了，还是再把你的剪裁店开起来吧，你这一折腾也损失了不少，缺钱的话，上我这里拿。"大李又笑了，心里想，算了，就当花钱买教训吧，再说我也不是没有收获，这不就得了一位"诤友"吗？

尽管是朋友，直言不讳也要讲技巧的。当人被某种欲望蒙蔽双眼的时候，是什么都听不进去的。小刘就很聪明，知道自己如果说出想法也会让大李多想，于是索性先顺着他的意思，自己也全力地帮助他。当他吃了亏，觉得疼了的时候，再把其中的道理讲给他听，及时地让错误停住，也是一个很不错的方法。试想，如果当初小刘坚持自己的意见不让大李开店，弄不好，他们的友谊就不存在了。那样的结果毕竟不是双方想看到的。朋友对一个人的影响是非常大的,好听的话谁都会说,可是真话、不好听的话只有朋友才会讲。要想有真正的朋友,首先自己就得让自己敢去说,为了朋友过得更好,为了你们的友谊更加的坚固,又有什么不可为的呢?

雪中送炭胜过锦上添花

　　人往往在贫穷、败落的时候才会使心灵得以洗涤。当我们有一天发达了,得势了,人人都想与你结识的时候,有很多人就顾不来曾经的老朋友了。当然,上升到一个高度的时候,多结识一些出色的人这是很自然的事情,可是一定不要忘记被你放在角落里的那些老朋友。在人际交往中最重要的就是感情投资,最难做的也是感情投资。中国不是有句老话叫做"穷在路边无人问,富则深山有远亲"吗?当一个人春风得意的时候,想为他做事,想沾点光的人自然少不了。这个时候,即使你帮助过他,他会记得住你吗?在电视剧常常看到一些有权有势的人每到逢年过节,因为送礼的人络绎不绝,礼品堆得像小山一样,有的很高级的食品因为太多吃不完而都坏掉了。在这种情况下,你花大价钱买的礼品是不是也会最终沦为垃圾堆里的一员呢?但是,反过来,当他陷入困境的时候,门前冷落无人问津的时候,你能带去一声问候,给予一些帮助,他就会非常感激你。如果暂放下情谊不说,这种行为就像在购买原始股,未来是不可预料的,如果有一天它涨了起来,回报的第一个人就是你。如果它没有什么变动,你也谈不上什么损失。

　　看过梁咏琪和刘青云演过一个电影叫做《窈窕淑女》,其中梁咏琪是一位一掷千金的金枝玉叶,对朋友疏财从不计较。她的爸爸望女成凤,决定让女儿去尝试受苦的滋味,做个独立有用的人,于是就声称自己破产了。这个千金大小姐在故意安排的"没金"的日子里吃尽了苦头,往日围在她身边的所谓好友纷纷躲避,没有人愿意帮她一把。她终于看透了这些酒肉朋友的嘴脸……树倒猢狲散,这些就是不得不接受的事实。戏剧源自于生活,我们的身边又何尝不是日复一日地上演着这样的剧情呢。

从人生的角度来看,没有人会一帆风顺地走下去,风风雨雨都是难免的。当朋友落难的时候,不要认为没有利用价值了就不闻不问,甚至落井下石,这样的人在品质上是失德的。

老周火了,房地产生意使他摇身一变成为了富甲一方之人。周围的朋友像是蜜蜂闻到了花儿的味道一样涌了过来,今天这个朋友请吃饭,明天那个朋友请唱 KTV。老周觉得这才是生活,这样的朋友才是真朋友。酒桌上朋友们夸他能干,夸他有能力,夸他有魅力……老周醉了,醉在了这虚虚实实里。老周忙于一个又一个应酬中,和朋友老王的交往渐渐的淡了。老王心里挺不是滋味儿的,曾经一路打拼过来的兄弟,到今天却落得如此下场。

"老周这回可没法翻身了。""可不呗,这股市可真害人啊!"……老周破产了,什么都没有了。这个时候,老周才发现曾与他在酒桌上称兄道弟的朋友都人间蒸发了。黄粱一梦啊,原来什么都是假的。老周在家里不吃不喝地躺了三天,想了很多事情,也想明白了很多事情。毕竟是从大风大浪里走过的人,老周并没有就此倒下,他要从头再来,可是手头的钱……老周厚着脸皮给曾经的酒友打电话,想借点钱,可是每多打一次,失望就越大,这些朋友不是"啊啊呀呀",就是不接电话,有的居然把手机都关掉了。老周终于尝到什么叫做世态炎凉了。这时,他想起了和他曾经一块创业的老王,他鼓起勇气打给他最后的希望。"老王啊……"话没说完,那边的老王就接下去了:"行了,事情我都听说了,我还不知道你,不甘心吧,想重头再来吧?说吧,想要多少?"老周说不下去话了,他的眼泪把他的声音堵得死死地。这下他终于明白了,什么才是真正的朋友。

人们总是对于那些雪中送炭的朋友有着某种特殊的好感。我们只有选择别人最需要的时候给予他帮助，才会获得别人真心的感激。说来仿佛很简单，但是在生活中，锦上添花易，雪中送炭难。自私自利的人是不会拿自己的利益去帮助别人的，他们害怕"肉包子打狗，一场空"，这样的人不仅是友情上的失败者，也必将成为社交场上的失败者。真正聪明的人在朋友面对困难的时候是不会退缩的，而是会主动帮助他们，因为这时不仅会让你得到一份真正的友谊，还会为你的感情账户上存上一笔巨资。

小摩擦是难免的，忘掉那些不愉快的一面

　　世间万物大凡与我们有所接触的东西，都会产生摩擦。比如说走路，是鞋子与地面的摩擦；拿起水杯，是手与杯的摩擦。友谊也一样，再好的朋友，志趣如何的相同，性格如何的相近，也总会有看法不同，做法不同的时候。当两者的某种观点或行动不一致，但是却又都希望对方对自己进行认同的时候，摩擦就产生了。常有人说："从来没有起过争执的朋友，不是真正的朋友。"朋友之间就像河里流动的水与河里的鹅卵石一样，起初这个石头是有棱有角的，河水对它的态度也是横冲直撞的，两个虽然每天生活在一起，表面很平和，很友好，但是实际上却暗自做着较量。慢慢地，时间让它们对彼此更加地了解。它们都能够包容对方，甚至心神领会地相信对方。石头的态度软下来了，变得光滑圆润。河水再与它相处的时候，也变了个模样，缓缓地从上面流过。在朋友之间，每段深厚的友情都是经历过很多的摩擦和冲突而得以建立起来的。

　　在阿拉伯有这样一个传说：有一对好朋友在沙漠中旅行，在旅途中两个人起了争执，其中一个在一怒之下给了另一个一记耳光。这个被打的朋友心

里很难过，觉得自己受了委屈，于是一言不发地在沙子上写下："今天，在沙漠里，我的好朋友打了我一巴掌。"打人的朋友看到被打的朋友的这一举动，也意识到自己有些冲动了。而后，两个人继续赶路，他们走到了一片小绿洲，决定停下来歇一歇。被打的朋友去河边喝水，不小心掉了进去，幸好被朋友看见救了起来。惊吓过后，被救起的朋友拿着随身带的小刀在石头上刻着："今天，我的好朋友救了我一命。"一旁的朋友看见了很好奇，于是问他："为什么在我打了你以后，你要把那件事写在沙子上，而现在却要把我救了你的事情刻在石头上呢？"另一个朋友笑笑回答说："当被朋友伤害的时候，要写在易忘的地方。写在沙上，风会负责把它抹去的。相反，如果得到了朋友的帮助，我们就要把它刻在心里的深处，在那里任何风都不能把它抹掉。"

这就是朋友的相处之道。不要把不快乐的事情留到明天，朋友也许有的时候会伤害到你，但是这种伤害往往是无心的。可是，当你有了困难需要帮助的时候，朋友的付出是真心的。所以，当有小摩擦发生的时候，去忘记那些无心的伤害；当朋友对你伸出援手的时候，去铭记那些对你真心的帮助。

大家一定还记得红极一时的电视连续剧《奋斗》吧。米莱和夏琳就是那样一对无话不谈的好朋友，米莱从来没有防备过夏琳，甚至把自己最喜欢的男朋友介绍给夏琳认识。但是夏琳却为了爱情丢弃了友谊，她明明知道那是米莱最喜欢的人，她也知道如果爱上他，她必将失去米莱这个好朋友。可是她仍然义无反顾地做了。到最后一直被蒙在鼓里的米莱终于知道了这一切。当夏林向米莱道歉时，那句"对不起"显得多么的苍白，它成了友谊最后的陪葬品。直到最后，米莱说自己释怀了，可是她们的友谊还可能存在吗？如果还在，米莱还可能向当初那样对夏琳无比的信任吗？这都不可能了，如果见面可以笑上一笑，那就算是最好的结局了。这个电视剧播完之后，有很多人爱上了米莱。无论怎样，让自己拥有一颗豁达的心吧，忘掉那些曾经不愉快的事情，如果有可能的话，希望你们依然是朋友。

对"怪"脾气朋友要见怪不怪

"一种米养百种人",自己的朋友脾气有些怪也不是什么稀奇的事情。什么是"怪"脾气呢?如果你仔细观察的话,其实每个人的脾气都有它很怪的一面,特别是女子在这方面尤为显著。她们往往对待自己亲近的人、在意的人,才会去说让你感到奇怪的话,做一些奇怪的事儿。也许朋友的行为会让你感到不舒服,甚至是有被伤到的感觉,可是请你多包容一下,人与人的相处就是需要互相交流、互相磨合的。多多采用换位思考,想一想如果你站在朋友的立场上,自己会做出怎样的抉择,万事就可解开了。

1.对待很爱生气的朋友

你的朋友是不是很容易生气呢?比如说,明明两个人有说有笑地谈论着某个话题,不知何故你的朋友就突然不作声或是转身走了。与这样的人做朋友往往会觉得自己有的时候很辛苦,就怕一个不对劲儿对方就生气了。实际上如果你用点心,这样的事情是可以完全避免的。

(1)注意听。借问问题表现出你的兴趣或是你需要对方进一步把事情说清楚。

(2)注意观点。谈话时,要尝试着去了解朋友的观点,如果只是闲聊的话最好顺着他,如果自己实在不想同意其观点,不妨换个轻松的话题聊聊,比如说,哪里的炸酱面更好吃啊等等。轻松的话题不易产生冲突。

(3)慎开玩笑。朋友间开开无伤大雅的玩笑本来是没什么的。可是,如果你的朋友特别爱生气的话,你就要小心了。如果不想引爆炸弹还是尽量避免吧。

2.对待不爱说话的朋友

你的朋友是不是不爱说话呢?不爱说话的人大多数都性格内向。虽然他和朋友们在一起的时候总是处在倾听的位置上,可是这并不代表他不喜欢被人注意。如果是因为这些就省去了他的意见及建议是十分不可取的。既然是朋友就不要忽略其中的任何一人,即便是当你问到他时,他只是点点头,也是一定要问的。另外,和这样的朋友对话时你可以尽量问一些开放式的问题,就是如果光说"是"、"不是"或光点头是无法回答的问题。当朋友开口的时候,不要光顾着打闹,而是要认真地聆听并接纳。

3.对待喜欢"八卦"的朋友

你的朋友是不是很"八卦"呢?女子喜欢"八卦"也没什么,但是过甚的话就是"怪"了。所以,对待这样的朋友,就随他高兴地说去吧。如果实在是听不下去,就出点声音抗议一下,如果你不这么做,他就会认为你是表示赞同的了。再不然就借故走开吧,不想听就不听也是个不错的方法。

4.对待喜欢取悦他人的朋友

你的朋友是不是喜欢取悦他人呢? 这种朋友大多数都属于"开心果"之列,性格开朗,也比较有人缘。但是他的精力通常十分的旺盛,叽叽喳喳的像百灵鸟一样总是唱不停。百灵的声音虽好,但是总听也会烦的。所以,当你受不住的时候最好自己走开,或是委婉地提醒他。但是不要生气地制止,否则不仅会让你们的关系变得很尴尬,也会让对方一下子伤心起来。因为,这种人通常很极端,笑与哭都是随叫随到的。当然,当你心情好的时候,不妨也加入到他的队伍,听一听他的幽默。

5.对待喜欢抱怨的朋友

你的朋友是不是喜欢抱怨呢?今天抱怨老板太黑,明天抱怨工作太累,后天又抱怨天气总阴。耐点心听着吧,如果你已经很厌烦听到这种抱怨了,那么就力所能及地去帮助他解决这个问题吧。

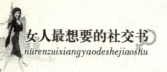

6.对待喜欢"乱许愿"的朋友

你的朋友是不是喜欢"乱许愿"呢?"乱许愿"又叫做打空炮。这样的朋友一般都是冲动型的,只凭一时高兴或是冲动就随口一说,而后也许他自己都不会记得了,很少有能还愿的。所以,对待这样的朋友,对于他们的许愿你就当成没有听到就好,希望越大,失望越大,如果当成没有发生就不会有任何感觉了。

无论朋友的"怪"脾气如何,既然称之为朋友,那么互相包容和理解就是应该做的。所以,学着让自己多放开一点,多多相处,多多沟通,怪也就自然不怪了。

第 4 课

赢得亲人喜爱的技巧

在亲人的圈子里,你是女儿,是媳妇儿,是妻子,是妈妈,是阿姨,是姑姑……首先你要意识到,多种角色集于一身的你是个幸福之人。也许父母及公婆的唠叨会让你不耐烦,丈夫和孩子的事情会让你操了许多的心。可是,当你累了的时候,长辈们满是关心的让你注意休息;丈夫充满爱意地说上一句:"老婆,你辛苦了。"孩子给你端来了洗脚水来慰劳你的时候,是否以前烦你的一切就都变成甜蜜的负担了。所以,尽力地让亲人们喜欢你吧,让自己有权力去享受这种至亲至爱吧。

对长辈，你可以适度地撒娇

　　大多数女子都把家庭看得很重要，甚至于把它放在第一位。和善的公婆、体贴忠诚的丈夫、孝顺的子女，几乎是每个女子都想要拥有的，然而得到这些的只有少数人。近几年，女子的"撒娇技术"已经被广泛地搬上台面，各种各样的图书都在介绍如何撒娇才能使老公越来越爱自己。实际上，如果你仅仅认为撒娇只能运用到伴侣的身上，那就大错特错了，长辈们通常也很吃这一套哦。

　　从我们还是婴儿的时候就早已经懂得"撒娇"这一招了。妈妈来了，我们就会笑；想要的东西不给我们，我们就会哭。大一点了，我们要出去玩儿，家长不同意，我们就会摇着大人的大腿耍赖……转眼间，我们长大了，"撒娇"似乎也要跟着销声匿迹了。为什么要让它"退隐"呢？当平日与长辈聊天的时候，撒撒娇让他们开心；当想让自己的父母同意你的某种想法时，撒撒娇做做动员工作；当你和婆婆闹得不可开交时，撒撒娇让彼此都泄了这火气难道不好吗？撒娇不是蛮不讲理，撒娇是用以柔克刚的技艺把自己的优势掩盖，以弱势来麻痹对方。你弱下来，把长辈抬高，他们有再多的火自然也就不好发作了。

　　老小孩，老小孩，老人像小孩子一样天真需要鼓励和表扬，这话一点都不假。但是，中国人爱的方式往往是下倾的，我们有耐心去教导孩子，却鲜有时间向长辈撒撒娇，让他们重温受依赖的幸福。

　　孟飞的外婆身体很健康，年过九旬，还十分硬朗。在她过九十岁生日的时候，全家人都到齐了为老人祝寿，席间姨父举杯祝福她能活到一百岁。外婆很不高兴，说："难道我就只能活到一百岁吗？"姨夫颇为尴尬。还是孟飞

反应快，她马上来到外婆的身边挽着外婆的胳膊微微摇晃着说："这得让我看看啊。"孟飞有模有样地左看看，右看看，趁着外婆不注意，"叭"地一声在外婆的脸颊上亲了一口，然后笑着说："哈哈，外婆，我都亲你了，你要是不活到二百岁，飞飞可不干哦。"外婆听了立即笑逐颜开，接着说："你说外婆真能活到二百岁？"孟飞故作生气的样子，然后说："外婆，你怎么不信人呢？您肯定能活到二百岁，您再不信呀，飞飞就不和您好啦。"这样外婆笑得更开心了。

实际上，外婆当然知道自己活不到二百岁，可是孟飞这个小娇撒得让她心情无比地舒畅。人都有衰老的那一天，晚辈们不妨用这种方式多哄哄老人，有的时候比你花上万元买的补品还要有用，还要珍贵。

四届金马奖得主，在《橘子红了》、《大明宫词》、《汉武大帝》中塑造出一个个经典人物的我国台湾地区著名影星归亚蕾就是一个会撒娇的媳妇。相处二十年，她和婆婆一直关系很融洽，从未出现过所谓的婆媳关系不合的现象。当记者问到其中的秘诀的时候，她笑了笑说了六个字："撒娇比抱怨好。"在家里，她是老人最好的倾听者，归亚蕾还说："和老人家相处，最重要的是不能红脸。同样一句话，用不同的方式表达，结果会不同。比如，现在我要对你说一句尖锐的话，但是我的眼神必须是柔和而诚恳的，态度是和蔼的。老人家做得不对，你不能用抱怨的态度去说她，如果你换成撒娇的态度，'妈，你这样做不对耶'，结果会很不一样。态度和方式决定结果。"

简单的几句话，却总结出了二十年的婆媳相处之道。我想，这不仅仅是对婆婆，对我们其他的长辈也是一样的，硬碰硬的结果总是不尽人意的。如果女子能够回归到女性自然的本色，在面对一个问题与长辈争执不下的时候，或有误解、矛盾的时候，适当地撒撒娇，示示弱，也许就不会有什么代沟和难以解决的事情了。不试试怎么会知道呢？去亲身地尝试一下吧。

媳妇和婆婆不是天敌

　　婆婆和媳妇的话题仿佛是一个谈了数十年的老问题。电视剧一个接一个地演,婆媳问题花样百出,什么懒儿媳妇遇到勤快婆婆,什么外地媳妇遇到本地的婆婆……媳妇希望婆婆像妈妈那样对自己爱护,婆婆希望媳妇像女儿那样对自己孝顺,但是两者往往都达不到期待值,从而造成了相看两都厌的局面。中国有句老话:"百年修得同船渡,千年修得共枕眠,万年修得好公婆。"身为媳妇的女子何尝不想处理好婆媳关系呢?每每听到哪个朋友或同事在面前念叨着婆婆对她怎样怎样好,身为媳妇的女子又何尝不羡慕甚至是嫉妒呢?

　　婆婆和媳妇之所以不和,大多数是因为缺少理解和必要的沟通,却有了太多的猜疑和误解。如果两人之间能够有一份女儿和妈之间那样的宽容、大度,站在对方立场看问题,那么彼此的关系也一定会像妈妈和女儿的关系一样和睦、融洽。

　　林子结婚了。她的厨艺非常好,所以,在全家人第一次一起吃饭的时候,她自信满满地做了一桌子菜,丈夫、公公及家中没有成家的小叔子无不交口称赞,唯独婆婆一直黑着脸,一声不哼。林子想不明白,自己做得很好吃呀,还有什么不满意的呢,但是转念一想,都说婆媳不好相处,自然规律没有什么好奇怪,怎么能赶上自己的妈妈呢?林子是个善于持家之人,她把屋里屋外都打扫得干干净净,把晚餐换着样做,可是婆婆却不买她的账,对她的态度反而越来越不好。林子觉得自己像是灰姑娘遇到了后妈一样的悲惨。

　　本来林子已经默默地接受了这一切,可是小叔子结婚后却让林子觉得

这个世界太不公平了，凭什么自己就这么不招婆婆喜爱。事情是这样的，能干的她婆婆不喜欢，但是什么都不会做的新娘子，婆婆却喜欢得不得了，而且还亲自下厨给她做东西吃。有一次，林子居然看到婆婆在亲手教她做菜。看着她们婆媳俩其乐融融的样子，自己的心里可真不是滋味儿。

由于心里太难过，林子再也顾不上"家丑不外扬"之说，打电话给自己的好朋友，一股脑把自己的不满全都说给好朋友听了。朋友听后哈哈大笑，说："你要早点和我说，就不用受这苦啦！""难道，你知道是怎么回事？"林子的眼睛一下子亮了起来。朋友接着说："原因就是你太能干啦！你想啊，在你没进她家之前都是她照顾家里人的饮食起居，而你一来，一定把全家人的注意力都抢走了。你做菜还那么好吃，婆婆的成就感和优越感一下子就都没了，她怎么会开心呢？又怎么会给你好脸色呢？"林子一下子都明白了。

婆媳毕竟不是母女，如果婆婆有了不痛快或是看不顺眼的事情往往不像亲妈一样直接指出来，而是表现在行为上。也可能是婆婆也不敢说出来，为什么呢？做媳妇的都有这种体会，要是自己的亲妈骂自己，无论骂得怎样重，自己怎么委屈，也就顶多是一场暴风雨，很快就会重见彩虹，可是如果是婆婆说上你一顿，不管说的程度是如何得轻，心里都会觉得她是故意的，于是反驳、冲撞就顺势而来，有的甚至一辈子都不会忘。从此看来，实际上做婆婆也不容易，她们敢开这个口吗？理解是相互的，婆媳关系是需要维护的，以心换心才是相处之道。聪明的女子，你必须要知道，无论现在婆媳关系是好是坏，你都不可忽视。为了家庭的和睦和自己的幸福，经常做一些维护和修理是十分有必要的。

著名小品演员宋丹丹在这一点上就做得非常好，她一进夫家门，就把婆婆的"决不让孩子因为自己的存在感到不舒服"奉为真理，并且积极配合她去做好。除此之外，她每个月都像对自己父母一样给婆婆零花钱，而这也是一种亲近的模式，婆婆在她面前也没有动不动就摆架子，而宋丹丹也没有媳妇的客套。两个人自然相处，像一对母女。

如果你的经济收入还不错的话,不妨也贿赂一下婆婆。婆婆在收了媳妇的"贿金"之后,即使自己有些看不习惯的小地方也会睁一只眼、闭一只眼,不好多开口了。但是,这个"行贿"还要挑好时间,如果把它放在重大的节日或特殊的日子,比如说母亲节、婆婆的生日等,小小的惊喜会让效果更好。还有一点媳妇也要特别注意,千万不要等到婆媳关系到了很僵的时候才去实施,那已经来不及了。好好学习吧,相信你会赢得另一个同样关心你的好妈妈。

对老公,表现出你细致温情的一面

让我先来为你讲一个小故事。前一阵子,偶然在网上看到一个有关80后的小夫妻处事之道。虽然只是一则漫画,可是却让我印象深刻。老公下班了,对老婆说:"老婆,我给你买了小蛋糕。"老婆异常高兴,道:"谢谢老公!"过了几天,老公回家了,手里拎着葡萄说:"老婆,我今天给你买了葡萄。"老婆接过葡萄,道:"哈,现在它好贵,我都舍不得买呢。"没几天,老公回家的时候带了一瓶果汁:"老婆,我给你买了果汁。"老婆看到果汁,依然那么高兴,道:"呀,你怎么知道我正想喝这个呢?"老婆情不自禁地抱着老公亲了一口,又道:"老公你真好,总是给我带来那么多的小惊喜。"老公笑呵呵地享受着老婆的拥抱,心里在想"虽然LV的包我送不起,可是我一样能把老婆哄得高高兴兴的。"很温情的一幕。爱情其实就是这样简单,只要你为了这份爱做点什么,对方都会感觉得到。在这个社会上,金钱也许会代表很多东西,换来很多东西,可是爱和幸福,它是无法买到的。经营好真感情,无论对方是你的爱人还是你的亲人,多从细小的地方去关心他、爱护他,你给他带来温暖的时候,他会回馈你整个春天。

依然是这个漫画中的一部分，老婆嘴馋了，从冰箱里把葡萄拿出来跑到卧室里去吃。这时却被老公发现了，老公故作严肃地说："葡萄是从冰箱里刚拿出来的吧？""是的。"老婆皱着脸回答。"放到桌子上，放一会儿，凉气散了再吃。"老婆撅着嘴，把葡萄放在了桌子上然后抱怨着说："不就是每个月特殊的这几天嘛，实际吃一点点凉的东西也没关系。""少啰嗦，肚子痛了怎么办？"老公板着脸说。老婆靠着老公甜甜地笑了。多么细小的一件事啊？可是当它是从你喜欢、你爱着的那个男人的口中说出来的，却是多么的幸福啊。动情的女子肯定会觉得有这样会关心人的老公怎么都值了。虽然是很细小的一幕，可是对于婚姻生活来说，每一个细小的关怀都是对彼此深爱的表现。

相较于这个故事来讲，不禁让我想起了朋友的抱怨，她的老公很不爱做家务，无论她上班多累，他都不会伸手帮一下。一次，正逢朋友的生理期，肚子痛得脸色煞白在床上躺着，而老公却在一旁玩电脑游戏，而且声音放得很大。朋友多次让他小点声，他只哼哼地答应着却不去做。没办法，朋友只好忍了。躺了一会儿，她想起洗衣间里还泡着老公的脏衣服，如果不洗就该臭了。于是，她对他说："老公，我很难受，你今天自己去把衣服洗了好吗？"她的老公却头都没回地说："放着吧。"这一放就到了晚上了，她的老公却丝毫没有去洗的意思。朋友没办法只好去洗衣服了，她的老公却始终没有出来帮她。朋友说她从来没有感觉到这么心寒过。

人与人之间，特别是亲人之间，爱的表现在哪里呢？就在于你爱他的每一点细节之处，那些在爱的里面还不真诚的人一定不会得到幸福，即使现在他得到了，如果不知道去珍惜还是迟早会失掉的。反过来，这也是给我们这些女子敲了一个警钟。想一想，你关心家人吗？你留意过他肚子痛不痛、工作累不累吗？当他有了"压力"的时候，你会想办法帮他减减压吗？当他熬夜工作的时候，你会为他沏一杯咖啡或是温一杯牛奶吗？爱是要彼此付出的，只有相互理解，相互关怀的爱才会不疲惫，不厌倦地走下去……

顾忌到小孩子的尊严

父母的爱是一种奇特的爱。爱，一般都是以"聚合"为目的的，唯独父母之爱背道而驰，是以"分离"为目标的。望子成龙，望女成凤，是每个家长的期盼。中国的父母常会对孩子说："生活的拮据都是因为你，所以你一定要好好学习。""你不好好学习都对不起我们。"不知不觉中父母就把孩子看成了自己的"所有物"。把喋喋不休的言语，错认为了是关爱和期盼。孩子并不是家里摆放的电视、电脑，随你拿来搬去，他是独立的思考体，他会产生讨厌、反感的心理。别以为小孩子什么都听不懂，别认为伤了孩子的心过一会儿他就忘了，小孩子也是有尊严的，而他们的记性远比你想象的要好得多。

这天，妈妈在厨房里做饭，油锅要开了，那边的菜还没有切完……一时间，厨房像是在经历着一场战役。放了学刚到家的女儿蹑手蹑脚地走了过来，悄然地站在了妈妈的身后。妈妈专注于"战场"上，本要去取菜，猛一回身差一点把站在身后的女儿撞倒，"快出去！别在这捣乱！"妈妈语气不善地向女儿喊着，而她却没有注意到女儿走得很慢，也没有作声。

菜终于炒完了，妈妈松了一口气。忽然看见地上有一张很大的白纸，她走过去拾了起来，翻过来一看，这是女儿画的画，上面有太阳，还有一个大人和一个女孩一起拉着手，显然那是女儿画的自己和妈妈。妈妈马上意识到自己刚才的行为很可能伤了孩子的自尊。于是，她悄悄地来到了女儿的房间，看见女儿趴在床上偷偷地哭。妈妈心里更难过了，走到女儿的床边笑着说："亲爱的，这是你给妈妈画的画吗？"女儿一听妈妈的话马上破涕而笑了，回答："是的，那是我和妈妈在公园玩，我用了好多的红色，我知道妈妈最喜欢

红色。"听了女儿的话,妈妈觉得羞愧极了,抱着她说:"抱歉,我傍晚没看见它,我真不应该对你大声嚷嚷。"而她却在妈妈耳朵边小声地说:"妈妈,没关系,我都要忘了。放心吧,我依然爱你。""我也爱你,我的宝贝。"

孩子懂事的话,就像是一个什么都懂的大人说出来的。作为妈妈,也许你会因为情绪的一时失控而伤了孩子的心,如果事情真的发生了,请不要忘了和孩子说一句"对不起"。合格的家长要学会聆听孩子自己的声音,懂得他们的内心世界,母爱中也需要尊重。

不明白为什么有那么多家长认为孩子是"没皮没脸"的,在公共场合就一定要把孩子骂得体无完肤。像我们常听到的:"就考这么点儿分,你没长脑袋啊,我们怎么养了你这么笨的孩子。""真没出息,和你爸一样干什么什么不行,吃什么什么不剩。""你弱智啊,问你话你不会回答啊!"孩子也许真是犯了错,难道这么骂会让他们有错就改吗?孩子通常会用沉默来抗拒这种责骂,他们不抬头,不答话,眼里泛着泪花。这些话已经深深刺痛了孩子心底的小小尊严,那种不敢反抗,但是依旧倔强的自尊。孩子也是有尊严的,为人父母之人应该明白这一点,在尊严的面前他与每个人都是平等的,当然也包括你。

虽然是自家人,爱也要说出口

有的人不喜欢把爱说出口,觉得爱如果藏在心里对方就会知道。父母为孩子默默付出着,把全部的爱和精力都放在他的身上,但是却常常养出了一个冤家;妻子洗衣、做饭,照料家人,以行动述说着对丈夫的关心和爱,丈夫却觉得妻子从来没有真正地爱过他;而丈夫为了让他的爱来得更实在些而拼命地工作,妻子却觉得丈夫并不爱他,只爱工作……这一切的误解都是因为我们高估了人们对爱情的感受力，几乎所有人都希望自己所享有的爱就像挂在客厅里的画，看得见，摸得着。生命是很脆弱的，谁都无法预料某个生命会在什么时候，出现什么样的意外。一种突发的疾病，一场意外的事故，都有可能夺走我们的至亲至爱。趁着我们在享受美好今天的时候，把你的爱说出来，对你的父母、爱人、孩子、兄弟姐妹说声"我爱你"。

几年前在《读者》上看过一篇文章，虽然字数不多却深深地印在了我的脑海里。故事讲的是一对小夫妻，丈夫由于投资不善而导致公司破产了，夫妻俩从豪华的大房子里搬进了小公寓。万事开头难，丈夫为了重新创业，起早贪黑地工作。妻子很体谅丈夫，把家里的一切都打点好。但是，夫妻俩说话的机会却因为丈夫繁忙的工作而少了很多。妻子心里很不是滋味，因为从前丈夫对她很疼爱，每次进浴室洗澡都让着妻子，让她先洗，这样她就可以早点休息。而现在，每次妻子要去洗澡的时候，丈夫都会抢在她的前面。这一举动让她很伤心，觉得丈夫似乎没有从前那样爱她了。有一天，妻子终于忍不住了，丈夫下班后，妻子哭着对他说："既然是这样，你已经不爱我了，我都知道，我们离婚吧。我不会拖累你的。"丈夫一惊，忙把妻子搂进怀里，问："你在胡说什么？"妻子哭着说："你不用骗我了，我能感觉得到。从前，在家里洗澡，你总是让我先洗，而现在你却总是抢着先洗。我知道，你已经不爱我了。"丈夫听了妻子的话，没有作声，独自躺在了床上。妻子伤心透了，看来自己没有猜错。这一晚上，妻子不知道偷偷地哭了多少回，睡一睡就哭醒了，丈夫却没有过来安慰她。她的心凉了，决定天一亮就离开这个已经没有爱的家。

第二天早上，当妻子醒来时候，丈夫已经上班去了。厨房里有丈夫为她做的早餐，她坐下来，才发现餐桌上还有一封信，显然这是丈夫写给她的。妻子打开信读了起来，不一会儿，泪水就挤满了眼眶。信是这样是写的："老婆，让你跟着我受了这么大的苦，我心里很难过。为了尽快地让我们的生活重新好起来，努力工作是我唯一能做的。至于你问我为什么现在总是要抢在

你前面洗澡，我本来不想让你知道。现在我们住的地方没有以前条件好，洗澡的时候，我发现浴室里很冷，于是我想如果每次都是我先洗，洗完后，你再进去的时候浴室总会比开始的温度高上几度，哪怕只有一度，我也愿意这样去做。别乱想了，老婆，我爱你！"

爱啊，真是微妙得难以想象。这种细腻如果不是丈夫对妻子说出来，谁会想得到呢？这个妻子在看过这封信以后，一定会更爱她的丈夫了。即便是自家人，爱也要说出口。如果说你认为年轻的夫妻之间日子还长着呢，让爱经受一些磨砺才会更坚固。暂且算你有理，但是子女对父母的爱却经不住时间的蹉跎。"树欲静而风不止，子欲养而亲不待"，这就是残酷的事实。父母为自己操劳了大半辈子，无论你经济状况如何，生活状态怎样，你至少要传递一句关心父母的话语。一个远方的电话，一个深情的拥抱，最重要的还有一句"爸爸、妈妈我爱你们！"还记得"常回家看看"那句经典的歌词吗？"老人不图儿女为家做多大贡献，一辈子就图个平平安安。"做子女的不要总想着做出点样子来，再说"爱"。让老人的幸福来得早一些，你的一句话就会令他们觉得无比开心和幸福了。如果非要等到你事业成功了才去说，也许他们已经没有机会听到了。懂吗？

给家人充分自由的时间和空间

"爱情如手里的一捧沙，如果捧得太紧，沙子会从上面冒出来；如果捧得太松，沙子就会从指缝间流走。"不仅是爱情，亲情和友情同样遵循于这个道理。有的女子常常把自己说成是操心命，凡是家里的事她都要管上一管；有的女子说家人总是把自己的好心当成驴肝肺，自己尽心尽力还没得一个

"好"字。实际这些都是可爱的女子,但是她们却忽略了一个重要的问题,那就是"适当的距离"。每个人都需要自由,都渴望存在着单属于自己的空间。这就像是在给心灵补氧,如果被你管得过多,氧气就会没了,心灵就要窒息了,他们怎么会不发狂、不抱怨、不反抗呢?

记不清是哪一年的春节联欢晚会了,凯丽和严顺开演了一个小品叫做《爱父如爱子》让许多人难以忘怀。故事中的女儿对老爸管制很多,这不许做,那也不能做,凡是可能会对身体造成伤害的事都不许他做。做错了事情还要写检查,写不好还要重新写。老爸对女儿的这些规矩着实地感到头疼,但是明白这是孩子对自己的爱,便也一一地接受了。老人也是需要自由和空间的。像小品中的女儿原意虽然是好的,可是老人如果没有朋友,儿女又忙不能常常陪他,他的心情又会怎样呢?虽然人老了万事要以健康安全为主,但是心灵的疾病谁又能来医治呢?并不是每个老人都会像故事中的老爸一样性格开朗,如果内向的老人,儿女也如此对待的话,他是不是连基本的快乐感都没有了呢?那么晚年生活的幸福又该从何谈起呢?这个小品的最后,女儿说的话曾经打动了亿万观众的心:"爸,您怎么就不理解我呢?有本书上说了,对待六十岁以上的老人,要像对待,小学生一样;对待七十岁、八十岁以上的老人,要像对待幼儿园的孩子一样;对待九十岁以上的老人,要像对待刚出生的婴儿一样……"爱,毕竟是没有错的,但是千万不要忘了照顾到老人内心的需求,精神的渴望。只有做到这一点的子女才是最称职的。

对待孩子和丈夫亦是如此。孩子虽然小,但是他也有自己的伙伴,也有许多自己要做的事情。如果妈妈把他的作息时间规定得满满的,就可能把孩子去享受快乐,去加深友情,去认识新朋友的机会给剥夺了。孩子的成长只有一次,如果你选择了错误的教育方式很可能会影响孩子的一生。再说说丈夫,结了婚的女子很多都恨不得把丈夫放在自己的口袋里,时时刻刻地想知道他在和谁在一起。他在外面受你的"骚扰",回到家了,你还喋喋不休,眼睛似乎长在他的身上。进了房间,你怪他回家不先把外套脱下来;吃饭时,你怪他从来不知道做家务,也不管孩子的学习;去洗手间洗脸,你怪他不轻一点,弄得四处是水;终于要睡觉了,你又怪他不知道洗洗澡再睡……女人啊,哪一个男人能受得住你如此的功力啊?你以为自己的丈夫是圣人吗?开始,他也许会忍着,可是长此以往,总有一天这种憋屈会爆发的啊!别做傻女人了,这种吃力不讨好的活儿还是少做为妙。如果真有看不顺眼的地方,也不要把它们编得像是经文一样挂在嘴边,谈事情就是谈事情,要有谈事情的样子。再有道理的话,如果说多了,听多了,就没人会把它当回事儿了。放开你的心胸,自己少累点,也让家人多一点自由的时间和空间,你会发现这样做才是最好的。

把老人的唠叨当成一种福气

俗话说:"树老根多,人老话多。"人老了好像都有爱唠叨的毛病,遗憾的是,没有多少子女能够接受老人的唠叨。更有甚者,为了避免听到这种唠叨而减少了回家的次数。谁都有老的那一天,将心比心,如果我们老了,孩子们也这样做,我们又作何感想呢?如果不想让这样的事情发生在我们的明天,现在就应该做好。老人爱唠叨是有原因的,如果了解了这些,我想子女们就不会再有逃离"唠叨"的冲动了。在分析其原因之前,还是按照老规矩先给你讲个小故事。

这是我从网上看到的一段视频,我连着看了三遍,感慨良深。一对外国的父子坐在庭院里乘凉。父亲坐在长椅的这一边,双手搭在立着的拐杖上,儿子坐在长椅的另一边,头也不抬地看着手中的报纸。这时,不远处的树梢上飞来了一只麻雀,这引起了父亲的注意,他的目光随着麻雀跳来跳去,他

问儿子:"这是什么?"正在看报纸的儿子抬了一下头扫了一眼,回答说:"那是一只麻雀。"父亲不做声了,还盯着那只麻雀。这时麻雀飞了下来落到了另一边的草坪上,父亲问儿子:"那是什么?"儿子抬头看了一眼,怀疑父亲的眼睛花了,回答说:"那是一只麻雀。"父亲又不做声了,他看着小麻雀跳来跳去的,又张口问儿子:"这是什么?"儿子停止了看报纸的动作,极不耐烦地说:"麻雀。爸,我和你说了多少遍了,那是一只麻雀。"父亲依然没有表情,马上接着又问:"那是什么?"儿子觉得父亲有点无聊,语气更加的不好,大声地说:"麻雀!"父亲再问:"那是什么?"儿子终于怒不可当了,大声地对父亲喊着:"那是一只麻雀!为什么你会是这个样子,我已经告诉你很多次了,那是一只麻雀,你没有听进去吗?!""爸,你要去哪里?"父亲没有再问下去,示意儿子在原处等一下,自己蹒跚地走进屋子,儿子对自己刚才情绪的失控也有了一点悔意。这时父亲出来了,手里拿着一个厚厚的本子。翻到某一页递给了儿子,严肃地说:"大声地念。"原来这是在儿子小的时候,父亲为他记录下的成长日记,儿子照着父亲的意思念着日记,越念下去儿子的悔意越深。日记里这样写着:"今天,不久前我刚满三岁的儿子和我一起坐在公园里看见一只麻雀落在我们的面前,我的儿子问了我 21 遍,'那是什么?'而我也回答了 21 次'那是麻雀'。我一直抱着他,他问着我相同的问题,重复又重复,我不生气这天真而好奇的小男孩。"父亲笑了,儿子感到无比的难过,他一把搂过父亲的肩,在父亲的额上亲了一下。

为什么父母可以在我们小的时候,包容我们的一切。而我们却受不住他们的叨唠呢?当你对父母的话心生厌烦的时候,想一想。在我们咿呀学语的时候,父母是以怎样的耐心对我们教导的,而自己又要如何去做呢?作为子女,你要记住当你的父母问"那是什么?"第 21 次的时候,你也要耐心地告诉他们:"那是一只麻雀。"这个故事很感人对吗?是否触碰到你心灵的某一根神经了呢?

老人爱唠叨一般有两个原因:一是自然现象,人老了总爱想过去的事情。虽然是很早很早以前的事情，但是由于记忆力的减退，以前的事情更加深刻，而眼前的却容易忘记。所以，我们常会听到老人讲他们父母的事情；二是老人害怕孤独和被人遗忘的一种表现，他们希望有人和他们说说话，这样他们就会心满意足。做子女的要对老人多一些尊重和关爱，没事儿的时候，少逛逛街多陪陪他们。要抱着一颗宽容的心去面对老人的唠叨，在心理和情感上给老人以必要的抚慰。这是你应该做的，也是必须要做到的。

时常制造一些小惊喜

生活的情趣就像一顿晚餐，如果只是煮了白米饭而不准备菜肴的话，任谁都吃不出来滋味。每个人都热爱生活，但是很多人却不懂得经营生活。日复一日，年复一年，平淡无味的生活不仅把你磨老了，头发磨白了，也会磨灭你年轻时浪漫的梦想。结了婚的女子，总说自己没有以前的激情了，实际上它并没有消散，而是藏在了某个地方。结了婚的你已经渐渐地走进了一个死角里，前后左右地寻找着光源，黑暗快要把你逼疯了。但是，你的思想却仿佛凝固住了，只会想着为什么这么黑，这么闷，而忘记了去打开你头上的那扇窗。一个会出新点子，会给家制造小惊喜的人，很容易获得家人的喜爱。因为每个人都不希望生活不快乐，聪明的女子懂得去迎合别人内在的渴望。她又怎么会得不到家人的疼爱呢？

雅云是一名全职太太，刚结婚的那会儿小两口很恩爱，有什么事情老公都喜欢和她说。但是四年过去了，雅云不知道是不是因为夫妻间太过于熟悉了而彼此失去了兴趣，懒得和对方说上一句话。有一次，雅云的好朋友带着她的老公一起来家里作客。看着人家夫妻俩结婚七年仍然像恋爱般的感觉，她非常羡慕。于是，趁着做晚饭的时候，两个女人在厨房里谈起了心得。雅云把自己的苦恼说了出来，朋友听后笑着说："你们俩呀不是失去了兴趣，而是失去了情调。你照我的方法来，看看你的老公还会不会这样了。"

雅云开始实施她的计划了。她故意把床头的台灯开着，然后给老公留了一个纸条。晚上，丈夫回来了，很奇怪每天都在客厅看电视的老婆不见了。进了卧室，看见她已经睡下了，才稍稍地安下心来，但又有一丝遗憾，因为今天是老婆的生日，他特意为她买了一条项链。老公想："唉，算了，她一定认为我是忘了。"点亮的灯当然吸引了他，他想过去把灯关掉，让老婆睡得安稳些，却一眼看到了那特别的纸条，上面写着："老公，晚餐在保温盒里，洗澡水在浴盆里，最爱你的老婆在被子里，她在装着睡觉，等着老公给她带最好的生日礼物——你的爱！爱你的云。"老公笑出了声，看见床上像猫一样装睡的妻子，他忽然觉得自己刚发现，原来她那么美。不用说，美好的一夜开始了……

男人有的时候是能让你靠的参天大树，有的时候又像是等你去哄的小男孩儿。一味地做树太累了，一味地做男孩儿又不太可能。所以，不妨多花一点心思让自己去做一个多变的女郎，让他感觉到幸福，也让自己重温快乐。女子，你一定记住，新鲜感与结婚多少年是可以画出平行线的，怎样让两条直线一直不去相交就是你做人妻、为人母的本领了。无论结婚多少年，情人节和结婚纪念日是一定要过的，当你觉得过这些没有必要的时候，生活自然会和你翻脸，因为那不仅仅只是个节日，还是一种爱的交流。为人之妻，虽然不可能日日相陪在老公身边，但是理应放出他的人，却拴着他的心。这样的女子才会幸福，这样的女子在男人的眼里才是极品女人。对待孩子也要保持新鲜感，孩子们都喜欢别人夸自己的妈妈漂亮。所以，即使你是全职太太也要注意自己的形象，不要一成不变地穿一件衣服，或是一种类型的衣服，在你风格、气质符合的范围内尽量地让自己多变一些，你的孩子一定会很喜欢的。另外，孩子如果在学校或在家里表现得很好的话，做妈妈的别忘了适时、

适当地帮他们准备礼物,孩子一定会十分高兴的。

要给生活保鲜并不难,只要多一份体谅,多一份理解,多一份爱,随时随地在生活的每个细节上制造一些小惊喜,温馨快乐的种子就会在家里每个人的心上生根发芽。

对尊长说话不要忽视敬语

何为敬语?现在的年轻人大多只知片面,不明其真正的含义。敬语,就是指对听话人表示尊敬的语言手段。它是任何一个文明社会的语言体系中不可缺少的重要组成部分,尤其是汉语中的敬词、谦词和日语中的敬词头、敬尾词、固有敬语动词、恭谨体是极富表现力的语言群落。现在一想,中国确实在礼仪上上古代从简了许多。单从子女与父母来讲,过年的时候还有多少家庭会保留给父母磕过头之后才给红包的习俗?从男性和女性的角度来讲,女性出门哪里还会特意地走在男性的后面? 虽然有很多礼节都随着社会的变化而渐渐地尘封在过去了,但是该有的尊重,该说的敬语,是不应该被年轻的一代所抛弃的。

陈龙借十一长假回家乡,正好赶上他远房的一个姨姥在此地过生日。陈龙特意准备了礼物前去看望。一进屋子,人还真不少。亲戚们赶忙给陈龙安排了座位,让他坐在老寿星的身旁。陈龙想自己总不能什么也不说吧,虽然以前不曾相识但是总要热络一下,于是陈龙开口了:"姨姥,你是姥姥的妹妹,那也就该是姓王,对吧?""是的,是的。"姨姥应了两声。陈龙接着问:"你这是过多大岁数生日啊?"姨姥听了陈龙的问话有些不太高兴,心想,这小伙子怎么一点不懂礼貌,但是表面却没动声色,依然回答:"今年都七十八啦！""不小啊?! 真能活,有时间也教教我如何养生。对啦,我给你准备了生日礼物,你就收下吧。我还有点事儿,就不能再陪你了。有机会让家里人到你家去再给你问好吧！"说着,陈龙放下了礼物,走了。姨姥摇了摇头,心想:"现在住在城里的年轻人都这样了吗? 话都不会说。"

陈龙本是好意,可是由于自己缺少使用敬语的习惯给老人留下了极其不好的印象。那么,你知道陈龙的这几句话要如何说才到位吗?

错:姨姥,你是姥姥的妹妹,那也就该是姓王,对吧?

对:姨姥,您是姥姥的妹妹,理应与她同姓,您姓王对吗?

错:你这是过多大岁数生日啊?

对:您老今年高寿啊?

错:不小啊?! 真能活,有时间也教教我如何养生。

对:您的身体还这么好,以后若有机会一定要向您请教一下保养益寿之法。

错:对啦,我给你准备了生日礼物,你就收下吧。

对:晚辈准备了一份生日礼物,请您笑纳。

错:我还有点事儿,就不能再陪你了。有机会让家里人到你家去再给你问好吧！

对:姨姥,不好意思,有点要紧的私事要马上离开。以后有机会晚辈必将登门拜访。

近几年,中国刮起了日韩风,学习这两国语言也成为时尚。日、韩两国语言中都保留着较多的敬语,让我们不禁引发思考,中国古代的那些敬语怎么就会丢失了呢? 对待尊长,旁若无人无人直呼姓名,或是以"你"来替"您",像郭德纲相声里说的把"谢谢、不客气、对不起、没关系……"等敬语贴在车里、墙上让人看着学。这不是中国人乃至中国文化的悲哀吗? 中国自古以来讲究长幼有序,以前是这样,现在更应该是这样。在对尊长说话的时候尤其要注意,这不仅是个说法问题,更影射到个人修养的好坏。

下面为大家推荐常用敬语的七字歌。希望能对你有所帮助。

与人相见说"您好"，问人姓氏说"贵姓"，问人住址说"府上"，

初次见面说"久仰"，长期未见说"久违"，求人帮忙说"劳驾"，

向人询问说"请问"，请人协助说"费心"，请人解答说"请教"，

求人办事说"拜托"，麻烦别人说"打扰"，请给方便说"借光"，

请改文章说"斧正"，接受好意说"领情"，求人指点说"赐教"，

得人帮助说"谢谢"，祝人健康说"保重"，向人祝贺说"恭喜"，

老人年龄说"高寿"，身体不适说"欠安"，看望别人说"拜访"，

送礼给人说"笑纳"，送人照片说"惠存"，欢迎购买说"惠顾"，

希望照顾说"关照"，赞人见解说"高见"，归还物品说"奉还"，

请人赴约说"赏光"，对方来信说"惠书"，自己住家说"寒舍"，

需要考虑说"斟酌"，无法满足说"抱歉"，请人谅解说"包涵"，

言行不妥"对不起"，慰问他人说"辛苦"，迎接客人说"欢迎"，

宾客来到说"光临"，等候别人说"恭候"，未及迎接说"失迎"，

客人入座说"请坐"，陪伴朋友说"奉陪"，临分别时说"再见"，

中途先走说"失陪"，请人勿送说"留步"，送人远行说"平安"，

请人决定说"钧裁"，接受教益说"领教"，谢人爱意说"错爱"，

受人夸奖说"过奖"，交友结亲说"高攀"，祝人健康说"保重"，

书信结尾说"敬礼"，问候教师说"教祺"，致意编辑说"编安"。

年节别忘表表孝心

虽然老人都不求儿女的奉献,可是"乌鸦尚有反哺之孝;羊亦知有跪乳之恩,更何况人乎?"老人的心就是这样,他们主要是因为怕儿女破费,所以不愿意花儿女们的辛苦钱。可是如果收到了孩子们的礼物,他们的心里还是喜欢的。老人们聚在一起的时候,就是在谈论谁穿的哪件衣服很漂亮是女儿给买的;谁去了保健中心,三千多块钱都是儿子给掏的;媳妇很孝顺,从里到外给收拾得干干净净的等等。这就是老人,做晚辈的为他们做一点好事,都会被他们挂在嘴上,记在心里。年节的时候,做女儿的要如何向长辈表孝心呢?这里推荐给您几个好方法。

1.送健康

体检卡、健身卡、保健品、按摩器等。带着父母去做一次全身检查是近几年"表孝心"的新潮流,当然这并不是为了跟风,而是现在子女对长辈的身体健康问题更加地关心了。父母辛苦了大半辈子了,他们是舍不得花钱去做检查的,这件事还真需要子女去代劳。如果检查结果健康,自是一件好事,如若真有什么毛病也可提早治疗,防微杜渐。除此之外,给父母买一些有助于身体健康的器物,或是报一些适合于中老年人活动的培训班也不失是一个好方法。儿女一定要根据父母的喜好来选择保健类的礼物,否则浪费了钱不说,父母还不可心,就失去了"送健康"的意义了。

2.送精神食粮

艺术照、旅游等。家人照一套漂亮的全家福也算是美事一件,尤其是不在父母身边的子女,更应该送此礼物,给父母留个精神寄托。除了照相,如果父母身体还好的话,带着他们出去玩玩,旅旅游,四处看看,散散心,是个非常好的方法。但是有几点注意事项,儿女要自行掌握,老年人在出门旅游前最好进行一次常规体检,如果是患有慢性病的老年人,应当出游前再拜访一下医生,让医生鉴定自己的身体状况是否适合出游。外出时,一定要记得带一些感冒药、止泻药等常用药,并且在旅途中记得按时服药。另外,老年证、身份证,还有特殊证件如离休证等要随身携带,遇到买门票等情况要主动出示,也许能享受优惠。最后一点,要避免过度疲劳。游览时,步履宜缓,循序渐进。要量力而行,以免劳累过度。这些都考虑好之后,就请带着你的父母出发吧!

3.送时尚

化妆品、美容卡、时装等。现在的人都不显老,所以,五六十岁的爱美人士多之又多。如果你的父母也是此列人士,那么不妨送些"时尚"类物品,他们会更加喜欢的。但是,在购买之前一定要熟悉父母的皮肤情况、服装尺码等,以免不合适而引起麻烦。

4.回家看看,吃顿团圆饭

与老人说说话,陪老人吃顿团圆饭。对于某些老人来讲,比上面的几样都重要。"树老怕空心,人老怕冷清"。儿女们好好地陪父母吃顿饭,给他们讲点有意思的事儿。在老人的心里,听到孩子们的说话声、笑声,他们就感到无比地满足了。

年节期间,只是特例。毕竟一年中过的节日是限的,子女的孝心贵在平时,贵在持之以恒。平时有机会就回家看看,陪陪父母。工作再忙也别忘了常打电话问候父母,多了解他们的生活需求,这样才能达到关心、呵护父母最起码的要求。让我们趁着父母健在,抓住一切可能的机会孝敬、关爱他们吧。

第 5 课

赢得同事亲睦的技巧

现代女性大多数都想经济独立，工作就必然成为了她们生活中重要的一部分。以此看来，除了家里人，同事就是在一天中与你相处时间最多的人了。试想一下如果你把工作场合搞得极糟，人缘弄得特别差，同事关系紧张……你要如何在这种环境下度过一天又一天呢？难道要从踏入公司大门的那一刻起就盼着晚上下班逃离这个气氛的那一秒吗？身体累再加心里累，你想这样的日子会坚持多久，一天？一个月？一年？别傻了，聪明的女子不会把自己陷入到这种境地，学点人生智慧，让自己变成一个受同事喜爱的人，你的生活自然会轻松不少。

无关职位高低，关爱与尊重每一个人

职位高的人除了在工资上拿的比职位低的人多之外，还能代表些什么呢？工作能力强？恐怕连这个问题也是因人而异的吧。人与人是平等的，关爱和尊重是没有等级，没有贫富之分的，就像是生活在地球上的每一个人都有资格去领略空气和水的美妙。如果你站在了一个有着较高权力的位置上，就把这件事连并地看歪了，理解错了，那么你就势必会成为一个让人瞧不起的人。

也许你会为自己喊冤，骂下属及同事没有良心，说自己为了某某的事情费了多少心，又说自己为了大家的福利出了多少力，而今大家却这般待你。说这些话的同时，你要想一想，回顾一下你的态度。同样的一件事，不同态度的两人做完后，所得到的结果也会大不相同。现在先来听一个故事，而后你就会明白了。

乞丐坐在繁华的大街边上行乞，过往的行人偶尔会给他扔上点钱。这个时候，过来了一个富人，看见了乞丐很轻蔑地说："又脏又臭的穷鬼，今天是大爷我心情好，想做点善事，积积德，舍你两个子。"说着，从钱袋里拿出了一块碎银子，扔在了乞丐的身上。乞丐默不作声地拾起了银子，眼皮都没有抬一下。富人一看乞丐居然没有道谢，有点生气，骂了一句："不拾抬举。"便吐了口唾沫扬长而去了。乞丐仍然坐在那里行乞。不一会儿又来了一个樵夫，身上背着一把砍柴用的刀。樵夫从自己的钱袋里掏出了五文钱，弯下腰，放进了乞丐行乞的破碗中，并说："别嫌少，我刚卖了柴，没有几个钱，我就给你一半，我留下一半。"这个乞丐一反刚才之态，居然起身跪了下来，对樵夫千恩万谢。事后，街上的人问他，为什么前后态度如此不同，这个乞丐说："富人给我的钱多，但是他并不是出自于良善之心，甚至他不把我当成人看。可是樵夫不一样，他把卖柴的钱分给了我，他的目的是想帮助我，虽然钱不多，可是那是一份心意。"周围的人都明白了，为什么施舍者都给了钱，乞丐却只会记得樵夫的帮助，单单对樵夫磕头作揖表示感谢，而对富人不理不睬了。

每个人都是有尊严的，打一个过分点的比方，富人家的狗吃得好，用得好，穿得好，还有人专门给洗澡。可是无论再穷的人，他愿意成为富人家的狗吗？人除了吃、喝、住，他还更需要精神上的存在感。俗话说，你敬我一尺，我敬你一丈，渴望得到别人的尊重和关爱是人的天性。如果你也是其中的迷惑者之一，在日常生活中就应该注意自己的言行，切莫伤害了同事的自尊心。否则，就算你做一百件好事，但心态不变，依然不会有人买你的账。

周妍新提升成了副经理，平日里和她共事的同事前来向她道贺，她冷着脸一副拒人千里的态度，同事们自觉没趣就纷纷地散去了。可是谁都没想到更过分的事情还没有开始呢。"小王，你马上去人事部把事情办一下，办不好就不要回来见我。""公司不养白吃饭的人，谁做不好就回你们老家去。""这是什么啊，这么点小事情都做不好，你是来帮倒忙的啊。"同事们对周妍这些肆意伤害他人自尊心的行为非常不耻。难道升了官，地位高了，就可以目中无人了吗？后来，周妍出了车祸，腿受了伤，住院了。整整一个月，没有一个同事去看她，甚至她连一个慰问的电话都没有接到过。你能说这不是一种悲哀吗？

同事之间朝夕相处，应有的尊敬和关爱是对做人最起码的要求。难道职位升了就是以品质的恶化作为代价的吗？同事之间，相敬如宾才是该有的态度，这是保持良好的同事关系不可缺少的。耍大牌、摆架子只不过是在给自己的形象抹黑罢了，有谁会真正地吃你这一套呢。聪明的女人升了职之后不仅不会像周妍那样有"显"得意思，反而会对同事们更加的亲切，放下其他的先不说，光从职业前程来看，这也是在为以后再次高升铺路，竭泽而渔的做法是可悲的，到最后你只能落个损了夫人又折兵的下场，这绝对不是你想要看到的。

及时化解与同事产生的矛盾

职场说白了也不外乎是个是非之地。你一言，他一语，三言两语未合，矛盾就可能产生了。虽然职场也逃脱不掉利益关系的圈子，也存在着勾心斗角。可是在一般情况下，同事还没有至你于"死地"的想法。俗话说："海纳百川，有容乃大。"既然大家都无恶意，问题自然好说，只要把心放得宽一点，必要的时候给对方一个台阶下，也就没有什么事情不能解决了。毕竟是每天在一起工作的同事，两个人关系僵了，觉得难受的不仅只有你一个人。

矛盾化解了，问题解决了，要做的工作却并没有结束。你要学会为自己做分析，什么原因产生的这次矛盾，是口舌之争还是事出有因，一定要把隐在内心的毒素一次肃清。否则，如若再犯，恐怕就不能这么轻易地解决了。下面给职场上的女性朋友们介绍一下避免和同事产生矛盾，以及产生矛盾后快速化解的方法。

1.防口甚于防川

女人好犯口舌之争。自身某些条件的优越感以及说话时不考虑对方的感受等，都容易与同事产生矛盾。同事在闲聊的时候说："农村人就这样，长得丑点还爱出来现，怎么样也去不了农村人的土腥味。"此话一出，鸦雀无声，某人才意识到，聊天的这四个人中有两个都是从农村出来的，某人的这一说法无疑是贬低了他的同事，真是祸从口出啊。这样的例子胜不枚举。所

以，这就要求女人在开口说话的时候，多思考一下，你的话会不会波及到身边的人，会不会对他人造成伤害，三思而后行。如果你管不住自己的嘴，矛盾就会由偶尔变成经常，让你后悔都来不及。

2.化解与同事之间矛盾的通用法

（1）主动认错示好。如果对方在年龄上长于你，就更应该这样去做。如果对方在年龄上小于你，你就当自己展现高风亮节。别把这种方式当成是软弱的一种表现，假如心里不想那样做的话，你就把它当成一种策略来用。因为，主动认错通常都是让他人闭嘴的最好方法。同事之间有了矛盾如果不尽快解决，不仅会在工作上造成不必要的麻烦，还有可能让那些有不轨行为的人有可乘之机。倘若你做了让步，而同事却表现出了冷淡的态度，也不要太在意。因为毕竟"战争"刚结束，谁也不可能马上见笑脸。第二天上班，见面打个招呼，这件事也就算是过去了。

（2）投其所好。之所以产生矛盾的原因，多半是因为你对他不太了解，触了他的忌讳。不妨多注意一下对方的喜好，如果找到了能产生共鸣的话题，成为朋友自然不是难事。敌人变朋友？好招。

（3）沉默对待可能要发生口舌的战争。"你以为你是谁啊？李嘉诚还是姚明啊？""这么简单的术语难道你都没有听过吗？""名牌大学出来就都很了不起吗？"像此类问题，无须回答。一旦应战，他准备着一百句在等着你呢。你越是沉默，对方的心里反而更烦，不一会儿就会自讨没趣地走开了。如果对方硬是让你去回答，你不妨索性假装它们压根儿就没从你同事的嘴里进出来，你只管回答自认为的问题就可以了。比如说，这样回答上面三个问题，"我是（自己的名字）。""没有听过。""还行吧，说得过去。"不给你的同事向你破口大骂的机会，就有可能减少他对这一类威胁性问题的依赖。

（4）让对方知道你非常需要他。至少要在情感上垫上这样的感情基础，至于是不是真的，现阶段就不要去考虑了。人人都喜欢赞美之词，多说点动听的，再给他带上一顶高帽，保证对方让你闹得神魂颠倒。这些做法也像是一个扫除对方怒气的吸尘器。想一下，如果换成是你，对方给你创造了这么好的一个台阶让你下，而你本身也是希望矛盾早点解决的，如果还拿着架子不松口，他的智商就一定是有毛病的。

同事间的矛盾，不外乎是一些鸡毛蒜皮的小事，只要你能展现自己大度的一面，给对方点面子，对方也是很愿意接受的。

处理好与"新交"和"旧友"的关系

似乎没有什么能离得开新陈代谢，在生物体系中新的生长出来，旧的自然要消退。但是在人际交往中，以新去替旧总是让人觉得有几分薄情的味道。职场是个你来我走，人事变动相对频繁的区域，一个同事离开了，新的同事就会顶替他加入到你们的团队中。在迎接新朋友的同时，最不可忽略的就是和你相交不错的老朋友。假如你觉得新同事要比现在和你关系不错的旧同事要热情，对你更好的话，就请你先将自己摇醒。从心理需求上来分析，新同事刚到一个陌生的工作环境，势必会向每一个同事示好，所以明智的你与其施惠于新人，期望获得新人的好感，不如怀旧情而行正道。在保证这种态度的基础上，再来与新同事来往就不会导致新人笑、旧人怨的事件发生了。如果你意志不定，见了新人马上就把旧友背弃了，也会为其他人所不齿，难免有一天，你也会遭到别人的抛弃。保全两者并不难，当你和新同事吃饭、喝茶时，把你的旧同事一同叫上，大家都成为了朋友岂不是两全其美。

1.妥善处理老朋友的"醋意"

虽然那并不是出于我们的本意，但是这种情况却经常出现。新同事来了，他必然会在众多的老员工中寻找一个"朋友"，至少能和他一块吃饭，一起闲聊,一起去上卫生间。如果他一下子就盯上了你,总是让你陪他去这里,陪他去那里的时候,你的老朋友必然会心里不是滋味,因为在以前常和你一起出入的人是他。而你呢?不忍拒绝新同事,连着应了几次,老朋友就会对你有意见了,你和他再相处的时候总是觉得两个人没有从前那样顺畅了,甚至你找他去吃饭,他会回你:"我不去了,你去找那谁不就行了?"弄得你是身心备受折磨。实际上,这就代表你的老朋友"吃醋"了。别以为这种"醋"只会在男女朋友身上得以体现,所以,不要一闹脾气就真的不找他了,只要你对他撒撒娇,说几句好听的,矛盾就很容易解开了。

2.让新同事和老同事和睦相处

这个想法是一个两全其美的方法。对于新同事来讲,比较简单,因为他比你更渴望去熟识更多的同事。但是对于老朋友就有一定的难度了,因为女人往往和朋友表现要好的时候总希望是两个人。打动老朋友的方法最好就是以情动人,女人的同情心往往要比男人强烈得多,所以不妨以此为切入点为之。比如说,你私下对老朋友说:"她叫我,我也不好意思不去啊。说起这个人也挺可怜的,在这个城市人生地不熟的没有什么朋友。对了,那天还看她偷偷地哭了呢。"说到这儿的时候,朋友的好奇心一定会被你勾起来,这时你要顺势而下接着说:"真的!也不知道为什么。我看咱们就多关心一下她吧,晚上我请客,咱俩和她一起吃顿饭好不?"说到这里,你的老朋友也就没有理由拒绝了。只要吃了这次饭,新朋友与老朋友也相识起来,她再有事情的时候就不会单找你一个人了,事情也就得到根本性的解决了。

在职场上,处理好一层层的人际关系是最重要的。认识新同事本来是一件好事,可是如果没有及时地处理好与老朋友的关系的话,很可能会引发更多麻烦,老朋友与你疏远就是其中的一个。其实大家每天都在一个屋檐下工作,彼此间都成为朋友才是上上之策。你若是真的有了新朋友就把老朋友当餐巾纸一样,用过了一扔。人品问题先不讲,难道你能傻到自己给自己在办公室"树敌"吗?反过来,你为了顾及老朋友的情绪而对新朋友不理不睬,有可能你的老朋友哪天就和他成了好朋友了,你不傻眼了吗?再者说,同事最好一个都不要得罪。杜拉拉不是说过吗:"不要得罪你的女同事,没准她们其中的哪一个,在哪一天忽然成为了你的老板娘。"所以,还是以和为好,大家都好才是真的好。

抑制表现欲,炫耀自己不要过头

士兵想要成为将军没有错,下属想要在上司的面前表现一下也没有错,错就错在自己不明白所处的位置,不分场合,不分方式,无所顾忌地做样子给别人看。真的假不了,假的最终也真不了。实际上女人如果要是真的炫耀一下自己也无可厚非,可是如果把事情做得太虚假,让人一眼就看穿了你的目的,似乎有点"傻"的味道,自己没表现成功是一回事,回头之间你会发现,自己已经得罪了一大屋子的人。芒刺在背,寸步难行,成了同事们共同的"眼中钉",悲惨生活可想而知。

李丽是一家大公司的高级职员,工作积极,能说会道,把任务交给她上司也很放心。虽然有的时候李丽有点爱表现,但是大家都是同事,老同事们顾念她是年轻气盛谁都没把这事放在心上。但是有一天,李丽的一个举动,让所有的同事突然像是集体被上帝操控了一样,一起对她发起了排斥的进攻。事情是这样的,那天公司临时通知召开会议,选用他们企宣部的会议室。当大部分人都坐在会议室里等待开会的时候,其中一个同事发现地板被来开会的人踩得很脏,于是主动地拿起拖布干起来。这时的李丽似乎有一点身体不舒服,靠在窗台边往楼下看。突然,李丽走了过来,非要热心肠地帮着同事拖。同事推脱着说马上就要拖完了,可是李丽却执意让他去休息,那位同事只好把拖布给了他。同事们都很奇怪,一向不喜欢劳动的李丽今天怎么突然勤劳起来了。不过这个疑问没有坚持过一分钟,大家就都明白了。不到一分钟,总经理推门而入,而李丽正拿着拖把勤勤恳恳、一丝不苟地拖着地。这一切似乎不言而喻了。

生活不是在做戏,李丽也是个死脑筋,就算是被总经理看到你积极劳动了又能怎样?难道公司给你发个劳模奖状不成。也许这一面会让总经理对你留下好印象,可是那是以你牺牲了所有同事为代价的,这个价是不是有点付得太高了?说到这里很难让人明白,李丽到底是愚钝还是勇气可嘉呢?这样的人在职场上也不占少数,他们往往掌握不好热忱和刻意表现之间的界限,就造成了偷鸡不成,倒蚀了一把米的局面。太刻意的自我表现就会使热忱变得虚伪,自然变得做作,最终的效果还不如不表现。那么要如何自我表现才能得"此"又不失"彼"呢?

1.无形中拉近与同事的距离

在与同事交谈的过程中多用"我们",少用"我"。不要小看这一字之差,如果用了"我们"无论你讲什么话题对方都会感觉到自己也仿佛参与到其中,还会在不知不觉中把意见相异的人划为同一立场,并按照自己的意念影响他人。

2.改变语言习惯

让"嗯"、"哦"、"啊",等停顿的习惯从你的语言中走出去。因为这些语赘一旦在话语里出现,很可能让其他人误解你的真诚。也可能让人觉得是一种敷衍、不屑而导致他人的反感。

3.抑制住过胜的表现欲

刻意地自我表现是愚蠢的行为。因为看到了机会就晕了头,只想着抓住机会却忘记了别人很难接受。这种人大多数都是因为想表现自己,总想让别人知道自己很有能力,处处想显示自己的优越感,从而能获得他人的敬佩和认可,结果却往往适得其反,失掉了在同事中的威信。

如果你为了得到上司的青睐而失去了同事们的支持,就像是只留下一条大河,却将天下的细流放弃,那么,最终你也只能是"大河"。那些懂得处事之道的人,会把身边的细流全部地积攒起来,等到他再碰到大河的时候就可以奔腾入海了。

别轻易加入任何一个小圈子

在职场有很多东西都无法控制,想去铲除办公室政治,想要肃清各式各样的小团体,那都不是可能的事情,也不在你的职责之内。中国有句古话叫做"达则兼济天下,穷则独善其身"。有些事情当你无能为力的时候,能做的就是把握好自己手中的方向盘。

如果你是个刚入职场的菜鸟,不要急着去建立自己的小圈子,公司是什么形势你清楚吗?那谁与那谁的关系你都知道了吗?如果你对这一切都还处于稀里糊涂的状态,一旦不小心就会犯了领导的大忌,踏入别人的领域。在办公室里,看着外表平和,暗地里却明争暗斗。逢人且说三分话,不可全抛一片心,不要妄想和同事变成知己,所谓的小圈子,更要避让三分。可能你不信邪地以自己为例,就和哪个同事是好朋友。不能否定,同事那么多,真交了朋友也说不定。但是,无论你们两人职位如何,是同为高,同为低,还是一高一低,都不能因为私交好而做出偏袒之事。一旦做出来,自然你们便成为了一个小圈子,一个公与私不分的人是做不了大事的,再者,上司也最讨厌搞小团体的行为。所以,你应该知道取舍。

有些职场老人儿一听小圈子就冒冷汗,以他们的话来讲,小圈子就是给人落伍又邪恶的感觉。其原因有两种:一是无法相信自己可以在职场中能寻得真正的友谊;二是对他人的职场情谊心存嫉妒。孔夫子说过,君子群而不党,小人党而不群。讲来说去,仿佛圈里圈外弄得不清不白。照孔夫子一言,如果天下都是"小圈子"的天下,那么就要分为"君子圈"和"小人圈"了。

职场本来就是一个圈,它好比一个无形的场子,人脉、信息、经验、秘籍都可分享。每天和同事们共处在一个环境中,只要稍有不注意就会失足。比如说,你总与一个同事小声闲聊,你总和一个人进进出出,你们就被冠上了"小团体"的帽子;你若是总是与同一个人咬耳朵,有旁人在,两人又不说了,别人也会说你们搞小团体。难啊,你在躲避这个圈子的不经易间却迈入了另外一个圈子。如果时势非逼着你有所选择的话,一定要躲开那个"小人圈子"也可叫它"是非圈"。"是非圈"就是那些好奇心重,喜欢探人隐私,说人坏话的人。张家长、李家短、第三者、婚外恋是他们不变的话题。这种圈子不仅损人,而且不利己,很可能一个不经意真的把谁"圈"个半死。置身现代职场,君子或小人,功力差别只在分寸之间。开诚布公地说,很少有人愿意被卷入办公室的尔虞我诈里。想让自己活得轻松一点,干净一点的朋友们,远离"是非圈",虽然很难置身事外,但还是尽力保持洁身自爱为好。

注意办公室的语言禁忌

办公室不是你的家,就像选择穿衣服一样,你可以在家里穿睡衣,但是却不能把它穿到办公室里。说话也是一样的,在家里,和朋友在一起,你想怎么说都行,在办公室里却是有很多话都不能说出口的。虽然,我们偶尔也能看到有的同事在和另一个同事推心置腹地诉苦,那个同事也会给予安慰和鼓励,但是那只是一个临时的假象。只要这个同事重复述苦上几次,他就会成为办公室里的指挥棒,只要他一出现,其他人就各自有事远远地逃开了。这在无形中也就拉开了与同事们的距离,对于人际交往来说是十分不利的。所以,身为职场一员,你一定要知道,到底什么话是说不得的。

1.喜欢嘴巴占便宜

有的人心眼不坏,但是嘴巴却坏得要命。无论什么吃亏,嘴上都不会吃亏。这类人多半爱面子,说话快,喜争辩,脑筋也算灵活。有理要争理,没理也要得三分,即使是开玩笑也非要占个上峰不可。在日常工作中也是一样,如果对方的毛病被他发现,他一定会死抓着不放,一定要让对方败下阵来;遇到了"是鸡生蛋,还是蛋生鸡"这样的问题,也偏要论出个一二三来。这些不讲道理的强硬话都是办公室的禁忌,到最后没有一个人会说你好。

2.隐私禁忌

虽然,大家都不是什么明星、大腕,但是有关隐私的问题仍然不想让他人知道。无论你们彼此关系有多么密切,除非他主动说给你听,不然的话,万不可去问。其中包括:婚姻问题、家庭问题、身体缺陷问题等。凡是他人不喜提及的短处都应一概成为你们说话的禁忌。

3.喋喋不休讨人厌

如果你是一个说起话来就停不下的人,为了不给别人造成不必要的干扰。每次和同事说话的时候,就当成是自己在打长途电话,一定要说关键,不要只是一个"中午一起吃饭吗?"这样短短的问句就扯出半个小时的内容。记不记得《大话西游》中多话的唐僧,谁能受得了啊。

4.不论薪水

虽然都在一起上班,但是现在公司体系中同事之间的薪水也是有很大差别的。而这一点成为了大家共同的默契,谁都不会大咧咧地问:"你一个月挣多少钱?"你要想,问了又能怎样?无论最终的结果你是否满意,也是改不了的事实。而且一旦你的工资比其他人的要低,不满的情绪还会带到工作、生活中,对自己没有一点益处。

5.不谈自己的烦恼

谁都会有些不顺心的事情，但是人们处理的方法却大不相同。有的人化烦恼为动力迎难而上；而有的人喜欢向身边的人吐苦水，仿佛说出来就能不"苦"了一样。情绪是可以感染他人的，平时大家都在工作，休息的时候只不过一两个小时，谁都想说些快乐的事情缓解一下工作的劳累，而你却自私地占用了他人的私人时间，你觉得公平吗？而且，如果你长时间这样地抱怨，也会让同事觉得你缺乏该有的魄力和能力，久而久之就会失去别人对你的尊重。

6.不谈人生理想

办公室里不是你的演讲舞台，即使你把人生理想说得再精彩，工作时间一到，不是还要乖乖地回到自己的座位上做自己的本职工作吗？这样的人让别人觉得很可笑，本事是零，理想是一百。现实和理想未免差得太远了一些。即使你真是有能力的，这样招摇过市，让你的上司知道了你的野心，还不把它们扼杀在摇篮之中？谈理想大可回家去谈，办公室绝不会是个发表如此言词的好地方。

女人，要想在办公室里做得好，呆得稳，这些语言禁忌就一定要记住。否则，自己吃了大亏可能还不知道是什么原因呢。

不要太"隔路"，快速融入新的环境

到了一个新环境，相较于工作职位同事们往往更对你这个人感兴趣。特别对一个女子来说，如果你打扮得很得体、漂亮。女同事们就会更关心你用的是什么牌子的唇彩，皮肤为什么会这么白，怎么保养的，或是衣服在哪里买了，喜欢吃什么。没有办法，女人的天性就是如此。如果你本身是一个不愿意把有关自己事情外露的人，那么告诉你，办公室人际的圈子一下子就被逼进了死角。你不要认为同事们这些问题是对你隐私的侵犯，她们只是想要通过这种方式看看你是否和她们属于同一种人。如果找到了你们的共同点，那么你们很快就会成为朋友。如果相差很大，她们也热衷于通过"闲聊"找出你和她们相同之处的蛛丝马迹。如果，你开始就给同事们吃了一个"闭门羹"，让同事们把你划成了异类，那么，今后你的日子就可想而知了。

作为新进同事，花较多的时间去与同事们沟通是十分有必要的，这样你才可以让自己适应新的环境，为今后的工作铺好路。如果想让自己在较短的时间里就让大家接受你、喜爱你，有些事情是不可不知的。

1.先做"情报员"

你处在了一个全新的环境，不要忙着在工作上出彩，而是要和"人"都熟悉起来。比如说，闲聊的时候，你要用心记一下你的同事有什么样的喜好，讨厌什么，避讳什么，每个人的性格怎样，谁比较好相处，谁不好对付。如果这些"情报"你都能探听到，那么，你今后的日子就会好过得多。

2.不同的方式应对不同的"年龄"

既然大家都是同事，如果与同事的关系相处得融洽的话，就会更容易获得事业的成功，因此，与同事说话要讲究技巧，维持彼此良好的人际关系。自己要本着相互帮助、相互谅解的做法，争取让每个人都喜欢你。

同事与朋友相处之道是不同的。在与同事沟通的时候一定要注意对方的年龄。对年长的同事，最好谦虚些。需要特别注意的是和年长的同事聊天的时候，不要嘲笑其"OUT 了"、"老掉牙了"等等，没办法，人总是对"老"这方面有关的词非常介意。你应该保持尊重的态度。即使自己认为不正确的，也要耐心倾听，而后提出自己的意见。如果同事与自己年龄相当，就可以随意一些，但是也要注意分寸，不要拿别人的缺点取笑，甚至起外号，这些都是对方不喜欢听到的。如果对方是异性，开玩笑的时候不要什么都说，不要态度暧昧，以防止引发不必要的麻烦。对比自己年龄小的同事，不要太孩子气，稳重一些。虽然可以把自己的一些工作经验或是技巧介绍给他们，但是一定不要夸夸其谈，不懂装懂。如果肆意卖弄的话，到最后只会让降低对方对你的信任与尊重。

3.考虑"同事"的方方面面

（1）性别。如果对方是异性的话，女子讲话态度要庄重大方，温和端庄，不可搔首弄姿，过于轻佻。如有男同事在你面前夸耀自己的时候，你要适时地表态，这样会让他们感到舒心。千万不要鄙视加打击，那样的话，即使你再漂亮、再可爱，他们恐怕也要避如蛇蝎了。

（2）地位。如果与自己职位高的同事交谈，无论他是经验丰富的前辈，还是你的上司，你都要保持固有的尊敬态度，但是这并不意味着就一定要做应声虫，主见是你一定要保留的东西。如果与比自己职位低的同事交谈，不要让人感到你有不可接近之感。要收敛自己的优越感，平易近人，和蔼可亲，才会让别人给你打一个高的印象分。

（3）语言习惯。在一个大公司里，难免会天南海北的哪里的人都有。如果你恰逢了自己家乡的同事，便不顾忌大家的感受，当众就经常与同事用方言说起大家听不懂的话，会让其他人觉得很刺耳，甚至认为你在侮辱他。所以，在办公室里最好用大家通用的语言。如果真是想说家乡话的话，不妨请这个同事到家里做做，一起回味一下乡土的滋味，何苦非要在办公室里招惹是非呢？

（4）心情。当你好心情的时候，不见得别人和你一样。人际交往中最重要的就是看火候，如果对方忙得焦头烂额时，你不要打扰对方；对方正焦急时，你应该做的是给他帮助而不和他闲聊；对方正处于悲痛之中时，你要看情况给予适当的安慰。如果你不注意这些小事的话，很可能会费力不讨好，碰来一鼻子灰。

出差回来要给同事带小礼物

出差或外出旅行时,别忘了给你的同事带回小礼物。东西虽小,却能让同事们感觉到你是记挂着他们的。有的人倒是很实在,买了几份价格很高的礼物。回来之后礼物虽然送出去了可是却给自己带来了许多麻烦。那些没有收到礼物的同事原本关系还不错,如今却对自己不冷不热,看来给同事们带礼物也是要有技巧而言的。怎样送才能送得大家都开心,人人都满意呢?

1.不患寡而患不均

"不患寡而患不均。"这句话的意思是说,不担心分的少,而是担心分配的不均匀。给同事带礼物也是这个道理。如果经济条件有限的话,如果买几个贵的礼物送少数的几个人,倒不如买便宜的有特色的东西送给同事每人一个。毕竟都不少你的那一份礼物,可是如果你只送几个人就是在心里面做出了选择,有形的体现出了你和哪个同事近,你和哪个同事远。虽然收到礼物的同事很高兴,但没收到礼物的同事会自觉面子上过不去。你可以想一下,如果收到礼物和未收到礼物的同事恰为邻桌,他心里将多不是滋味。如果你送了礼物的代价是招致一部分人的反感,减少了自己的人际,这不是费力而未讨到好吗? 所以,礼轻情谊重,虽然礼物不值钱,但是每个人都能收到,自然每个人都会高兴。

2.送给那些没有出差机会的人

如果办公室里有很多同事都经常有出差的机会的话,这些同事就可以不送,他们也不会介意的,只要买礼物送给那些没有出差机会的同事即可。但是在送出礼物的时候,最好要开口说:"那些总出差的,也就不用我送了,

不出差的人人有份。"这句话一出,先给同事们的心里打了一个安稳剂,因为没有任何人会丢面子,合情合理,也在分配上看不出送礼物者和谁关系更好一些。这种方法无疑也是一个安全且好用的方法。礼物不如也带给会计、人事、总务等管理部门的同事,别管你们熟不熟,送了"礼"以后他们至少不会不认识你。

3.送给那个你想道歉的人

出差回来带礼物是化解与同事之间矛盾的最好机会。至于送礼物的方式你可以选择,一种是给其他同事普通的,给这个同事一份特别的。不要担心,这种送礼物的方法不会引发其他同事的不满意的,谁都知道你们之间出现了问题,送的时候你再加上句:"不管之前发生了什么不愉快的事,都是我的错,特意表示一下我的心意。"不仅收礼物的同事有面子,其他同事还不会介意,和同事之间的矛盾也解开了,这不是一个很好的方法吗?另一种是只买这个同事的礼物。除了他以为外,大家都没有。这样做也不会受到大家的排斥,毕竟你是打着"道歉"的旗子行送礼物之事的,所以,可以放心大胆地为之。

4.送上司,要视情况而定

上司到底用不用送?这要视情况而定。如果上司的办公地方与你们特别的近,甚至可以看到你们的一举一动,不妨就送一个。如果他的办公室离你们较远,甚至不和你们在一座大楼里,那就没有必要讨这个嫌了,一个弄不好,同事给你安个巴结上司的罪名,你说自己冤不冤。还有一种情况就是,正当你们分礼物的时候,上司刚好来看大家,问你们在做什么,这时不妨把自己的那份拿出来,说是正想给他送去,然后送给他。让上司觉得你还想着他,同事们看到上司和自己收到的是一样的礼物,也就不会多想。

事事皆学问,只要掌握了这些技巧,就不会让你连送礼物都送出毛病了。职场虽然复杂,但也不外乎就是人情、关系、利益,只要找到规律事事都是可以摆平的。

远离八卦，不做无聊的"小喇叭"

　　女人啊，稍稍八卦一点儿也无妨，但是其内容最好全都围绕着明星、歌星、球星等这类遥不可及的人物展开。如果八卦内容一旦涉及到熟人，那么就会有风险产生了。这个地域就好比一个地雷区，虽然区域很广，但是中雷的不一定是谁，也许别人踩上一脚没事，你也来踩上一脚就"中奖"了，而后"光荣牺牲"。有些女人觉得自己参与到八卦中是有一定的道理的，毕竟办公室是一个扑朔迷离的地方，听听同事的八卦有助于自己洞悉形势，从而有准备地应对办公室的瞬息万变。你说的倒是有几分道理，可是却忘了关键一点，那就是八卦内容的真实性。女人，你要明白，一句谎言当被别人说了无数次之后都能被认作为是真理，更何况只是想让它成为一个"事实"呢。在真实的生活中，特别是女同事多的地方，鲜少会不说"八卦"的，即使你真的不想知道，小道消息也是无孔不入的。茶水间、卫生间、员工食堂等地都会成为"八卦"传播的场所，比如在卫生间，不经意间它们就会传到你的耳朵里。说不说是一回事，可是听到了心里还是有一些痒痒的。

　　几个月前，我的好朋友就和我说起了这样一件事。有一天，她在茶水间无意中听到两个同事在一起闲聊，其中一个同事说："我说怎么从来没见过李总的老公呢，而且她脾气还那么古怪？现在我可知道了。""到底怎么回事？"另一个同事忙问，她也是耳朵痒，居然就定住了要迈出茶水间的脚。那个同事接着说："我听小张说了，李总啊，都三十八岁了，还是个老处女呢！""啊，真的啊！"虽然，那个同事压低了声音，可是朋友仍然听得一清二楚。于是一没忍住，在卫生间里朋友就又说给别人听了。也是倒霉，谁能想到，她们

的李总在卫生间里啊！就是因为这段八卦，结果这个领导就开始不断给她穿小鞋。不仅如此，就是因为传了那段八卦，公司一年一度的旅游，她被安排到了和新人一组，显然旅游线路和沿途吃住都要差许多。但是朋友更担心的是事情还没有完，不知还有什么厄运等着她呢。

可以说，每一条八卦都会有风险。道人是非，最终害人害己。男人有的时候不明白为什么有很多女人都热衷于八卦，实际上女人自己也不明白自己。就像是我的那个好朋友，尽管她足够自信好朋友不会直接向领导打小报告，但好友的好友呢？谁又能保证绕个弯最终不会传到当事人的耳中？所以，传播八卦好比在进行高风险投资，你在获取一吐为快的快感和听众仰慕的同时，也要考虑会不会因此把成本都亏进去了。

分析种种，女人还是不要做"小喇叭"为好。一句话，一件事在我们这些外人眼里只是个谈论的笑话罢了，但是对于八卦中的主角却可能是具有杀伤力和破坏力的。这种伤害可以直接作用于人的心灵，它会让受到伤害的人感到非常厌倦不堪。为了让自己在嘴上逞一时之快，而去冒着毁了一个人的危险，你觉得这值得吗？我相信你是个善良的女人！

第 6 课

赢得下属尊重的技巧

　　站上了高位,当上了领导,盯着你看的眼睛自然就会多了。不经意的一句话,一个动作都可能成为下属们"奔走相告"的焦点。这一点是你必须知道的。当你升上领导位置的那一天开始,你就从"取水人"到"分水人"做了全面的转型。以前,也许你分到的多一点了不会受大家的抱怨,因为原因并不在你;而今,如果你分水分得有多有少,就势必会激起下属们的满腹牢骚。要想得到下属的喜爱是一件非常不容易的事情,而抱着一颗公正公平的心是首要条件。

以身作则,增强你的"震慑力"

俗话说:"火车跑得快,全靠车头带。"身为公司的领导者,在工作中一定要起到带好头的作用。如果上司对自己要求不严格,甚至凭个人好恶来处理事情,必将会左右整个公司及其成员的人格取向。一个好的上司是极其具有责任感的。当下属犯了错误的时候,他首先会想到,是不是自己的疏忽,是不是自己在哪个方面没有做到位,而后才对下属做出裁决;一个好的上司凡事都会以身作则。公司对员工提出的要求,他会严格遵守,一旦触犯了哪些规定,他也会自动自觉地接受相应的处罚,甚至比员工的处罚更苛刻一些;一个好的上司是勇于承担责任的。出了事情他不会把下属拖出来做挡箭牌,而是责无旁贷地把担子挑起来。榜样的力量是无穷的,如果你能够以身作则用行动去感染、引导下属的工作态度和行为,往往会比训斥要好得多。对于一个优秀的上司来讲,条文和规定只不过是管理下属的辅助工具,其主体部分应该是他独有的个人魅力。这样的上司才会有威信而言,才会受下属敬重。

快要过新年了,公司开始有计划地做年前的扫除工作。每天早上,员工都会参与到打扫环境卫生的队伍中。这一天,临近中午的时候,松下先生来公司进行卫生视察工作。工作检查完毕后,发现每个地方都打扫得很干净,唯独员工厕所却没有人打扫。松下没有直接点出,而是在想:厕所是每个员工经常使用的地方,理应人人有份,是应该指定一个人来打扫,还是命令一个人来负责? 可是,现在每个人都在忙工作,现在叫人打扫的话,一定会耗去他不少时间,如果工作没有完成,他就有可能要加更长的班了,他的心里怎么会愿意呢?想到这里,松下先生决定不动用员工,而是自己亲自清理厕所。这时,公司

的员工意识到了总裁的特殊行动,他们纷纷跑过来,抢过扫把,一会儿就把厕所打扫得干干净净。此事过后,公司员工决定把打扫厕所这一责任缺口彻底填补。他们制定了一份责任细则,每天派一名员工清理厕所。

这样可爱的上司怎么会得不到下属的喜爱呢?他总是会在下命令之前,先考虑一下职责范围、员工的感受以及他们的意愿。并不像那些只会大呼小叫的领导,在其职就目中无人,从来不管你有多忙,只要求你"随叫随到"。以身作则,并不应该只停留在口头上,而是需要领导人去亲历亲为。当一些职责模糊的地方出现问题时,上司就应该挺身而出。上司在其高位,就要承担更大的责任,不要觉得"这种小事情我怎么会去做",敬服之意往往就是从这样的小事生根发芽的。虽然职位有高低之分,但是人与人是平等的,别以为摆摆"官威"就有人会怕你、佩服你。实际上架子越大,官气越足,下属就会越反感,只有那些能够以身作则且具有亲和力的上司,才会让员工愿意为你工作,吃点苦,受点累,他们也毫无怨言。

对于女上司来讲,女性柔美的一面往往对下属少了几分震慑力。有的女上司就会武装自己,板起面孔,但是这种做法往往会让工作气氛很僵硬,员工干劲儿也会因此受到影响。但是,如果女上司放松自己,上司和下属一团和气,日子一久,下属对上司的命令产生懈怠,执行力就会很差。这个问题几乎成为了所有女上司头疼的事情。要想解决它也并非难事,只要保证做到以下几点万事可成。

1.做自己

不必带上面具做人,你是个什么样的人,就以什么面孔示人为好。如果硬是板起脸来,不仅自己累,下属们对着这样的你也会觉得很辛苦。

2.公私分明

公是公,私是私。无论上司和下属的私交如何,都不要把这种情绪带到工作中来。作为上司分配给下属的任务,必须要求他们保质保量地按时完成,如若出现以私交为借口而对工作不认真,或是执行力不够的话,黑下你的脸,按照公司的有关规定给予相应的处罚。几次过后,下属就会重新站回到自己该站的位置上专心工作了。

3.让下属知道你的难处

在刚做这种转变的时候,也许会有一些松散习惯了的下属表示抗议。这时你不妨把一些已经产生的不良后果告诉他,比如说,你的上级批评你,哪项工作没有做合格,哪个客户没有维护好等等,让下属们了解你的难处,而后要为自己因管理不到位而造成这些不良后果向下属道歉,并提出希望大加家同心协力做好工作。

公事公办,坚持一碗水端平

几乎每一个上班族都希望自己能碰到一个公正公平,公事公办,不偏袒,不徇私的上司。而大凡在事业上有所成就的上司,也希望自己能够应下属要求可以做到以上要求。可是做出来毕竟要比说出来难得多,要想把一碗水端平也绝非易事。在一些企业里,最典型的就是任人唯亲,这种形式又何谈公平。身为上司,要想让下属们对你心服口服,任人唯亲的做法是绝对要杜绝的。即使你的亲人和朋友真的有能力去胜任,也要让他们通过正当的途径公平上岗。公是公,私是私,哪怕对方是你最好的姐妹,哪怕你们两人的金钱不分彼此,但是,在工作中一定要公事公办,坚持一碗水端平。不仅不能在职务上有所照顾,就连公司里面原本属于全体员工的一切福利上也不能给予特殊的照顾。比如说,培训的机会、评优的机会等等。只有这样,才能让每一个下属感觉到自己只要努力地工作就有前途可言。否则,他们怎么会对公司有归属感,从而以混日子的心态来工作,越干越没有劲头,因为无论自己

如何辛苦,怎样努力,照样什么都得不到。利益是人们最初始阶段的追求目标之一,至于上司能不能在下属的心里种下情感的种子,就要看你怎么去想,如何去做了。

除了要做到杜绝"任人唯亲"之外,上司还要从各个角度去了解下属的心理需求,因为工作毕竟只是人们生活内容的一部分,如果能够事先知道下属的"软肋"在何处,用心去呵护他的脆弱之处,必定会赢得下属的依赖。特别是对那些能力强的下属,更要行此之道。因为"才"人无论什么时候都是这个社会的宝,金钱虽然不是万能的,但是老话说过:"一分钱都能难倒英雄好汉。"无论是在生活中还是在电视中,我们曾看到过很多事例,就是因为公司的上司没有注意到下属的迫切需要是什么,而导致有才能的人被竞争对手挖了墙角。能埋怨你的下属不忠吗?对于一个没有对下属付出的上司,又何谈下属对他的忠与不忠之说呢?人与人的相处离不开情感投资。如果上司能够在平时多给予下属一些必要的关心,让下属感情里的那块空地长出鲜花来,金钱的诱惑又怎能敌得过感情呢?记得有一个电视剧,名字记不太清楚了,但是台词是这样说的,A问B:"张老板一个月不就给你开那几个大洋吗?如果你给我干,我长你十倍!你看怎么样?"B笑了笑,对A说:"你不明白,这并不是几块大洋的事情,而是张老板是第一个把我当人看,并把我当兄弟的人,即使他一分钱不给我,我也是心甘情愿地跟着他的……"情感,永远都是这个世界上最值钱的,不,金钱根本和它没有可比性。在上司危难之时,可以留下来与他一起同舟共济的下属,哪一个不是因为曾经受过关爱,受过恩情,因而才心甘情愿地跟随。所以,你要做的现在一样都不能少。

1.扶助弱小

如果下属之间产生了纠纷,上司要善于调节,且从关爱的角度,扶助弱小,力求公平。

2.对事不对人

出现问题后,解决问题是关键。上司在批评下属的错误时,目的在于指出错误及失误所在,而不是因为对方是你不得意的下属就借机处处刁难。身为上司,你要记住的是,你批评的是过错的行为,而不是有过错的人。如果做不到这一点,你的形象就会在下属的心中大受折损。

3.公正公平

上司对下属的关系处理上,要不分远近,不分亲疏,既不要有偏见,也不要对人另眼相看。既然大家在一起工作,就不要分三六九等,该批评的时候要批评,该表扬的时候也不要吝啬赞美之词。

上司是下属的榜样,所说的话,所做的事,都会落在每一位下属的眼里、心里。下属的能力有强弱之分,但是祈求平等的心却是一致的。如果上司能够排除万难,克服心理以及在执行工作中可能遇到的压力,真心地为下属营造一个良好的工作氛围,你就一定可以得到大家真心的回报。

有事不推诿,勇于承担责任

史蒂文·布朗认为:"管理者如果想发挥管理效能,个个就得勇于承担责任。"作为上司,当工作出现纰漏的时候,你有权指导、纠正,甚至是批评负责其事件的下属,但是你必须为自己所采取的行动承担全部的责任。在面对失败的时候,上司要做的不是把责任推到下属的身上,而是要为你的下属所做的事情连并着全部承担。正如成功了也归为你的领导之下一样,失与得的机会是并存的。承担责任的结果,不是荣誉就是责难。如果结果是荣誉,上司可以主动地把它让给其他人,但是责难与它不同,推诿的恶果是失去了下属对你的信任。

春秋的候,晋国有一名狱官叫李离,他在审理一件案子的时候,由于某

种原因没有去调查而是听信了下属的一面之词，致使一个人含冤死去。当水落石出之时，李离懊悔不已，准备以死赎罪。晋文公听了此事的来龙去脉去脉之后，对李离说："官有贵贱，罚有轻重，况且这件案子主要错在下面的办事人员，又不是你的罪过。"李离回答说："我身为狱官，在官位的时候，我从来也没有和下属说过我们一起来做这个官。拿薪水的时候我也从来没有和下面的人一起分享。现在出了差错，我为官是有责任的，如果将责任推到下面的办事人员身上，我又怎么做得出来。"他拒绝听从晋文公的劝说，伏剑而死。

感叹的同时，不禁引发我们在职领导者的思考。正人先正己，做事先做人。要想得到下属的支持和认可，功夫就要做到那里。上司坐在这个位置上，拿着这份薪水，就要承担起相应的责任。不但要像先人李离那样勇于替下属承担下来，而且还要事事为先、严格要求自己。古语有云："人非圣贤，孰能无过？"摔了跟头没有关系，也不会让自己的高风亮节有任何的损失，反而能让上级更器重你，下属更敬重你！

历史上有名的"马谡失街亭"，你一定听说过吧。当年诸葛亮首次率师北伐中原，重用了刘备临终叮嘱"不可大用"的马谡，结果失了街亭重地，兵败而还。大军回师后，诸葛亮先是赏了赵云，继而责了王平，最后挥泪斩了失败的直接责任人马谡。这诸葛亮对马谡之错，斩前挥泪，斩后又大哭不已。下面的军士问他："今幼常得罪，既正军法，丞相何故哭耶？"孔明曰："吾非为马谡而哭。吾想先帝在白帝城临危之时，曾嘱吾曰：'马谡言过其实，不可大用。'今果应此言。乃深恨己之不明，追思先帝之言，因此痛哭耳！"随后，诸葛亮自作表文，让蒋琬"申奏后主，请自贬丞相之职"。

刘备去世的时候对诸葛亮托了"孤"，以诸葛亮特殊的身份以及在军士们心目中的地位来讲，即使是"无责"，也无可厚非。但是他却没有推卸责任，以自己的行动说明了一切。为官者，特别是为高官者能做到诸葛亮这一点实属不易。在责任面前前进的人现在虽然是失利了，但是却以身现法，向众人表明了一个上司为人的深度和品德的高洁；在责任面前后退的人现在可能苟且地让下属做了挡箭牌躲过了一时之灾，但是却失去了人心，也让自己平日里假仁假义的面具摔个粉碎。你一旦选择了退缩，什么话在事实的面前都会显得如此苍白。身为上司，要想管好公司、管好下属，就必须以身作则。逆风行驶的时候要不畏惧风浪，掌握起控制盘，带着你的下属去乘风破浪。功到自然成，一旦通过表率树立起了在下属中的威望，大家上下同心，斗志昂扬，哪还怕前面有什么艰难险阻。古语有云："得人心者得天下。"只要上下一心，你必将一呼百应。

用人不疑，以信任凝聚人心

兵法中有一个说法叫做"攻心为上"。上司要想和下属交朋友，就要做到将心比心，以心换心。一个出色的上司往往是那些能够给予下属足够的信任和理解的人。下属得到提升，受到了上司的信任当然是一件值得高兴的事，可是随之而来的是担忧和不安。作为上司，想要得到下属的支持与信赖就一样要有所付出。荣誉和金钱并不是全部，他们需要还有是你的信任，由始至终的信任。

在战国时期有这样一个故事。魏文侯准备要收服中山国。中山国原本是魏国的属国，但自三家分晋后，中山国就再也没有向其进贡，不再对魏国称臣。中山国国君荒淫无道，对待老百姓非常凶暴，城内百姓苦不堪言。可是谁有这个本事去收服中山国呢？此时有人推荐乐羊，说如果要用此人必可收服中山。但是也有很多人反对，说："乐羊的儿子乐舒在中山国做大官，怎么可以用他去打中山呢？"两方各执一词。魏文侯派人去探听后才知道乐羊是一个很有见识的人，他的儿子乐舒曾经奉了中山国国君的命令去请他，乐羊不但没

有去，还把儿子教训了一顿，说中山的国君荒淫无道，跟他在一块儿必然自取灭亡。于是，魏文侯就派人把乐羊请了来，并力排众议启用他去收服中山。

魏文侯拜乐羊为大将，西门豹为副将，率领五万人马去进攻中山国。中山国派大将鼓须带领一大队兵马迎上来，不让魏兵过去。乐羊和西门豹拿火攻的法子把鼓须打败，一直追到中山城下。中山国一大臣对姬窟（中山国国君）说："带头的大将是乐舒的父亲，主公不如叫乐舒去要求乐羊退兵。"于是，乐舒虽知肯定不得果，却碍于国君的威严跟他见面，乐羊把儿子大骂一顿，并告之："给你一个月的期限，你们君臣早点打定主意。"而后，乐羊下令把中山国围住，不许攻打。姬窟以为乐舒起了作用，就一而再，再而三地叫乐舒去求情。几个月的按兵不动，西门豹也着急起来了，对乐羊说："将军还打算不打算攻打中山？"乐羊说："我两次三番地答应中山国君放宽期限，让他两次三番地失信，为的是让老百姓知道谁是谁非。我可不是为了乐舒一个人，为的是要收服中山的民心。"西门豹听了，这才放心。

又围了一个多月，乐羊开始攻城了。姬窟急了，就以乐舒的性命来要挟乐羊，但是乐羊却未受扰。一气之下，姬窟把乐舒给杀了，并把他煮成肉羹给乐羊送去，目的是扰其心，乱其意。没想到适得其反，燃起了乐羊心中熊熊的烈火，一举攻下了中山国。

凯旋归来，魏文侯为他设宴。宴会后，魏文侯赏他一只箱子。乐羊心想这里肯定是金银财宝，可是打开后一看，箱子里装的都是朝廷里大臣们的奏章。他随便拿起一个奏章来看，上面写道："乐羊连打胜仗，中山眼看就能攻下来了。但是为了乐舒的一句话，就不再攻。父子私情，于此可见。"他又拿起一个奏章，上面写着："主公如不召回乐羊，恐怕后患。"其余的奏章大都写着："再让乐羊留在中山，怕是连五万大军也要断送了。""当初拜乐羊为大将，已经错了主意。""人情莫过于父子，乐羊怎么能忍心伤害自己的骨肉？"乐羊一边看一边掉着眼泪，他说："想不到朝廷中有这么些人在背后毁谤我！要是主公不能坚决地信任我，我哪多能成功呐？！"

用人不疑，疑人不用。身为上司，如果你对于一个下属委以了重任，必然在前期经过了一系列的调查，认为方方面面都符合要求后才会决定启用的。既然之前的决定并不含有"冲动"的成分，你就要给予他全部的信任，不要听信旁人之言，错失"忠臣"。魏文侯倘若听取了奏章中的任何一个而撤了他的职，中山国能不能被收回就是个未知数了。乐羊的故事同样适用于今天，当你面对周围所有的人都对你所信任的人群起而攻之的时候，你能保证自己的信念不动摇吗？你能对着自己的心说"我信任他"吗？如果你可以，你也同样可以获得像魏文侯一样的胜利！

能容人，给有才干的下属一个机会

职场与学校有所不同，因为学校永远都会照顾到那些接受速度慢，学习能力差的学生，帮助他们不断地取得进步；对于职场而言，企业宁愿花时间和精力去造就那些具有潜力的下属使他们成为人才，也不愿意去团结那些落在最后的员工帮助他们进步。利益场毕竟比不上学校的单纯。这一现象是企业谋发展，得利益的必然结果。尺有所短，寸有所长。大凡那些有才干的下属都有点或大或小的"怪僻"。比如说，脾气差，秉性直，对个人要求不严格，不喜言笑，易怒等等。这些毛病常常让上司苦不堪言，甚至不止一次地产生过想要开除他们的想法。但是，正因为他们的才能是其他人所不能及的，上司只好屈就忍让。正所谓金无足赤，人无完人，作为这类人物的上司不必苛求完美，否则自己气得半死，他们还是没有改进，辞又辞不得，反而增添了对方的嚣张气焰，造成了不好收场的局面。任何人都难免有些小毛病，只要无伤大雅，何必过分计较呢？最重要的是发现他的优点，能够为企业带来利益。

记得有一个名企业的老总，在给业务员做培训的时候就曾经大放豪言："只要你有能力，真的能为公司造创出价值，不用上班，每天在家里睡觉，工资都照样给你开！"

有一个越国人，家里面闹老鼠闹得厉害，粮食、衣服，全都被它们咬坏了，防也防不住。为了治住家里的老鼠，他特地弄回来一只善于捕鼠的猫。但是，问题又来了，这只猫虽然捕鼠方面是能手，但是却喜欢吃鸡。结果越国人家里的老鼠虽然日益减少，但是鸡却也所剩无几了。于是，他的儿子就想把吃鸡的猫弄走，但是父亲却说："祸害我们家的是老鼠不是鸡，老鼠偷我们的食物，咬坏我们的衣物，挖穿我们的墙壁，损害我们的家具，不除掉它们我们必将挨饿受冻，所以必须除掉它们！没有鸡大不了不吃罢了，离挨饿受冻还远着呢！"

由此可见，上司应该为有才干的下属营造一个和谐且较为宽松的环境，这样才更有助于公司的发展。除此之外，上司还要有知人善用的本领，一个人的力量再强也是薄弱的，只有善用他人的力量来使自己强大，才能够成就大事。上司不仅要惜才、爱才，还要会用才。对于人才来讲，过多的束缚，局限的空间，都无法使他发挥出自己应有的才干，他们做着不愉快，对于企业来讲也是一项重大的损失。

建立汉朝的刘邦便是一位用人高手。刘邦打败项羽，建立了自己的汉王朝成了皇帝，其事业也算是相当的成功了。有一次，刘邦宴请群臣，喝到高兴时，他便问群臣："你们知道为什么我能够从一个小小的官一路直上，最后夺取了天下，而项羽坐拥数万大军却最后失了天下吗？"皇帝一开口，大臣们自然积极回答，各抒己见。有的人说："因为您军纪严明，精益求精；而项羽太讲仁义道德了。"有的人则说："您最大的特点，是有功者赏，有罪者罚；而项羽则是嫉贤妒能，有功者害之，贤能者疑之。这就是您得天下而项羽失天下的原因。"刘邦对后者的言辞也只是一笑了之。最后，刘邦感慨良深地说道："你们只知其一却不知其二。我之所以能夺取天下，主要是因为我善于用人。要说运筹帷幄之中，决胜千里之外，我不如张良；管理国家，安抚百姓，做好军队的后勤供应工作,我不如萧何;统帅百万之众,战必胜,攻必取,我不如韩信。这三个人是人中豪杰,我能大胆地使用他们。而项羽有一个范增却不能用,这就是我能夺取天下,而项羽失去天下的根本原因啊。"众人皆悟。

管理一个企业和刘邦打天下是一个道理,身为上司并不要求你有多么深的专业知识,但是一定要懂得用人之道。不仅用他,还要在一定范围内尽量满足他的需求,让他的才能得以充分地发挥。换句话说,用高薪聘用了他,其主要目的不是去管他,束缚他,而是让他发挥出自己的潜能,为企业的发展贡献出一份力量。

赞扬下属的六个要素

任何地方都少不了赞扬之词,虽然它无法兑换成金钱,但是给予人们的精神食粮却是任何金钱所买不到的。在职场上,会赞美下属的上司势必会得到下属的喜爱和拥护,吝啬于赞扬下属的上司往往形单影只,孤家寡人一个。话虽是如此,但是你真的会赞扬吗?简单的"你好漂亮!""你真能干!"就能起到深入人心的作用吗?下属不是等着要糖吃的孩子,你哄上一哄就可以达到目的了,敷衍式的赞美只会让下属觉得你并没有看重他们,你的赞扬只是客套,而非真正的赞扬。赞扬也是一门学问,如果上司运用得好,赞得妙,往往要比给下属涨薪还要振奋人心。

1.上司为什么要去赞扬下属

每个人都在历尽他的一生去寻找自己在社会上所处的坐标,从而证明自己存在的价值。正因为如此,下属对自己在上司心目中的形象也十分在意,甚至上司在无意间说的一句话都会引起他们或喜悦或悲伤的情感。上司

的赞美不仅能够满足下属的荣誉感和成就感，更能促使他们对工作积极性的增长，干劲儿十足地完成上司交给的每一项任务。不仅如此，上司去赞美下属，还会在无形中拉近自己与下属的距离，从而获得下属的拥护与爱戴。

2.明确什么才是应该被赞扬的

赞扬下属虽然是个好方法，但是却不可以乱用，如果用错了方向，效果就可能适得其反。比如说，下属做好他的本职工作，上司就没有必要为了赞扬而去赞扬。再如，有的下属经常迟到，忽然连着一个月没有迟到，这也不应该受到赞扬，因为这是每个员工本身就要遵守的事情。没有做到，反而要接受批评。

3.赞扬下属要言之有据

上司对下属进行赞扬一定不要顺口就来，而是下属真正地做到那里了，要言之有据。否则不仅被赞者莫名其妙，其他的下级也会误认为你有偏袒他的倾向，那你可真是跳进黄河也洗不清了。

4.公正地给予赞扬

有的上司对于那些工作能力差且弱点比较明显的下属从不给予赞扬，因为他根本不知道其下属有什么优点可被称赞。其实，这类人群更需要上司的鼓励和关心，赞扬是一种力量，它可以促进下属弥补不足，改正错误。不妨耐下心思找找看，你一定可以找到这类人身上的闪光点。对于他们，赞扬的语言一定不要吝啬。

另外，对那些能力强的下属，即使他做的比你还要好，上司也要坦白地承认，公平地给予赞美。

5.如何当众赞扬下属

当众赞扬下属是对他的一种肯定，也是一种鼓励，愿其好的更好。本来是一件好事，但是如果赞美不当的话却很容易招致其他下属的不满及嫉妒，从而引发一系列不必要的麻烦。所以，当你当众对下属给予赞扬时候一定要有理有据，还有最重要的一点是，要保证自己是诚心诚意的。只有把这些都考虑

妥当了,才能达到你想要的效果。

6.失败者更需要赞扬

当下属失败的时候,对他们加以鼓励就好比雪中送炭,会使他们更忠于你。虽然只是一句话的鼓励,却给他们带来信心、力量和勇气,让他们重新起跑,从失败者再次向成功者迈进。

赞扬也是一门艺术,也可以叫"领导者应该懂得的艺术"。美国著名成人教育家戴尔·卡耐基曾经这样写道:"历史全是由这些夸赞的真正魅力,来做令人心动的注脚。"不错,赞扬的力量是不可小看的,它可以给人们送去阳光和雨露,赋予他们追赶胜利的营养和力量。

坦然认错,在错误中树立正面形象

认错,并不是一件丢脸的事。有的人面对自己犯下的错误,因为身处高位左怕面子不保,右怕拥有的地位被动摇,所以往往大错临头还以"瞒"字坚持,欺人欺己,最终导致错误无法挽救,给公司带来巨大的损失。身为上司,小错应以自省;大错则应坦然面对,及时补救才是上上之策。古人云:"圣人之过也,如日月之食也;过而改之,善莫大焉。"每个人都会犯错,特别是处在领导位置上的人,每天都要处理许多复杂的疑难问题,这并不像是计算器算数,可以精确到小数点后面的若干位,生活之事就是如此,任凭你想得多么的周密,安排得如何妥当,百密一疏,也总有出岔子的时候。创办一个企业,再用心地"抚养"它,从小到大,一路走来不知会经过多少错误的洗礼才会取得成功。任何一个企业,无论它的实力多强,都不敢把"要求领导者不犯错误"这一条写进员工手册,因为没有错误就没有成长。

在面对错误的时候,上司不能回避,更不应该将责任转嫁到下属的头上,而是应该主动地承担责任,方便时还应向全体下属作公开的自我检讨。对待错误,上司应抱着一个积极改正的态度,让下属们感觉到什么才叫真正的"王者之风"。只要你是"上司",如果觉得自己可以凭着性别优势就可幸免于难的话,你就大错特错了。如果你是"女上司",苦等着事情顺其自然地消散,只会让下属更加地看轻你,你等下去的结果,就是下属对你的再次否定。正因为如此,你就更应该找到自己要站的位置,让下属们看到,女人一样可以挺起"天下"!

业务员小李被客户投诉贪污返利,经过有关部门的调查得以核实,但是返利单据的上面居然还有他的直接上司吴丽的名字。总经理得知此事之后,非常生气,马上叫人把吴丽叫到办公室。吴丽刚一进门,总经理就开口了:"你是怎么做经理的,你的手下竟然敢视公司明令章程于不顾,贪污客户的返利。这不是一天两天的事情了,你居然不知道?居然等着客户找到了头上!""我也知道了这件事。"吴丽辩解道,"按照流程,小李是把返利单报到我的助理那里,她审一下,整理好,给我签字,我的工作也多,可能没有看清楚。"总经理的眉头稍稍地皱了一下,说:"你的工作比我还多吗?我都没有高级到看都不看就签字!"吴丽看总经理有些动怒了,只好说:"是我工作的疏忽,回头我会和助理商量改进工作流程,并要求公司处理她,也请处理我。""处理助理能补回公司的损失吗?这件事应该负全责的是你!"总经理对吴丽的这种不断推脱责任的态度实在看不下去了。可是吴丽仍然为自己辩解:"是这样的,这个助理能力不错,可是我们之间总是沟通存在着问题,有的时候我甚至要顺着她的意思来签署一些文件。毕竟我是新来的,要有适应的阶段,我保证,今后这样的事情一定不会发生了,你再给我一次机会吧。"总经理终于感到无奈了,软软地说:"现在我已经知道问题出在什么地方了,吴丽,你先回去想想,你要怎么做才是对的。如果想不明白,你明天就不用来上班了。"

遇到了事情,身为领导者只知道一而再,再而三地把责任推出去,根本不是大将所为。像上面的案例,吴丽越推脱越让人感到她能力的不足心服,觉得她缺少作为领导人应具备的基本素质。遇到这种情况,理应先把责任担下来,而后再和下属一起去想解决问题的方法,而不是一直在追究谁对谁错。在职场上有很多人都会犯与吴丽同样的错误,吴丽可能也会感到委屈,自己刚到公司不久,居然还要受一个小助理的欺负,自己还要担下责任。凡事以大局为重,若真有此等情况发生,也是要待你担下责任后,再进一步追究助理的责任,而不是在关键时刻还在此处讨价还价浪费时间。错了,坦然承认,才会把损失控制在最小的范围之内,只要你敢于承担,积极补错,一样会获得下属的认同和赞誉。

掌控自己的情绪,别拿下属当发泄口

天之骄子的称号,大小姐的脾气,这两点往往是女性上司的致命缺点。女性中并不缺乏十分优秀的人才,她们在实际工作中发挥出色,通过自己的努力获得了荣升的机会。但是,一个人能管理好自己未必能管理好他人,面对突如其来的工作压力,火气不断上升,下属的一点点过失都可能引发你的火山爆发,那真是太可怕了。上司必须要培养控制自己情绪的能力。虽然在职场上上司具有绝对的权威,而下属大多是听命行事,但是这并不意味着下属拿着工资就有义务接受上司突如其来的怒气。从管理者的角度来讲,上司如果不加控制地在自己的下属面前表露自己的情绪好恶,乃是最愚蠢的领导方法。一个人在情绪不稳的阶段很容易失去自我,脾气一上来往往对其下属口无遮拦,全然不顾忌他人的感受,这无疑是在自掘坟墓。从下属的角度

来讲,每天担心着上司今天的是"晴"还是"阴",或是远远见了上司的身影就逃之夭夭,生怕自己是引爆炸弹的"幸运儿"。这种情形应该不是你想见到的吧。

刚刚收到最新消息,由于公司在生产过程中管理出现了漏洞,致使商品出现了问题。副总裁李艳气得脸色发白,马上召开紧急会议。大家刚在椅子上坐稳,只听见砰的一声,李艳气势汹汹地破门而入,没待坐定,就将矛头直指生产部总监。会议气氛压抑到了极点,而对副总裁的如此火气,谁都不敢开口说话,唯恐引火烧身。生产部总监也极不自在,为了不让自己在同事面前出丑,他对问题避而不谈,这就使得副总裁更加恼火,直骂生产部总监是个骗子。会议最后不欢而散。之后,李艳也意识到了自己的冲动,可是转念一想:"本来错也在此,一个大男人也不至于小气到被女人骂骂就临阵脱逃了吧。"便也没有太去在意。

然而,有几个下属能忍受住如此火爆的场面呢?不久,这个生产部总监就离开了公司。李艳也因此损失了一员爱将。

不要让情绪左右了你的行为,像上面案例中的这种情况,上司明明可以在私下里把这件事了解得更为透彻,既不会把事情耽搁下来,也不会痛失一员爱将,岂不是很好?但是,上司的火气冲天,容不得半刻的懈怠,不仅当众伤了他人的自尊,也让自己遭受到了损失。每个人都是有自尊的,面对上司的突现的蛮横态度,他们也产生强烈的逆反心理。上司不要一时冲动,不顾忌场合,不顾忌对方的感受,不给下属留一点面子,非要把话说死、说绝,只会导致不可挽回的局面。《孙子兵法》中说"将有五危",其中一危即是"忿速,可侮也必死"。意思是说:急躁易怒则经不起刺激。此乃身为将帅之人的大忌也。

某女上司,对工作一丝不苟,但是脾气却是出了名的火爆。一天,她到下面部门视察工作,发现某部门在工作中出现了一点差错,马上脾气就上来了,不管三七二十一,大声斥责部门经理。事后,有的下属向她反映,她所批评的那个部门平时工作十分出色，这次只是因为情况特殊才会出现此类事情。女上司觉得自己做得有些过分了，于是她马上亲自返回到该部门，向其部门经理道歉："今天是我太冲动了，没有了解清楚具体情况就责怪你，请原谅。不过，错误确实是存在的，希望今后还要多加注意，我相信你能够做到这一点！"上司亲自登门道歉，部门经理受宠若惊，一扫之前的委屈和不愉快，满怀信心地重新投入到工作中。

也许有的时候，你没有控制住情绪，做出了令自己后悔的事情，不要一味地自怨自艾，天下没有后悔药可卖，最好的补救方法就是"亡羊补牢"，让下属感觉到你的真诚，可以使伤害减小到最低。如果你选择将错就错，然后就任它发展下去，下属的怨气可能会久久挥之不去，甚至觉得上司在有意忽视自己的成绩，因此怀疑管理者的批评动机。这不仅不利于对方认识错误，改进工作，还可能会激化矛盾。

总而言之，管理情绪是领导者必要的基本素质之一。上司学会掌控自己的情绪，是决定职场仕途之路长短的关键因素，至于如何把握还要看你自己做何选择了。

对下属的生活和家庭给予真心的关怀

中国古代思想家荀子曾经说过："对于一般百姓，你只剥削他，而没有给予利益；只想百姓效忠你，而你从不关怀他们；只强迫大家为你做事，你不曾为百姓做实事。这样治理国家，结果只有一个可能，就是灭亡。"以此我们可以了解到治国要以人为本。管理企业同样也要以人为本。领导者要深入了解你的下属需要什么？有什么困难？人心都是肉长的，当他口渴的时候，你给他一杯水；当他走投无路的时候，你拉他一把。他怎会不记上这笔感情账，工作上又怎么会不全心全意呢？

阿瑟·利维为了研制闭路电视，录用了一个很有才能且很有干劲儿的年轻人比尔。从上任的那一天起，比尔就一头钻进了实验室，整整干了一星期，其间最忙的时候比尔曾一连 40 个小时不眠不休。工作有了一定进展后，比尔在床上睡了整整一天一夜，当他醒来时，一眼就看到利维坐在他的床边。利维拉着比尔的手，感动地说："我宁愿不做这种生意，也不能赔上你这条命，搞研究的人少有长寿者，但我希望你能节制，你的心意我领了，就是研究不成功，我也不会怪你的。"老板能够心疼他的员工说出这样的话，真是难以相信。比尔感动极了，他觉得自己做研究工作再也不是只为了工资、为了个人的生计而劳碌，而是把研制新产品当成了他和利维的共同事业。功夫不负有心人，不到半年的时间，闭路电视便研制成功，这一成果为利维公司的进一步发展起到了决定性的推动作用。

现在大多数人都是像比尔最初一样，为了工资和生计而工作，很少有人能引领这些人把工作当成自己的事业。我想，如果每一个做上司的都能多关心一下他的下属，哪怕是一句细心的问候，而不是高高在上得不可亲近，也许每个下属在心里都会有一份属于自己的事业了。

1.不要忘记下属的生日

现在很多大公司都会把下属的生日记录在案，在生日当天会给过生日的员工送发一张生日卡。作为上司，如果能记住下属的生日，在他们过生日的时候送一个蛋糕、一束鲜花、一句"生日快乐"，会给下属们带来多大的惊喜和快乐啊。这也是上司做感情投资的最理想时机。

2.下属生病时要给予关心

下属得了重感冒请假休息，上司要给予必要的关心。你可以告诉他"多注意休息。""回家后上医院看看。"一句话就会给下属送去一份温暖。下属康复回来上班后，上司也不要只谈工作，也可关心地问上一句："病好了吗？""以后要多注意。"想一下，有上司还这样挂念着自己，下属的心情会多么激动。当有下属生病住院时，上司一定要去看望，这样下属及其亲属都会被你的行动所感动的。从人情角度来讲，上司这么做并不完全是为了感情投资，人与人本身就应该存在这种情感问候。这种温暖本身就是一种动力，至少下属不会只为了薪水而工作了。

3.关心下属的家庭情况

家庭是每个人的精神支柱。如果原本一个很出色的下属，忽然心神恍惚，总是出错，身为上司的你就要多关心一下，他是不是家里出了什么事情。在可能的情况下，给予他适当的帮助。雪中送炭的恩情，下属会对你感激不尽。这种感激带入到工作中的力量将是无穷尽的。

4.人走"茶"不凉

对于调职和离职的下属，上司更应该表现出该有的人情味。不要因为彼此再也不会有交往了就当作没事儿一样不闻不问，这种做法不仅会使要离开的下属感到难过，就连现任的下属也会对自己的将来惶恐不安。上司，在其位就要让自己大度一些，细心一些，做到人走"茶"不凉，虽然不在一起工作了，可是今后还是朋友。这个结果不是更好吗？

在人际交往中，多为自己投上一支"感情股"，将来就会有更为宽广的升值空间，不要漠视你的下属，不要轻看小人物，世间每一分每一秒都有奇迹在发生，麻雀变凤凰，小虫变蛟龙，一切皆有可能。

下属心怀不满时,鼓励他们说出来

　　"让下属把不满说出来。"这句话是前美国 GE 集团首席执行官杰克·韦尔奇说过的一句话。无论你心思如何缜密,能力多么的强,也不可能把工作做得滴水不漏。大体的方向虽然掌握好了,细枝末节的地方却很容易受到忽视。这就需要领导者多听一听来自公司下层的声音。让你的下属把不满说出来,也许他们提出来的问题不一定正确,但是既然产生了不满就必然事出有因,它会帮助领导者发现可能引发某种事件的隐患。再者来说,下属心里有了不满情绪,憋在心里的,把气发在工作上;需要发泄的,和朋友、同事,甚至是合作的伙伴四处嚷嚷,这不仅对公司的形象有所影响,甚至还会导致下属在无意中泄露公司机密的事件发生。还有,如果下属不满的对象就是你,你却被蒙在鼓里还在积极地为下属谋福利,本来你是一片好心,但是下属往往会认为这是你心虚的表现。那你做了这么多岂不是自讨没趣。

　　马主管带领的团队又立一大功。喜讯刚从总部传来,马主管就盘算着要请手下吃饭,犒劳一下这些有功之臣。于是,他心情大好地去员工休息室通知大家晚上吃饭。但是,当马主管刚到休息室门口就听到有人提到了自己,于是,他没有直接进去,而是顺着门缝往里看了看,手下的几个员工都在。

　　"算了,咱们主管也算不错了,总之他没少请咱们吃饭。"小李说。"得了吧,正事不做,就做这些没有用的,饭谁家不能做啊? 我看他就是在拉拢人,几顿饭就想把我们给打发了。就拿这次到总公司去培训的事情来说吧,如果他真关心咱们,想帮助咱们,能不为咱们申请吗? 谁都知道如果能上这个培训班,工作能力会得到很大提高,升职的机会也会大大增加。他是不是怕咱们能力强了,把他的位置抢了啊?!"小刘口不择言地说。"我看主管不是那样的人。""那还能看出来? 人心隔肚皮,谁知道呢?""我也怀疑他根本就不关心我们,都玩假的。"大家你一言我一语地讨论开了。躲在门外的马主管心里可真不是滋味,自己本来一片好心,没想到大家是这样看他的。马主管满腹委屈地走开了。

自己的心意被下属误解了,换成是哪个人来做上司心里都会难受。马主管的问题是他没有了解到下属真正想要的是什么,而是凭主观想法以请客吃饭的形式来犒劳下属。事情已经发生是事实,这是无法转变的。但是错误不能再任其发展下去,应马上想出对策来。马主管不妨组织一次全体会议,自己根据掌握的情况提出建议,而后引申主题,让下属把心里的不满都说出来。比如在会上,马主管对大家说:"这次我们团队大获全胜,是一件大喜事,我很高兴。所以,特开此会想听听大家有什么意见和建议,以便我们今后做得更好。"而后,把目标对准刚才怨气最大的小刘发问:"最近工作怎么样? 有没有什么事需要我帮忙?"如果小刘是个圆滑之人他肯定要说:"没有什么特别的,一切正常。"如果他是个耿直之人,就会把不满一吐为快。无论哪种都好,马主管可以这样说:"我觉得总是以请客吃饭的方式犒赏大家似乎有点太俗了,日子久了,大家会认为我这个主管只会来吃饭这一套呢。哈哈。我想改变一下方法,所以,想听一下以什么形式比较好。"有了主管这话铺在了前面,肯定会有员工提出"培训"这一说的。马主管就正好做个顺水人情,保证下次一定为大家争取。这样一来矛盾就解决了。再往下,就要看看员工还有什么话要说了。马主管不妨这样来说:"难得有这个机会大家坐在一起轻松地说说话,今天我给大家一个机会发表一下言论,也算是请大家帮我个忙,看看公司还有哪些地方需要改正,当然,也包括对我有什么意见,我必有奖赏……"这样一来,就等于上司为员工搭建了一个发表不满的平台,不仅能让员工说出来,更重要的是让你了解到具体的情况和大家真实的情绪。这对于一个领导者来讲是十分重要的。

第7课

赢得上司欣赏的技巧

在某种意义上看来，做下级比做上司更具有挑战性。最起码做上司的时候是你在挑别人，而做下级的时候，是上司在挑你。挑你倒是不要紧，最可怕的是挑不到你。上司下面有十几个甚至二十几个下属，每个人都想被上司看到，这些早就让他眼花缭乱了，而你要如何做才能脱颖而出赢得上司的青睐呢？这可是一门大学问！

在上司面前摆正自己的位置

　　失业之风盛行的今天，很难想象跳槽率也一路横冲。而一部分人士的跳槽理由更是让人哭笑不得，"上司办事能力太差。""不想有不如我的上司。""上司文化不高，脾气不小。"……这些话语中的可信度很难辨其真假，即便是确有其事你也要记住一个事实，上司既然能坐在这个位置上，必然就有着他的可取之处。人无完人，可能有些地方你真的比对方做得要好，可是，也许你只是用了你的长处正巧比了别人的短处罢了。且不说能力，即使是上司真的是以裙带关系才得以上位的，全力辅佐也是你应该尽到的责任。"小不忍，则乱大谋"，再不满，再不服，你不是还得听从指挥？聪明的女人要学会自我检讨，克服在工作上不该存在的不良情绪。如果你不管不顾地只是执著于自己的"真理"，而使上下级的关系僵化，那么倒霉的那个人一定是你。

　　无论你的能力多强，文化多高，都要认清事实，你所处的位置是下属。要认清你与上司的地位差别，"不在其位，不谋其政"，上司的权威不容侵犯，以免种下恶果，误了自己的职业前程。以下几点是职场女性应该懂得的"维上策略"。

1.别站在上司的位置指手画脚

　　在电视里常常看到一个好笑的场景，一个下属在向上司做报告，上司在办公室里踱着方步。当下属讲到某处时，发表了自己的观点。不仅如此，下属还越讲越激动，完全忘记了站在面前的是自己的顶头上司。讲到高潮之处，此下属居然坐到了上司的专用椅上，眉飞色舞地谈论着自己的大道理，直至自己说了个痛快。"讲完了？"哪来的声音？下属一时高兴也没细想，顺着答道:"讲完了。""讲完了就请你从我的椅子上下去!"下属一惊,才发现自己的行为是多么的荒唐,而他的上司脸早就已经气得铁青了。

虽然这一段有些夸大,可是现实生活中往往就会有很多下属在不知不觉中站到了老板的位置上指手画脚,甚至是直面批评上司的过错。先不说你批评的对不对,光是你的这种态度就已经把上司惹怒了,即使你是好意,他也会认为你是在无视他的存在。你的下场也就可想而知了。

2.别在没有授权的情况下替上司下决定

有的下属很为自己喊冤,觉得上司的心眼儿太小了,有的事情明摆在眼前,就算是报备给他,他也一定会同意的。为了提高工作效率自己就做了一个小决定,却没想到竟惨遭被调职的厄运。亲爱的,这并不是上司大惊小怪。换位想一下,如果你是上司,你的下属在你毫不知情的情况下就把事情决定了,你会怎么样?不错,你会认为他的眼里没有你这个上司。他无视了你的权威,也把你特有的决定权分了股,你怎么会高兴呢?你不煞煞他的威风,你能痛快吗?上司也是这样想的。

3.论头衔,不论私交

职场上最忌讳的就是要恩情。凭借着自己曾经帮助过上司,就觉得自己不可一世了,不分场合的与上司称兄道弟,甚至逢人就说自己的"当年之勇",或是上司的不堪旧事。这一做法无非是惹火上身,上司早就忍你忍得牙根奇痒了。在职场上做人不要太高调,你不四处宣扬,功成名就的他会一直记得你的好。如果你没上没下,不分公私,你当年的那点好就会慢慢消失殆尽了。聪明点,低调点,只有好处没有坏处。

4.上司与下属没有绝对的平等

论平等,等你也爬到和上司级别相同的时候再说吧。所以,身为下属要学会"忍"字诀。特别是上司在气头上你更要给他留面子,在挨骂的时候,无论对错都不要当面辩解。最好的办法就是立正站好,大声说这样的话即可:"是的,谢谢指正;是的,对不起,下次不再重犯……"即使真的不是你的错,此时此刻也要这样说。因为你越是辩解，上司的火气越大，他现在根本听不进任何的解释。就是你坚持着，事情也不会得到很好的解决，反而让双方都陷入尴尬之地。如果实在不想让自己受委屈，你就等风过了，雨停了，上司的火气消了，你再找个适当的时候做个解释便罢。

不能与上司离太远也不能贴太近

利与弊就像一对孪生姐妹，幸运与风险共存。有很多刚刚走上职场的"菜鸟"，每天想着怎么才能和上司再近点，变成无话不说的好朋友，那样的话自己就可以在公司如鱼得水了。职场与学场不同，朋友也没有想象中的那样单纯。虽然我不想去相信，但是又不得不去相信，职场中的友谊就像是一根小草要把自己的根扎在沙漠中一样，存活的机率几乎为零。你可以固执地认为，人性本善，不去相信。千万前人留下的佐证如果你也认为是道听途说的话，那么用自己再去做一下验证吧，可是亲爱的姐妹们，希望你伟大的"实习"目标不要是你的上司，否则恐怕连辩驳的机会都没有就被三振出局了。如果你不幸在"实习"中落败了，领悟了，回过头来再来看以下的内容：与上司的相处之道。

1.距离产生美

远看朦胧皆是美，近看美是朦胧中。这就好比是在看一颗鸡蛋，摸上去、看上去都那样光滑圆润，可是当我们拿一个放大镜再来观察它，就会发现鸡蛋的那种光滑视觉感还哪里有，在放大镜下的鸡蛋分明就是一张大麻脸。距离产生美，有距离的时候，上司在我们的眼里总是那么威风，那么果断，那么能干，那么机智，完美得似乎没有缺点可言。可是当你走近他的时候却发现，他并没有那么完美，他不爱换衣服，做事拖拉，喜好吹牛等等。如果你是下属，心里原本那个高大的形象在你了解他之后忽然一落千丈，你觉得这样好吗?同理，你把上司看清楚了，上司同样也了解了你。也许你的某些缺点正是他最看不习惯的，从前他不知道，一直重用你，现在他知道了，你认为上司会视而不见吗?恐怕是眼不见为净吧!结果，你是如何被调职的，恐怕自己一辈子都想不清楚。

2.离得太远，升职无望

与上司走得太近了不行，与上司走得太远了就更加不行。一看见上司就像老鼠见了猫远远地躲开，和上司共事若干年之后上司见了你仍觉得眼生，这是你想要的吗?无论工作做得多努力都见不到太阳，好的事情都没有你的份，这样的生活未免太惨了。

3.百口莫辩谁之过

与上司走得近，或多或少能知道上司一些特别的事情。而这些事情如果恰恰是上司不希望他人知晓的，那么你就只好自认倒霉。一旦这些私事不知什么原因被他人知道，而恰恰又传到了上司的耳朵里，那你就惨了。无论是不是你说的，都已经不可争辩地成为了你的错误。你想一下，上司会让你好过吗?

另外，与上司走得近，个人能力还容易招致其他人的质疑。明明是自己做出的成绩，在别人的眼里却是上司帮你"注了水"，解释只是徒劳，怨气倒是自己得受着。

4.上司阴晴多变的内心世界

伴君如伴虎。这句话一点都不假，起初上司会因为下属的性格、喜好、品位与自己仿佛同出一处而被你吸引。而下属受到了上司的喜爱自然喜不胜收。两人越走越近，好像一对无话不谈的好朋友。可是，你要知道，朋友之间是没有等级之分的。如果把这一点也带到了工作当中，就会发生许多让上司不快的事情。而后，上司的内心就开始发生了变化，有意地疏远你，对你不似从前那般照顾,下属如果马上发现谨守做下属的本分还好,最怕那些接近了台风区而不自知的人,下场肯定是不乐观的。为了不让这类事情重演,下属一定要把握好与上司的距离,方可使自己得以保全。

5.城头变换大王旗

与上司走得近,最惨的莫过于易了主。原来的上司调到别的部门,自己的部门换了新的上司。其他的同事觉得你没有了撑腰的,往往会有意无意地讽刺你、打击你。如果这些都不算问题的话,新的上司会对你有所顾忌,不敢对你施以信任,因此使你失去更多的学习和升职的机会,你也还无所谓吗?

身为职场女性,把人与人之间相处的距离拿捏得准确才会让自己的职场生活过得更加的愉悦。与上司相处的时候,过近或太远都非明智之举。近而不过,远而不疏,才是正确的相处之道。

提高工作效率,成为上司的好助手

任何一个上司都不是万能的,所以很幸庆我们有了工作的机会。上司和下属的关系说得直白一些就是搭档,就像是表演相声的两个人,一个是逗眼,一个是捧眼。上司就是其中逗眼的,起着决定性的作用;下属就是其中捧眼的,其主要工作是围绕着逗眼的展开的。上司都希望有一个工作上合得来的下属,而下属就必须设法去协助上司完成任务。每个上司都有他不同的工作形式,这就要求下属必须懂得一些技巧去适应工作,尽快成长为上司工作上不可或缺的好助手。

1.不拖拉,准时完成上司交代的工作

公司来了一个新的实习生,其人真是叫上司头疼不已。上司交代了一个

事情让他去做,实习生满口答应下来。过后,上司去检查他是否做完,却发现实习生根本没有行动。实习生:"这个啊……我做着做着就忘记了。"上司:"你这都能忘记啊?!"实习生:"是啊,我就是忘记了。"上司:"可是刚过了半天而已啊!"实习生:"……"

看了这件事,我终于明白现在的学生为什么毕业之后会有那么多找不到工作的人了。以这种极随意且不认真的态度做事,哪个公司会录用他呢?

上司给下属分配完了任务,问:"你要多久做完?"下属答:"十五分钟吧。"上司追问:"你确定?"下属松了一下口,答:"最多十几分钟就做好了。"上司想了想,说:"我给你一个小时。"(一个小时过去了。)上司:"做好了吗?"下属:"还没。"(又一个小时过去了。)下属跑来找上司,然后说:"做完了!"上司看了看他,意味深长地说:"你的十五分钟还真不是普通的长啊!"

对于上司交代的任务,一定要记准,并要在规定的时间内完成,这是对一个下属最起码的要求。如果自己做不到不要夸下海口,当事实证明"你不行"的时候,往往会让自己更加的难堪。当你做错了事的时候,也不要找借口和推卸责任。解释并不能把错误擦掉,记住教训,下次不再犯错才是正道。

2.了解上司的工作习惯

作为下属,了解上司的工作习惯更有助于自己工作的顺利完成。比如说,在接受下属意见时,有人喜欢白纸黑字的书面报告,有人则喜欢简短的口头报告。有些上司要求下属自动自觉,自己做出决定来完成任务;但有些却要求下属定时向他报告。弄清楚这些,再按照这些习惯去行事,会让上司有"顺心"的感觉,从而增加了对你的好感,不会再盲目地挑剔你。

另外,对于自己的工作也要做到有理有序。什么东西该放在什么地方都要有一定的规律,当上司急需要什么文件档案的时候,你可以用最快的速度找给他,上司自然会觉得你是工作的一把好手。

3.尽心尽力地做好每一件事

只要你想在该单位里做下去,就要认真地对待每一件事情。"混"这个词,绝对不适合出现在职场里。那种上班盼下班,上班盼休息日的工作态度是不应该存在的。女人要在自己的职位上体现该有的价值,尽心尽力地去做好每一件事,上司才会喜欢你,同事才会乐于与你合作。这也是你在职场最起码的谋生之道。

4.多给自己揽些"苦差事"

有的人在工作中,能不干就不干。对于自己的工作都推三阻四,更别提做一些额外的工作了。优秀的下属不会满足于做好自己的分内事,而会在其他方面争取经验,提升自己的"价值"。当别人忙得不可开交而你却闲来无事的时候,不妨给别人搭把手,不仅他人会对你表示感激,上司也会对你另眼相看。特别是当上司需要有人帮忙的时候,你更应该积极主动地去替上司排忧解难。当然,下属也要视自己的能力而行之,否则可能会弄巧成拙,适得其反。

职场自有章程,不欢迎"个性"的表现

有个性固然不错,可是一旦用错了时间,用错了地点,就会为自己招惹许多麻烦。在职场上,在上司的面前,服从就是下属的天职。在公司里,大小姐的脾气要么收敛起来,踏踏实实地工作,要么就把它耍出来,然后卷起铺盖走人。没有一个上司会无缘无故地给你开着工资,却忍受着你肆意散发个性。职场是个讲"规矩"的地方,一切要以章程为本,"物竞天择,适者生存",这是最原始且最简单的原因。当然,职场的这套生存法则也许会让许多女人食不下咽,这就好比硬要她们穿上一件根本不适合自己的衣服,又怎么能叫她们高兴呢?但是,女人们你要知道,你还并没有具备"表达个性"的资本。

异于常人的才华,令人仰慕的工作业绩,或是极度显赫的社会地位,你具备哪一样?如果没有,请尊重并遵守职场规则,做好自己的本职工作,提高自我的工作能力,也许有一天你会变得十分出色,到那时候再去谈论你的"个性"吧。而今天你要做的是改变,去适应,去服从你的上司,去协助他把工作做得更好。

1."服从"从何谈起

首先要尊重你的上司。要承认自己与上司的地位差别,给予你的领导应有的尊重,是毋庸置疑的。其次,去理解上司。当上司做出某项决定使下属不能理解的时候,要学会换位思考,站在上司的角度多为他考虑,尽量不与之发生冲突,顺着他的意思做事。最后,要去体谅上司。当他对着你大发雷霆的时候,当他不理智的时候,为上司多想想,如果他真有什么不对之处,要选择适当的时机与他多沟通,少一些抱怨,多一些支持。

2.职场不是展示个性的理想舞台

有的下属很聪明,自己的想法很多,创意很多。自己把这些上报给上司,但是上司却不理不睬。于是以一些幼稚的行为来表示自己的不满,最终受伤的却是自己。

杨凯毕业之后进入了一家大型公司工作。起初一切对于她来说都是新鲜的,所以,她对工作充满了热情和干劲儿。做了一段时间,她对公司制度和员工之间的人际交往现状产生了诸多的不满。于是,她把自己的想法,以及创新的思路上报给了上司。本来盼望着能得到上司的赏识,却没想到屡战屡败。渐渐地,杨凯没有以前的那股热情了。有段时间,公司经常要加班,同事们私下里都有抱怨,杨凯却跑到上司那里去为民请愿,并强烈地表示出自己对加班的不满。结果,杨凯被辞退了。

实际上,并不用为杨凯喊冤,职场终究不是一个展示个性的地方。有些年轻人刚入社会,很容易把工作理想化,满脑子的不公平,要公平!结果,最后往往是帮人不成,倒是砸了自己的饭碗。

3.避免越位行为的发生

越位行为是上司的禁忌，但是很多工作数年的下属也会在不经意之间踏入雷区，所以必须引起关注。所谓越位就是指下属超越了自己的职责范围，做了一些上级或正职职权内的事。那么,怎样才能避免越位行为的发生呢？

（1）把决策权留给上司。

（2）在没有上司授权的情况下,下属要把表明态度的权利留给上司。(另注:表态一般是指人们对某件事情的基本态度,与一定的身份地位相联系,如果超越身份胡乱表态,不仅是不负责的表现,而且其表态是无效的。)

（3）谨守"不在其位,不谋其政"的做法,不可贸然替上司对某些问题做出答复。

（4）在某些场合,如客户应酬,参加宴会等,下属切莫喧宾夺主抢了上司的风头,特别是在比较大的场合,职场女性更要注意少突出自己,多突出上司,以避免场合越位现象。

职场女性要懂得尊重职场规则,收敛自己的个性,毕竟不是任何地方都可以作为自己肆意张扬之所。试想一下,如果无论在何处,上司看重你,提拔你,你却处处抢他风头,让他感到没有面子,再有好事他怎么可能还会带上你呢？低调是做下属的绝招,特别是和上司在一起的时候,一定要学会抬高你身边的这个人。有的时候,甚至把自己的功劳让出去都是明智之举。因为你要清楚,只有他才能让你有继续高升的机会。一时的光鲜必将成为昨日黄花,将来的成就才是你真正的目标。

顾忌上司感受，越聪明的女人越不招摇

英国政治家查士德·斐尔爵士曾这样教导过他的儿子："要比别人聪明，但不要告诉人家你比他更聪明。"这句话同样适用于职场之上，当一个"强兵"遇到"熊将"的时候，有的下属就沾沾自喜起来，想办法卖弄自己的才华；有的下属甚至愚蠢地要小聪明，用工作之事故意在上司面前让"自己比他聪明"的这种观点得以证实。殊不知，这已经触犯了上司的大忌，他绝对不会因为下属的"英明决策"而去原谅你的越俎代庖之罪，因为上司是他，而不是你。

小赵在公司做了两年的助理工作，兢兢业业，很受上司的赏识。这天，上司一进办公室就急着对小赵说："糟了！糟了！快！把周正集团老总的电话马上给我找出来，我要给他打电话道歉。"小赵一边忙着把电话找出来一边问原因。上司说："上周不是叫你给周正集团发了传真吗？就是要和他们中止合同的那一份，这回可糟了，我以为他是骗子，还在传真中骂了他。"小赵一听是这事，就说："我那时候不是说吗？要您先冷静冷静，再写信，您不听啊！""都怪我在气头上。"上司说着就拿起了电话要打。小赵却在这时过来把电话摁掉了。然后笑着对上司说："您不用打了，放心吧，那个传真我没有发。""没发？""对！"上司坐了下了，如释重负，停了半晌，又突然抬头："可是我当时不是叫你立刻发出吗？""是啊！我觉得那个传真欠妥当，猜到您会后悔，所以压下了。"小赵笑着说。"那上周我让你发给欧洲的那几个传真件呢？也没发？"上司接着问。"发了，都发了，我知道什么该发，什么不该发。"上司一时无语。然后对着小赵严肃地说："对于你的这次帮助我表示感谢，会给你额

外的奖励，但是明天，你可以不用来上班了。""什么?!"小赵一愣，马上回过神，委屈地问:"难道我做错了吗?"上司依然面无表情地说:"虽然这次的决定是对的，但是，你要记住，办公室里只有一个上司!"

那些聪明能干的职场丽人都要记住，无论你是多么的优秀，但是上司永远是唯一的决策者和命令的下达者。如果你凭借着自我感觉不错的能力招摇过市的话，必将被打回原形，一无所有。上司反感下属的自作主张，其实不在于下属的擅自决定给工作带来损失与否，而是下属这种招摇的态度没有顾虑到上司的感受，这是在无形中对上司权威的一种挑战，谁又能容得了这样的下属?

美芝十四岁就开始独闯社会，多年的工作经历使她的观察能力变得特别强。这一次，她成功地应聘到一家大型公司做上司的行政秘书。正因为美芝的这一优点，所以她经常会提前洞悉到老板的想法，并做出安排，从而特别受上司的器重。而后，美芝更为得意了，经常与身边的同事交流老板的想法，预测老板下一个行动，并提前做好准备。好景不长，美芝发现上司对自己越来越冷淡了，不再夸奖了不说还处处给她穿小鞋、挑毛病。再后来，上司居然找了个机会把她远远地调走了。美芝很不明白，到底是自己哪里做得不让上司满意了? 怎么前后的差别会如此之大呢?

聪明并没有错，可是你不但聪明还要卖弄聪明就是你的错了。懂得揣摩上司意图本来是件好事，可是自己偏偏要把这件事拿出来和大家显摆，让别人看到自己是多么"能干"，这就导致好事变坏事发生的必然性。当你让上司无所遁形的时候，自己招摇着，上司却成了他人口中的笑话，上司情何以堪呢?职场丽人要想生存得好，就要管住自己的嘴，哪些事情能说不能做，哪些事情能做不能说，哪些事情必须说且要必须做，都要心中有数。否则，一边聪明，一边犯傻，那岂不是什么都会白搭?

说话讲究方式，关键是让上司"听进去"

干得好，也要说得好。下属想要得到上司的赏识，首先就要培养自己说话的本领，并不是光说就行，还要看如何去说上司才会满意，怎样去说上司才会应允。特别是在下属向上司做汇报、请示等工作的时候，沟通就显得更为重要。同一个方案、同一个事件说的方法不同，就会产生不同的结果。下面给大家介绍一些经典的职场说话模式，保证让你屡试不爽。

1.答应上司下达的任务：我马上去办

上司喜欢讲究工作效率且处理问题果断的下属。当你冷静、迅速地做出这样的回应的时候，正是你向上司表现执行力强的最佳方式。如果你在回应的时候，推三阻四，犹豫不决，借口连篇，上司就会觉得你是个优柔寡断，难做大事之人。

2.上司让你看其他下属的成功作品时：这个想法真是不错

一个懂得赞美他人的人，才会受到上司的喜爱。如果你因为上司喜欢他人的作品而感觉不是滋味的话，也一定不要将不满的情绪表现出来，而是在上司的面前适当地夸奖一下你的同事。因为，夸与不夸在此时都无法左右上司心中已定的想法，但是此时你若是夸了却可以体现出自己的善良本性和集体精神，从而获得上司更多的信任。

3.面对你不太知道的事情：我再想想，在两点之前给您一个详细的答复好吗？

上司问你一些你应该知道，但是你却不能确定甚至不知道的事情，不要轻易说："我不知道。"而是要学会给自己争取时间，这样不仅让自己安全地

脱了险,也给上司留下了一个做事不轻率的完好形象。

4.传递坏消息时:我们似乎碰到一些情况……

坏消息是人们最不愿意听到的,但是却又是不能不说的。遇到这种情况,首先要保证自己不要冲动,不要立刻冲到上司的办公室报告这个坏消息,就算不关你的事,也会让上司怀疑你对待危机的能力,弄不好还会惹得上司大发雷霆,使你成为出气筒。遇到不好的事情最怕的就是自乱阵脚,你要让上司感觉到事情并不是完全的不可收拾,至少你是做好了和上司并肩作战的准备。

5.上司给你安排了过多的工作时

我知道这件事情很重要,您可以帮我看一下,这些工作哪一个是最重要的,还是先把它们按着重要性排出顺序比较好。

这是让上司了解究竟给你安排了多少工作的最佳方法。首先,强调你了解这项工作的重要性,然后不着痕迹地让上司给予你指导,也是间接地让上司看到你的工作量。当上司知道这一切之后,自会找人替你来分担一部分工作。

6.承认过失:是我一时疏忽,不过幸好……

没有人不犯错,所以,应该在人人都会出现的错误面前勇敢地承认,而面对很重要且很难的事情时,推卸责任往往会弄巧成拙,让自己错上加错。但是,认错也是有技巧而言的。当你向上司承认过失的时候,不要把所有的错误都自己扛,说这句话可以转移别人的注意力,淡化你的过失。

7.打破冷场的话题:我很想知道您对这件事的看法……

如果你与上司同在一个办公室,有的时候气氛很冷想找点话来说,但是却不知道怎么先开口,这时,你不妨可以用这个句型。这也是你去了解上司,使他对你产生好感的绝佳机会。话题可以是工作上的事,也可以是对公司前景的展望或者是上司的创业史。如能引起他关注并发表看法,你自要充当一个最好的听众,给上司留下好印象。

8.面对批评：谢谢你告诉我，我会仔细考虑你的建议的

这时候最忌讳的就是耍小孩子脾气，聪明的女人绝对不会把不满和怨气写在脸上，而是让上司明确地感受到你受教了。不卑不亢的态度会让你看起来又自信又稳重，更值得敬重。

职场丽人在与上司交锋的时候，光靠工作能力是远远不够的。要懂得运用说话的技巧使自己受到"保护"，且也能使上司听得"舒心"。这时再工作起来不仅自己觉得顺畅了许多，上司也会感到自己十分幸运地遇到了一位得力的助手，这样不是美哉，妙哉吗？

增强工作的可见度，让上司知道你的付出

曾经被歌颂的"老黄牛"式，默不出声只耕耘型的下属早已经不适用于现在的职场模式了。以这种方式干下去，十年过去了，二十年过去了，员工还是员工，千八百块的工资还是千八百块的工资，不会有任何的改变。女人，如果你决定安于现状，那么自不必多说。如果你想要显示出自己的能力，让公司能够发现你的价值，就要想方设法让上司看到你的付出。现在职场的千里马不会再被动地等着伯乐的出现了，他们也会带着自己获过的奖牌，以事实来向他们的主人说："看这些奖牌，它们可以证明我是真有才！"增加工作的可见度，让上司看到你的付出，这也是你职业成功的关键一步。

1.把自己的工作安排做成表格

遇到了工作狂的上司，上司好像是一台永动机，他的工作状态就是不断地工作再工作。这可苦了他的下属，工作多得做不完，工作量早已经超过了他们的能力。这种工作狂型的上司中的大多数都不太了解自己到底给下属

安排了多少工作，所以，你不妨做一个工作安排表格，然后故意让上司去看到。比如说，你可以问他："这些工作看一看哪个最重要，排工作的时候我就把它排到前面。"如果上司还没有认知的话，再给你安排工作的话，你可以真接地回绝他："这个恐怕得排后天才能做得上了，如果您不着急的话。"此话一出，上司自然知道你的意思，就会把工作安排给他人，或是再叫人来分担你的工作了。

2.巧借"请问式"

在《杜拉拉升职记》中就有这样一个事情。杜拉拉在工作之初本着有困难尽量不给上司找麻烦的原则，独自对抗工作中很难解决的事情。但是这样做的结果反而没有使挑剔的上司满意。自己付出辛苦却还得受气。上司开始觉得杜拉拉的能力有限，因为他根本不了解分配给杜拉拉工作的难度是怎样的。于是，杜拉拉决定改变自己的策略，不再自己埋头苦干，而是转为有意识地让上司了解她工作的难度。再次遇到困难的时候，杜拉拉仍然自己先想办法解决，但是她却学精了，她带着自己的方案去找上司沟通。为了让上司知道解决这个问题有多么的困难，杜拉拉故意把较大的困难拿出来说，当上司听得头痛的时候，她再把自己的方案拿出来，分析其原因和各自的优劣之处来给上司听，听过之后，上司就会很自然地二选一。这种方法不仅使上司了解到杜拉拉工作的难度，还让上司对杜拉拉的能力有了一个新的认识。

我们的职场丽人不妨也来学习一下可爱的杜拉拉。当你做了事却还要受气的时候，不妨想办法让上司了解，你做了多少，你的工作的难度是怎样的。在职场上，劣势是要靠自己行动才会有扭转的机会。如果你只懂得忍受而不能主动出击的话，即使你再优秀，上司也是看不到的。

3."传喜报"妙用法

向老板"喜传捷报"邀功求宠的程序如下：

（1）开门见山。先说结果，上司着急听消息的时候，大可以把你如何如何不容易的过程省略掉，只把上司最为关心的报给他听就可以了。

（2）如果上司有意知道你是如何做到的，时间也允许的话，你再做进一步的详细说明，并且不要忘了先说感谢，再提自己的功劳。

（3）如果是做书面上报，不要忘记把自己的名字署上，如若不想独占功劳，可以把相关人士的名字统统写上去。

（4）传完喜讯，切莫马上求赏，只要获得上司的肯定即可。邀功太过明显会让上司觉得你太急功近利，只要你在上司的心里挂上了号，好事就不怕晚。

学会察言观色，不要自己找钉子碰

与上司打交道必须要学会察言观色，这就像是气象员，要通过大气冷暖、湿度的变化等，去预知未来的天气情况。这就要求下属具有较强的观察力以及随机应变的能力。当有一些意想不到的事情发生的时候，要考虑到怎样说才能让上司较为满意，而不是话不经大脑，横冲直撞地脱口而出；当遭遇尴尬之事的时候，要思考一下怎样说才能得以圆场，让上司不再多加追问，兵来将挡，水来土掩。多用点心思，细心一点，就算和你打交道的人是你的上司，你也会稳坐在人际交往的有利位置上。直来直往，毫无心机的人在职场上是很难吃得开的，轻则挨上一顿批，重则被上司辞退，其原因往往是因为不懂得洞悉上司的用意，原本上司想让你向上走，你却傻乎乎地直奔下方；上司本是暗示你枪往右打，你却不明所以地按着自己心里想的打在了左边。自钉钉子自己碰，这种事真的没人能救得了你。多学、多看、自救才是上上之策。

一次，一名下属和上司开车到另一个城市办事。半路上，下属要下车方便。当时是冬天，天很冷。上司看到厕所在离车很远的小山坡上，于是决定自己留在车上等。下属只好下车拔下钥匙,自己去了。可是,上司没想到留在车里也要挨冻。原来,当下属把汽车钥匙拔下后,空调就关闭了。无巧不成书,偏偏赶上下属闹肚子,进了厕所就不出来了。上司坐在车里越来越觉得冷,越想越气。过了好久,下属终于回来了。上司的不满也在此刻发泄了出来,他对下属说:"你下车拔车钥匙干什么啊!"下属有苦难言,又不好直说。原来,这车的自动锁有些故障,关上门几秒钟后就落锁,自己的车钥匙被锁在车里好几次了。但是看到上司心情不好,他想现在就算了说车有毛病上司也肯定会认为自己在找借口,于是他笑笑说:"自从本·拉登袭击美国后,我们干什么都得防着点啊!"上司一听,苦笑着摇了摇头。但看得出,他的不快已经烟消云散了。

对于下属来讲,察言观色是必要的功夫。在上面的例子中,当遭遇到上司不愉快的情况时,多做说明已然没有任何意义,还有可能引发不必要的争执,倒不如开个轻松的玩笑,让尴尬水过无痕。假若例子中的下属非要钉是钉,铆是铆地硬要较真儿,那可真就是在给自己钉钉子碰,不愉快就成为必然了。

平日的工作里,在与上司共事的时候,我们常常会看到上司有一些似乎意味深长的行为举止,但是很多下属往往不得其解,现在让我们一起来解读一下它们的真正含义。

1.说话时不抬头且不看人。轻视下属,认为此人无能。

2.从上往下看人。上司本人有支配欲且高傲自负。

3.久久盯住下属看。在等待着更多的信息,对下属的为人还没有了解透彻。

4.友好和坦率地看着下属,或有时对下属眨眨眼。很喜欢下属或很肯定下属的能力,甚至有些错误都可以得到他的谅解。

5.目光锐利,表情不变。向下属示意:你如果说谎,我是知道的。

6.偶尔往上扫一眼,与下属的目光相遇后又向下看。对这位下属还吃不

准,没有参透。

7.向室内凝视着,不时微微点头。上司要下属完全服从他,无论下属说什么都于事无补。

8.双手合掌,从上往下压,身体起平衡作用。心境平和,万事可以商量。

9.双手插腰,肘弯向外撑。这往往是在碰到具体的权力问题时所做的姿势。

10.坐在椅子上,将身体往后靠,双手放到脑后,双肘向外撑开。为人自负,但也表示轻松的状态。

11.食指伸出指向对方。优越感和好斗心极强。

12.双手放在身后互握。优越感的另一种表现。

13.拍拍下属的肩膀。对下属的承认和赏识,但只有从侧面拍才表示真正承认和赏识。如果从正面或上面拍,则表示小看下属或显示权力。

14.手指并拢,双手构成金字塔形状,指尖对着前方。表示驳回对方的示意。

15.把手捏成拳头。表示维护自己的观点,为自己辩护。也表示要让对方小心,有吓唬之意。

16.拳头敲桌子。不让别人说话。

巧妙应对,避开职场"冷暴力"

"冷暴力",一提这个词都让人不禁打一个哆嗦。很容易想到女人在闹情绪的时候,通常会采用不理不睬,不闻不问,不参与的方法来对待某人。无论某人如何引发她的注意,她仍然将某人视为空气,这无非是对他人的一种变

相的折磨。同时,也在用无声告诉你"我生气了!"职场"冷暴力"与它也有异曲同工之效。只不过前者是"大炮"后者是"花炮"罢了,前者威力甚于后者。

心理专家指出:"职场上的'冷暴力'主要体现在让人长期饱受讥讽、漠视甚至于停止日常工作等刺激,使人在心理上压抑、郁闷。而人处在情绪低落和消极期间,身体的消化、免疫、代谢等功能都将受到损害,这种郁郁寡欢的心理最终会给人带来各种各样的躯体疾病和心理障碍。"真是可怕,在竞争日趋激烈的职场之上会有多少人正在遭受着如此磨难呢?如果你也正备受煎熬地工作在上司的"冷暴力"中,现在要做的就是鼓起勇气去解决问题。忍受是没有尽头的,当身与心皆疲惫的时候,你就应该意识到坐以待毙的尽头是失去,失去原本的权利,失去上司的信任,失去工作,失去健康,乃至失去生命……

曾看过这样一篇报道,一个年仅二十四岁的女孩从二十层楼上一跃而下,结束了自己年轻的生命。这个女孩以优异的成绩毕业后就进入某公司工作。因为女孩从小生长在单亲家庭,所以性格十分的内向,对于来之不易的工作机会也特别珍惜。在工作快一年的时候,她感到自己已经快要到能够承受的底限了。而这份她难以忍受的压力并不是她不能胜任这份工作,而是公司不知什么原因冷落了她,不给她安排任何工作,她很是担心并曾经询问过上司几次,但总是不了了之。她不知道自己到底是哪里出了问题,是做错了什么?是得罪了什么人?原来的上司本来仍要带她参与新疆项目组的工作,后不知何故未能加入,在网上看到自己被安排到江西的团队后,她心中一块石头总算落地了。可好景不长,之后又不知什么原因,她居然又被踢出江西组。她再也受不了这莫名其妙的一切,最终用了最极端的方式了断了一切。

当我们看到一个年轻的生命就这样悄然而逝的时候,除了心痛之外不禁在思考,职场"冷暴力"为什么会有如此大的伤害力?是上司的错还是员工的错?如果,我们也不幸在职场中"中标",又要以什么样的方式去应对呢?也去走那二十四岁年轻女孩的不归路吗?如若不然,默默地继续忍受吗?不

要再那样了,不要让自己总是浸在苦水中,我们必须依靠自己的力量去应对"冷暴力",我们必须为自己打造一条通畅的职场之路。

1.这样做可以不惧"冷暴力"

人的生命原本没有那么脆弱。在日常生活中,无论遇到什么事情都要注意培养自己豁达开朗、乐观幽默的个性。处理事情有时候不必太较真,让自己变得宽容一些、快乐一些。当然,性格的改变并不是一朝一夕之事,如果你真的不堪忍受,大可不再忍下去,另寻他路,金子到哪里都是一样闪光的,绝不会因为它曾经掉到了水里就从此以后再也不叫金子了。放心地去走自己的新路吧。

2.找出"冷暴力"被引发的原因

一个巴掌拍不响,"冷暴力"的引发一定和你有着莫大的关联。一旦你真的"光荣"地成为了事件的主角。首先一定不要让自己像一只可怜虫一样等着他人来理解你。有的人就是属于这种诉苦型的,你的同事成了你倒出心事的对象。但是,他们又能说些什么呢? 如果失误在于上司,同事对此不好表态,也不愿介入你与上司的争执,又怎能安慰你呢?假如是你自己造成的,他们也不忍心再说你的不是,往你的伤口上撒盐,更有居心不良的人会添枝加叶后反馈回上司那儿,加深你与上司之间的裂痕。所以,不要把自己表现得像个要饭的,别人终不会给你些什么。最好的办法就是自己去找原因。想想可能发生的原因,然后证实到底自己的怀疑是不是真的。遭遇上司的"冷暴力",干等是没有用的,行动起来吧!

3.遭遇上司"冷暴力"怎么办?

(1)别让自己先把自己摆平了。遇到这样的事情,首先不要自己吓自己。不要像个胆小的士兵还没上战场,一听说要打仗自己就先吓死了。你完全可以把它当成是一次上司对你的考验,不要给自己过多的负面情绪,现在你要把精力放在积极地应对上司和保护自己的身上,集中注意力,你没有多余的精力去想其他的事情了。

（2）想说就说出来，天塌了又能怎样。太害怕的时候就给自己两巴掌，并告诉自己，如果再不站起来以后受得痛比这还要多百倍。遭遇上司的"冷暴力"后，你要主动地去解决问题。如果是你错了，为什么不能到上司的面前做一次诚恳的道歉。如果是上司的原因，你可以挑一个适当的时机请上司喝杯咖啡或吃顿饭，以婉转的方式，把自己的想法与对方沟通一下。如果你太为内向，也可以给上司写一封 E-mail。无论怎样，解开你与上司的"结"是关键。如果你是个外向型的女人，完全可以找上他，以自己的一时冲动或是方式欠佳等原因，无伤大雅地请求上司要求宽宏，这样既可达到相互沟通的目的，又可以为其提供一个体面的台阶下，有益于恢复你与上司之间的良好关系。

（3）明确上司的用意。有的人遭受"冷暴力"的唯一解决方法就是"离开"。如果你的上司只是用冷淡的语气提醒你，如"你自己去想想吧"等等，那说明你还有救，因为你的上司是希望你可以自己去"悟"明白，自己究竟错在了哪里。而当你想明白后，主动向他承认错误并改正了错误，他就不会再追究了。而有的上司根本不给你机会去解释，也不想听你去说，那么他的意思就是在说"快点另谋高就吧！"你也就不必再做纠缠了。因为那毫无意义。

了解上司要什么，
做的永远比他想要的更好

比尔·盖茨说过："一个好员工，应该是一个积极主动去做事，积极主动去提高自身技能的人。这样的人，不必依靠强制手段去激发他的主观能动性。"大多数上司都喜欢悟性好的下属，因为作为公司的领导者，不可能每天唯一的事情就是和下属沟通，像是管家婆一样前前后后、左左右右地告诉下

属这个应该怎样做，那个应该什么时候做。有悟性的下属具有举一反三的能力，基本上在了解了具体的工作内容之后，就知道自己什么是应该做的，什么是不能做的，这无疑是减轻了上司的工作负担。有了你的协助地上司就可以把心思分一些到更值得他去关注的地方。而你要做的就是踏实的走好每一步，出色地完成你的工作，以自己的实力去获得上司的赏识。

小双应聘到一家汽车公司做技术工人。做了三个月之后，小双觉得自己完全有能力再做技术难度高一些的工作。他觉得自己应该争取一下机会，于是，他向上司毛遂自荐，看是否有提升的机会。上司看到小双满脸自信的样子，想了想之后，并没有拒绝他，只是指着旁边的一个场地说："从现在开始，监督发动机安装的工作就交给你来负责，但是话先说在前面，做是做，我却不会给你加薪。"上司给了机会，小双原本是应该高兴的，可是问题就在于小双从未受过任何工程方面的训练，他面对复杂的图纸，根本没有一点头绪。可是，机会难得，他不愿意就这样轻易地放弃。在接过任务后，他借着上司赋予的职位权力，找了一些专业人员帮助安装。结果，提前一个星期完成了任务。最后，小双当然得到了提升。

当小双自信地把工作成果展示给上司看的时候，上司终于露出了笑脸，对他说："我当然明白你看不懂图纸，可是，公司需要的是有困难也要尽全力去解决的人，而不是知难而退的人，如果你当时找个理由把这个任务辞掉的话，那么，也许你的下场就和这个任务一样，被辞掉了。"

上司对于每一个下属都有一定的期望，有时会直接或间接地向他们提出自己的期望，而此时就是下属应抓住的机会。积极地做好每一件事，尽可能把工作做得比上司想的要好。每给上司一份惊喜，下属就会在上司的心目中多一份重量。上司的赏识程度也是一个累积的过程，认真地做下去，你终会取得成功。

在日常工作中，下属也要力求把每件事都做到最好。下面为你介绍一些让上司更赏识你的职场相处技巧。

1.了解上司的作息时间

这一点虽然看起来有些无关紧要，但是它却可以帮助你成为一名贴心的下属。比如说，中午你知道上司有午睡的习惯，就要刻意地避开这个时段去打扰他。再如，上司在下午有会客的习惯，你不妨把会客时间尽量安排在下午，以此来配合上司的步伐。这种细致入微的安排，相信你的上司一定会有所察觉的。

2.让上司知道你的工作进度

主动向上司报告你的工作进度。因为大多数上司都想了解下属每天都在忙哪些工作，但是自己又不好意思经常去问。如果你的上司也是其中的一员，那么作为下属，定期地主动报告是必不可少的。再者，主动报告也是让上司对你放心的一种方法，只有这样他才可能对你产生好感，继而去信任你。

3.尽可能地做到"问必答，答必详"

如果上司问你话，一定要有问必答，最好还是问一句，答三句，让上司清楚地了解情况。你回答的比上司问的要多，可以让上司放心；若你回答的比上司的问话还要少，则会让上司忧虑，这不是一个员工聪明的做法。回答上司问题的时候不要忽略了礼貌问题，当上司问话时，我们立即站起来回答是基本的礼貌。如果上司示意你不必站起来，方可坐着回答，且回答的时候要看着上司，而不要一边做着手里的事，一边回答问题。这样会显得十分的不礼貌，也会让上司感到难堪。

4.设身处地地为上司着想

上司如果在工作中出现了失误，作为下属千万不要幸灾乐祸，而是要帮助他改正错误，找出弥补错误的方法，及时补救。如果没有办法补救，也要从旁多加劝慰，以表下属对上司的关爱之意。如果你能体谅上司的处境，并且在他需要的时候伸出援助之手的话，你定会得到上司的信任，以后上司也会对你另眼相看。

上司也有脆弱的一面，适时关心不可少

　　上司在职场多年的打拼造就了他的钢筋铁骨，成就了他稳重、内敛，深藏不露的个性。高高在上，下属们尊敬他；贵气逼人，名衣穿着，名车开着；高等的享受，名流会所出入着，宾馆饭店是常客，这样的人也会有脆弱的一面吗？忽然想起了那首《我想我是海》："我想我是海，冬天的大海，心情随风轻摆；潮起的期待，潮落的无奈，眉头就皱了起来……"为海又如何，上司也是人，也有七情六欲，当然也会有脆弱的一面。

　　一个有人情味的下属，更容易得到上司的赏识和信任。为人之道，我们应该关心、爱护周围的亲人和朋友；为下属之道，我们理应去关注上司偶尔闪现的脆弱。当然，这种情感的泄露是不常见的，更不可能在人前显现。但有可能是在公司加班的时候，疲倦的时候失一下神，发起了呆。可能想到情感的矛盾，事业的阻碍或是记挂着亲人的健康，孩子的近况等等。这个时候你当然不能毫无顾忌地去问他人隐私，而却可以在他脆弱的时候，为上司倒上一杯咖啡，有可能再说上一个笑话，让他不愉快的心情得以舒解。

　　上司心情不好的时候，有可能就是他最脆弱的时候，请不要顶撞他，让他去发泄出来也是一种别样的关心，待他情绪稳定后，刚才对你不好的态度他想必也是相当后悔的，这时做下属的不妨给他倒上一杯热茶，然后问上一句"心情好些了吗？"上司一定会回你一个释然的微笑。

　　在特殊的日子里，下属完全可以表示一下自己对上司的关心之意。而对于礼物的选择，下属没有必要去送一份大礼，一是上司并不差钱；二容易引起他人的误解。如果买了一份大礼花了钱不说，还不得好，又何必去做呢？礼

物不在大小,只要能够传达你的一片心意就可以了。比如说,在上司经过一番"苦战",但是计划却没有被采用,当他苦闷的时候,你不妨写一张贺卡鼓励他、支持他,向他表达你的关心之意。失了项目,却知道了下属在关心他,也算是一种安慰吧。在上司事业走入低谷的时候,你不妨早上比他去得早一点,把办公室打扫得干干净净,然后在他的案头摆上一个插满鲜花的瓶子,无论这花是买的还是路边摘的都可以,目的只是为了向上司传达一种积极的理念,相信你的上司一定会心领神会的。

当然,并不是每一个下属都能和上司成为朋友,但是偶尔的交谈,会心的一笑,默默的关心,至少你和你的名字在他的心里不知不觉地有了印象,有了重量。前方的路谁能预知得一点不差呢?或许上司就是你职场上的贵人也说不定。

第 8 课

树立优雅干练形象的技巧

俗语道:"树是死的,人是活的。"树没办法走动,人却可以变通。觉得自己知识不够就去充电,经验不够就去磨炼,魅力不够就去培养……竭尽可能地去完善自己才是你不被社会淘汰的砝码。新东方的总裁曾经说过:"人有两种生活方式,第一种是像草一样活着。你尽管活着,每年还要成长,但是你毕竟是一棵草,当人们踏过你的时候不会因为你的痛苦而产生痛苦,因为他们并不知道你的存在;另一种是像树一样活着,远看是一片风景,近看你给别人带来一处绿色,我们每个人都应该像树一样成长,活着是美丽的风景,死了是栋梁之材,活着死了都有用……"成就自己,该做的你都要去做好。

举止的细节会泄露你的层次

别小看一滴水，它可以折射出太阳的光芒。别轻视细节，它可以泄露你的内在层次。"泰山不拒细壤，故能成其高；江海不择细流，故能就其深。"所以，大礼不辞小让，细节决定成败。女人若想在人际交往中将自己打造得精致、优雅，就要在举止细节上多加留意。不要让自己无意识的小动作泄露了你的层次。

1.掌握好你的坐姿，切莫走光

女人爱着裙装，这是平常之事。可是无论是裙子长短都要掌握好自己的坐姿。如果你坐姿不良，特别是身着短裙的女子，是很容易走光的。想一想，这对你的个人形象是一个多么大的折损。在日常生活中，一般情况下只要我们端坐，膝盖并拢就不会出现问题；如果身着短裙的话，坐的时候要尽量坐满椅子的三分之二，并拢膝盖即可。特别要注意的是有的女人坐椅子只喜欢坐一点，这对于那些着短裙的女士并不适合，那会让大腿下面有走光的危险。另外，如果女人出入娱乐场所，例如酒吧，要想在高脚凳上也不走光，最好的办法就是，将一腿伸直，另一条腿放在凳脚上，脚背绷直。穿裙子时腿跟部一定要并拢，就不会再有后顾之忧了。

2.莫用食指对人

有一些女人，发起火来就像是一架战斗机。一激动就会用手指着别人的鼻尖，这是非常不礼貌的行为。优雅的女人不会把她们的食指用作对付别人的武器的。这一点太有损女人的形象了，不仅如此，用手里的东西去对着别人的脸也是极其不好的行为，比如说，拿着笔指着别人，拿筷子指着别人等，

请你务必要收敛起来。

3.告别不雅的小动作

有的女人小动作很多,平时总以为没有人看到自己,实际上就是别人在不经意一瞥的时候所见到的,才会在他人的脑海里留下深刻的印象。

这些小动作有哪些呢?让我们来细数一下:挖鼻孔、掏耳朵、玩头发、修指甲、整理内衣、剔牙、打嗝、放屁、喷嚏、呵欠、擦鼻涕、补妆……真是不少。

4.站、坐、行

从小师长们就教导我们要坐有坐样,站有站样,走有走姿。那么,我们究竟要如何做才能让自己变成一个优雅的女人呢?

站:如松。正头、开肩、挺胸、立腰、收腹,夹紧屁股,挺直膝盖。如果在比较随意的场合下,可以在双腿保持不分开的状态下,身体重心左右移动。或是再轻松一些的,可以双腿交叉,也可稍微分腿,但膝盖要收回来。特别要注意的是,现在时尚女生的内八字的站法并不适合于优雅的女人。

坐:如钟。自然放松,看似简单,其实大有讲究。无论女人如何坐,其关键点在于腰不要松懈,另外就是膝盖并拢,防止走光。

行:如风。正头、开肩、挺胸、立腰、收腹,在整个脚掌完全落地的瞬间,膝盖务必要挺直。特别要注意的是缩下巴,闭上微张的嘴,调整不自觉八字的脚尖,收回你不自然乱舞的手臂,端正你左顾右盼的眼神。

5."呲嘴"是大忌

有的女人吃饭的时候呲嘴,喝汤的时候发出"嗞,嗞,嗞"的声音,这些声音都会引来他人的侧目,是十分不雅观的动作。如果有这种习惯的女子一定要多加注意,这会让你的形象大打折扣。

6."装可爱"要分场合

装可爱,常常会发生在刚步入社会的新人身上。从心理学角度看,装可爱是为了表示自己还小。小,就可以犯错误,可以无知。简而言之,企图用年龄感来掩饰自身的欠缺。但是,在人际交往中,这种装扮也会让别人产生不信任的感觉。如果在平时生活中倒无妨，但是不要把它带到工作场合或是社交场合。

7.遵守公共秩序

一个有水准的女人必是具有社会公德的。所以，在公共场所请不要毫无顾忌地大声喧哗。无论你谈的是国家大事，还是生活琐事，同样都会降低你的格调。尊重他人，尊重公共空间，也尊重自己。

8.告别"抖腿"

很多女人都有抖腿的习惯，它好像是能使人上瘾，不抖不舒服。但是，从心理学上来讲，这是一种病态的动作依赖。它的发生，是如此的发自内心真情流露，以至于当事人完全意识不到自己的动作。不管是真是假，当从你的个人形象上来讲，抖腿确实是一件非常用不雅观的事情。

维护信誉，为自己说出的话负责

信誉就像是种在院子里的花朵，自己本身很美，还会招来他人的赞美；信誉就像是大海里的水，阳光再烈也不会把它烤干；信誉就像是守护在身旁的福神，当你有难的时候，它会让你接收到来自四面八方的友情支援。信誉就是"言必信，行必果"，就是对自己的言辞负责。古人曾说："人无信不立。"在人际交往中，一个企业如果无信誉，倒闭是必然的；如果一个人失去了信誉就仿佛给自己的脸上打上了一个"谎"字，人们都不敢去相信您，不仅让您的个人形象受损，甚至给你的事业、生活都会带来影响。有信誉的女人宛如高洁的水仙花，每个人都想和她成为朋友；没有信誉的女人好比昙花，说自己可以盛开一个春天，但是却无人相信。

　　有一个客人到了一家汽车维修店，自称是某个运输公司的汽车司机。他找到了该店的主人并对他说："您好先生，您能帮助我在账单上多写几个零件，我回公司报销后，一定会给你一份好处的。我说到做到。或是现在我给你一些钱也是可以的，只要你肯帮助我。"但店主拒绝了这样的要求。但是这个顾客仍没有罢休的意思，纠缠地说："我的生意不算小，会常来的，你肯定能赚很多钱！"店主告诉他，这事无论如何也不会做。顾客气急败坏地嚷道："谁都会这么干的，我看你是太傻了。"店主火了，他要那个顾客马上离开，到别处去谈这种生意。

　　人们正等着好戏上演的时候，这个顾客刚刚爆发的怒气好像全都不见了，他露出了微笑并满怀敬意地握住店主的手说："我就是那家运输公司的老板，我一直在寻找一个固定的、信得过的维修店，你还让我到哪里去谈这笔生意呢？"

　　信誉终是人们渴望寻找，也愿意费尽周折去寻找的东西。故事中的店主不仅用诚实维护了自己店面的信誉，也迎来了一笔可观的收入。在人际交往中也是同样道理，女人要让自己真实一些，要把信誉当作世界上最珍贵的宝贝去守护着，只要有它在你的身边，相信你一定不会少了好运的光临。

　　还有一个故事，讲的是摩根先生的故事。摩根先生成为了一个小保险公司的股东。因为这家公司不用马上拿现金出来，只需要在股东名册上签上名字就可以成为股东，这符合摩根先生没有现金但能获益的设想。但是很不幸，有一个投保客户发生了火灾。如果按照规定完全付清赔偿金，保险公司就会破产。股东们一个个惊惶失措，纷纷要求退股。摩根先生斟酌再三，认为自己的信用比金钱更重要，他四处筹款并卖掉了自己的住房，低价收购了所有要求退股的股东的股票，然后将赔偿金如数地付给了投保的客户。这件事过后，这个保险公司无意间成为了信誉的保证。虽然摩根先生成了保险公司的所有者，可是他已经身无分文了，这个公司也要濒临破产，无奈之中，他打出了广告："凡是再到伊特纳火灾保险公司投保的客户，保险金一律加倍收

取。"可是,让他没有想到的是客户居然纷至沓来。原来,这个保险公司早已经把信誉的种子种在了每个人的心里。

对于一个拥有信誉的人来讲,即使他没有钱,没有权力,什么都没有,人们也愿意选择去相信他。而反过来讲,一个人即使吃喝不愁,金钱满屋,如果没有信誉,也没有人愿意去和他成为朋友。所以,无论你多么贫穷,多么无奈,也不要拿信誉去开玩笑,更不要将它贱买,因为当你失去它的时候,你就会感到自己仿佛失去了所有的朋友和亲人。每当人们提到你的名字的时候,都会在一旁窃窃私语道:"她就是那个不守信誉的女人,千万不要去相信她。"那样的人生一定是一场悲剧。

有特点的表现,给人以深刻的印象

每个女人都有她与众不同的地方。现时代就像一个广阔无边的大舞台,人们都提倡张扬自己的个性,并把这种美展示出来让他人去领略这特有的风情。柔情似水的性格,高雅脱俗的气质,舞上一段,唱上一曲,个性之美便随之勾勒成形,跃然纸上。女人的个性是内在的一种的影射,它包括气质、性格、爱好、能力、幽默感、情趣等心理特征。它也是你在社交中单向吸引的一个强有力的组成部分。

1.展现你的气质

个性中的气质是指人心理活动的动力特性,并非平常生活中所言的风度、风采、风韵。心理学把气质分为四类:胆汁质、多血质、粘液质、抑郁质。它们就像是有着四种美的四位姑娘,每个人都有着一种别人不能比拟的独特魅力。在人际交往中,四种气质各具特色,其社交方法也有所不同。

　　胆汁质的人，以其热情直率、刚毅果敢吸引着别人，胆汁质的人在人际交往中是很受他人喜爱的，他们能言善谈，喜欢交友，热情而不做作，多情而不滥情，而且极具正义感，是不可多得的交友好选择；多血质之人则以其机智灵活、能言善辩打动别人，多血质之人在人际交往中往往是被作为"知己"的最好选择，他们脑筋灵活，善解人意，无论别人是有开心的事，还是悲伤的事，他们总能进入到对方的情绪中，与别人同喜或是开导、安慰别人；粘液质的人以其深沉稳重、坚毅谨慎慎得到人们的青睐，粘液质的人在人际交往中往往是最适合于作合作的伙伴，因他她们大多具有处事不惊的本领，通常情况下会把事情做得十分漂亮；抑郁质的人则以其情感诚挚、观察敏锐而赢得别人的好感，说到抑郁质的人不能不提到《红楼梦》中的林黛玉，她情感充沛，对待爱情忠贞，对待友情忠诚，细腻的心思总会让他人感到如沐春风。

　　虽然气质各有特色，但是并不是要求女人就把自己陷在了某个模子里去刻意地表现，只要把你最美好的一面让他人知道，就已经达到展示的目的了。

2.展现你的能力

　　感谢女子无才便是德的时代过去了，现在是一个以能力论天下英雄的时代。有能力的女人同样有着非凡的吸引力。在社交场合，你弹上一支钢琴曲；在学术界，你获得了特别的殊荣；在工作上，你赢得了他人的肯定……这一切都会成为你被大家喜爱、尊敬和推崇的理由。人的能力是多种多样的，组织力、社交力、感召力、自控力、演说力、思维力、想象力等等。虽然样样都好的强人似乎是不存在的，但是只要你拥有其中的一两项，并且能把它们以任何一种形式展示出来，那么就会得到他人的喜爱。你要做的就是让大家看到而已。

3.展现你的幽默感

　　幽默感是一个人机智灵巧的体现和乐观精神的流露，也是理智和美感相结合所迸发出的火花。记得看过这样一个小故事，一个男人是一个小偷，有一次失手被抓捕了。小偷的妻子来为丈夫辩护。当时对方的律师表现得极为傲慢无理，这让小偷的妻子很气愤。后来，律师问小偷的妻子："当你嫁给他的时候，你知道他是一个小偷吗？"妻子回答道："我知道！""那你为什么还要嫁给他呢？"律师追问道。妻子看了律师一眼，然后回答说："因为我当时没有办法，我只有两个选择，一个是嫁给小偷，一个是嫁给律师！所以我只好选择了小偷。"这种幽默真是叫人有拍案叫绝的冲动。妻子不仅维护了自己的人格，也给了律师一个有力的回击。真是漂亮！生活就是这样，如果你具有幽默感，你的段子有可能就会让你成为社交圈子里的明星！

4.展示你的情趣

品茶论道，吟诗作画，哪一样都会让人津津乐道。能够给平淡的生活铺上色彩的一定是那个懂得情趣且热爱生活的人。这也是女人素质和修养的另一种体现。音乐、图书，甚至是下厨、做家务你都可以把它演绎成一种情趣，转化成一道风景，简直是美不胜收啊！

让人注意自己的长处

聪明的女人懂得以自己的长处去掩盖短处。她们会用长处吸引别人的注意，从而让他人的心理意识也跟着发生奇特的变化。比如说，一个长相平凡，但是却充满幽默感的女人，她会运用自己的优势通过彼此的交流，把别人以外貌打分的习惯转移至她的长处上。这个女人无疑是聪明的。每个女人的长处都是一个宝藏，只要你懂得珍惜它、运用它，它就会成为你人际交往中的独家秘籍。

一个人只有懂得把自己展示出去才会得到别人的注意，自己也就因此而走出孤寂的领域了。对于人际交往而言，你将获得更多的朋友和仰慕者。

莎莎、林林和乐乐都是学校里面才思敏捷、成绩优异的好学生。三个人能力都不错，似乎运气也很好，毕业之后被一家大型企业同时录取了。可是不到三年，三个人的薪资待遇和岗位级别就发生了很大的差距。莎莎性格内向，不爱张扬，平时也很看不上那些爱显示的人。每到公司组织节目，林林和乐乐都会上台去表演，只有莎莎坐在台下一动不动。实际上，在她们三个人当中，莎莎的文艺细胞是最强的。只要她想唱歌，肯定全场震惊，但是莎莎觉得这种最好的东西拿出来让大家发现了，就代表自己很虚荣，于是她死活不上台。没办法，林林和乐乐倒是顶了她的班。虽然她俩没有莎莎唱得好，但是却也赢得了大家的一致好评。莎莎心里有点不高兴了，心里想，我要是唱，哪还会有人给你们捧场啊。正是因为这样，这个不爱显山露水的莎莎三年前是一名小职员，三年后还是一名小职员。虽然随着经济的涨潮工资略涨了一二，但是总体来说还是没有变化。

林林比起莎莎来说要外向一些，比较喜欢参加集体活动。但是，进入公司的时候她是被人事部招进的，而她自己本身是喜欢设计工作的，并且从前自己的设计作品也屡获大奖。可是最为糟糕的地方是，林林可以和同事们相处得很好，但是一见到老总就紧张得说不出话来。别说让她去找老总调动部门了，就连和老总问个好都得支吾半天。记得有一次，她正好和老总同乘一趟电梯，老总随口一问："你是哪个部门得啊？"林林一紧张居然说："设计部的！！！"一发现自己口误了，她马上又改："不不不！！我是说，是说……我是说我是人事部的。"没等她的话说完，老总已经走出电梯了。林林这个悔啊，自己为什么连一句话都说不好？改部门的事就更不敢再提了。于是，林林三年前在人事部，三年后还在人事部，虽然小有提升，但是做得却一直都不是自己最擅长的工作。

乐乐是三个人当中最开朗的一个。她总是知道自己最需要做什么。乐乐的组织能力和写作能力都很强，所以公司大凡有什么活动，她总会积极地献言献策。乐乐是个有头脑的女人，刚到公司的时候，常常因为自己的特长无法发挥而苦恼。她懂得一个人的长处才是最为吸引人的地方。后来，她发现老总很喜欢写作，于是她通过各方面、各渠道详细了解老总的工作经历和人生起伏，把老总的学校背景、言谈风格以及习惯嗜好也都打听清楚。她还精心设计了几个跟老总交流的话题，也想好了应对常见问题的一些方案。终于，机会来了。那一次，老总的秘书请了婚假，就把乐乐调去临时帮忙。有一天，乐乐去给老总送文件，看见老总正在看诗集，乐乐趁机和老总聊了起来。两个人简直是一见如故，日子一久，居然成了忘年之交。有了老总的赏识，职场路自然一路顺畅。乐乐三年前是个小职员，但是三年后却成了设计部门的一把手。

三个女人，三种人生，你会选择做谁呢？一个人只有当她的优点被肯定的时候，她才会更具有魅力。在人际交往中，让他人注意到自己的长处是最为高招的方法。因为那是你最值得炫耀的资本。莎莎和林林也有长处，但是她们却没有给长处创造发光的机会，但是乐乐不一样，所以她会做得更成功。

以知识涵养打造自己

读书就像是交朋友，翻翻罢了就仿佛点头之交，如果细致品读，从中悟出几丝道理，那么就可称为交到挚友了。书要自己读，朋友要自己交，都是旁人带不得的。古人说，"腹有诗书气自华"。意思是说，读书可以养气，修炼内在美，使人洋溢出与众不同的高雅气质。众所周知，读书可以修身养性，陶冶情操，扩展学识，提高思维能力，最重要的是它永远是心灵的一剂良药，净化心底的沉浮。所以，女人要经常读书，使自己的性格、思想、涵养、素质、修养

等都受到潜移默化的升华。

　　我们都知道女人的美丽不仅仅是她的外表，还要看内在，如果一个女孩长得像天仙，一开口却是满嘴脏话，这种美丽是我们不可恭维的。即便是沉鱼落雁之容，闭月羞花之貌，如果没有修养，丧失了内涵，也可以说就一切归零了。因为，容貌总有一天会败在岁月的脚下，而内涵，会使女人的美丽万古长青。涵养是装不出来的，如果没有知识给它做依托，就像是不洗澡的人硬是给她擦香水，也是不会香的。女人的涵养是来自于真才实学，是花朵与人俱来的芳香。把古代的那种"女子无才便是德"的陈旧思想抛开吧，如果仅仅让自己占据在"花瓶"的位置，让人在你漂亮的外表后面评价你为"徒有其表，胸无点墨"，那不也成了一种悲哀吗？伟大的思想家苏格拉底曾说过一句话："知识是一切美德的化身。"有的女子虽然长相平平，甚至有些难看，但是只要她拥有丰富的知识就是给自己戴上了一顶智慧的桂冠，在社交场上也同样会受到人们的青睐。如果你相貌平平，甚至还有点丑，也不要气馁，虽然在外表上不占优势，但是只要有了知识的补充，你依然会练就成一位气质型的美女。如果你又漂亮，又有知识，还有受人喜爱的品质，那你就肯定是社交场上的幸运儿了。但是，完美的形象在生活中总是个稀奇之物，以实际出发找好自己的定位才是最明智的选择。

　　女人天生是爱美的尤物，漂亮是她们永远的话题，人前人后，总是不忘眷顾一下自己的美丽。有的女人会花很多钱，去买奢侈的化妆品和时装来打扮自己，而有的女人则更注重养心，书籍总是她们不离的伙伴。一篇散文，一个哲理丰富的小故事，总是能让她心有所得，有所悟。同样是化妆，一个在打扮身，一个在打扮心。女人一辈子很辛苦，如果欲望太多，要求就会随之增多，特别是有了婚姻，过多的所求就会给家庭带来一系列的压力。切莫成为物质生活的奴隶，学着打扮一下心灵，学着读点书，日子久了，你就会神奇的发现，自己原来这样的与众不同。书对女人来说，在于心灵，在于气质，在于神韵。读书的女人，总是有一种淡定的情怀，纵然是纷争中，也总像一株干净的水仙，她不会和你吵得面红耳赤，她总会在你心平气和后，慢慢地道出缘由；读书的女人，总有一颗理解别人的心，读着别人的故事，流着自己的眼泪。这样的女人就像是一朵水仙花，脱俗且美丽。这样的女人难以让人忘怀，只要和她接触一次，不会被她的言行深深吸引。这样的女人即使是素面朝天，也让人觉得美得深入。想成为这样的女人吗？不要为自己的学历所扰，知识是不看文凭的；也不要认为自己愚笨，知识会善待一切喜欢它的人；不要觉得自己社会地位低下，学习知识是无等级之分的。读书是女人的修身之本。在人际交往中，有知识涵养的女性在为人处世上会更显从容、得体。

这个世界变化太快，如果不紧跟时代的脚步，很可能就会被落下。知识不仅会丰富我们的内心，也是在教我们如何去适应这个社会。只有让自己不间断地去学习，去读书，才可能不被时代所落下。当然，这也不外乎是女人在人际关系中保持住自己竞争力优势的一种方法。培根曾经说过："知识就是力量。"尽显你的力量吧。

增强女性魅力，丑女也无敌

前一阵子热播了一个电视剧，叫做"丑女无敌"，虽然觉得剧情有点荒唐，可是倒也很有意思，剧情讲的主线很简单，一个外表平庸到极点的女孩凭着自己的才华，在广告公司闯出了一番天地。让心先抬起头，去发现自己的美，做一个有魅力的女人。不要说"我不是天生丽质"，相信自己，魅力不仅仅靠美丽。

有的人很受同事喜爱，是因为她说话很平顺且不伤人。

有的人备受别人爱戴，是因为她很博学。

有的人能成为名人,是因为她很努力。

有的学生很受老师的喜爱,是因为她成绩很优秀。

有的领导很受拥戴,是因为她很公平,很有才华。

……魅力,来自于方方面面。

走上红地毯的女人,很成功,很漂亮,很注重细节,哪怕是口红的颜色,耳环的样式也会精挑细选。不能否认,美丽确实是她们展现魅力的一种方法。

平凡的女子,通常不会高调地显示自己穿的多名牌,自己的丝袜会多么昂贵。她们总会朴素地登场,让别人觉得很舒服的呆在你的身旁。想一想也许最自然的才是最美、最魅的。

有一种女人,她自然、纯真。遇到爱,用力爱。在她的身上少了一丝防备,多了一份安心,她快乐的天性总会感染到周围的每一个人。她热爱生活,爱人、朋友的每一次生日,她总会精心准备,自己手工做的卡片,自己亲手织的围巾,都会成为自己认为最珍贵的礼物。她很容易感动,一部煽情的电视剧通常都会赚到她很多的眼泪,她也很可爱,在你心情最不好的时候,她会极具搞笑天分的来让你开心,而在她自己难过的时候,她不会管身边站的是什么人,发生了什么事,就会放声地大哭!她讨厌虚伪和故作深沉,她总是对一件事情三分钟热度。她是一个永远长不大、胸无城府的女孩。

有一种女人,她外表质朴、自然,讷于言词,虽然不漂亮,可是精通家事,不爱争端,仿佛一副与世无争的样子。如果作为一个妻子,她会让身边的丈夫毫无压力,如果作为一个母亲,她会让自己的孩子体会到无限的亲情。她强调个性却不张扬。她们永远不会毫无忌惮地夸显自己的学识、品位。她总能成为你最好的朋友,而也只有能够了解她的人,才能体会那种安静的美丽。

难道这不是魅力?

有一种女人,她温柔、内敛。以家为重,喜欢和谐的生活。家庭是她的人生乐趣,家人是她最大的财富。她是个好妻子,喜欢相夫教子。良好的教养和安稳的生活,磨去了妒心,超越了琐碎和庸俗。她总是善解人意,不愿让爱她的人替她担心，所以，常常忍别人所不能忍。她从不会羡慕别人如山金银，只会安静地、专心地煮着幸福的早餐。

难道这不是魅力？

有一种女人，她像一匹难以驾驭的野马，奔放、潇洒、热烈、不羁。她敢爱敢恨，像是金属的摇滚乐，总会让你感到无限的痛快。她心气很高，总是想做大事，仿佛任何事情都可以征服，即使她没有钱，没有貌，也会让你永远的震撼，"世上无难事，只怕有心人"，是她永远的信条。和她在一起，你总有激情的感觉，做任何事都有力量，像一首快节奏的歌，勇敢地，充满爆发力地前进。

难道这不是魅力？

有一种女人，她意志坚强、说一不二。她很自立，经济独立。不喜欢受控制，不算漂亮却头脑很好。喜欢处在领导的位置把握局面，处理事情果断，很少感情用事，她很独立，人生格言是："少了谁，都能活。"她像男人一样活着，却懂得施展着她们独特的女性魅力。

难道这不是魅力？

其实，例子举不胜举。魅力，并不单单是靠外表来成全的，哪种更好，哪种更美还有待你慢慢体会。

人生不落伍，在外界变化中随时更新

一个懂得变通的女人，无论环境如何变化都不会对她产生任何的影响。把脉于社会，每个人都可能面临择业、升迁、下岗，这就需要女人具有良好的应变能力。一味安逸地混日子终会被淘汰，止步不前终会被他人所取代。有很多女人毕了业之后就再也没有拿起书本学习过，这无疑是一种人生的悲哀，无论我们处在何种环境中，工作、学校，亦或是家庭，哪一种团体都是一个社会的缩影，在这些相对较小的范围内，也会遇到各种需要我们不断地完善自我才可以解决的问题，所以，我们不仅要学知识，还要学习读人，读事。只有不断地加强自身修养、应变能力高的人，才能够在复杂的环境中沉着应战，而不是每日被紧张和郁闷所侵袭着。假如你已经习惯于因循守旧，不敢前行的思想意识中，那么从今天开始让自己迈出第一步，不求一气呵成，你可以先从小事做起，控制自己，坚持住，不要半途而废。抱着不达目的不罢休的信仰，你的应变能力是会不断地增强的。一切努力都是为了明天更好！

上中学的时候曾经读过一本书叫《谁动了我的奶酪》，它讲述了四个性格极不相同的人物，两个小矮人和两只小老鼠。这四个人物都靠着迷宫里的奶酪生活。因为在某个尽头里，奶酪总会在同一个地方等着他们。忽然有一天，他们发现奶酪不知道被谁搬走了，两个小矮人顿时慌了手脚，开始大声地抱怨命运的不公，他们呆在原地不肯再动，始日守在已经消失的美好世界中。而两只小老鼠却没有受眼前的一切所扰，当身边的奶酪消失的时候，它们想到的是要再去寻找新的奶酪，于是它们立刻穿上了原本挂在脖子上的鞋子，踏上了寻找奶酪的旅程。许久之后，两只小老鼠通过自己的努力终于找到了一个有更多奶酪的地方，它们俩高兴坏了，美美地享用起来。而反观不肯相信事实的两个小矮人呢？他们仍然在原地抱怨着，却始终不愿意迈开半步，不做一点改变。

固守陈封的人是不会取得进步的，人们应该学习故事中那两只小老鼠，虽然眼前的一切发生了改变，但是没有关系。只要从自身做起，不再像从前那样过着有奶酪吃的安逸日子，而是穿上鞋子，通过自己的努力再去寻找新的奶酪。人要敢于面对现实，过去的美好就算你追悼一千次，一万次，那终成过去。人要活在当下，勇于去改变自己，勇于去开辟一条通往成功的新旅程。第一步也许很难迈开，但是只要你坚持住就没有什么东西不会改变。安逸是一个可怕的东西,如果你看不到周遭的变化,舒服得不愿意动上半分,那么凉水煮青蛙的悲剧将会在你的身上重演。世事变化本无常,我们为何不能学习故事中的两只小老鼠,把跑鞋挂在自己的脖子上,时刻准备穿上它,在千变万化的世界里奔跑追寻。

心理学家早已发现:一个人被击败,不是因为外界环境的阻碍,而是取决于他对环境如何反应,"态度决定一切"就是这个意思。埋怨不会改变现实,但是积极的心态和行动可能会改变一切。命运就握在自己的手里,它就像是一颗种子等待着你阳光般的笑脸,只要你积极地去接受现实并改变自己,不断地更新自己,命运就会生根发芽开出花。但是,如果你只知抱怨,不知改变,命运的种子就永远不会有生长的一天,那么就注定了你的人生也就不过如此了。怎样去选择?是去寻觅前方那还看不见尽头的宽广大路,还是死守原地苦苦迷恋已经化为灰烬的过去,两种选择,两种人生可能,决定权与你自己手中!

把别人的优点当指标,通过学习不断成长

一个人若想取得不断地进步,就要保持住水的姿态,放低自己的身段,学习他人的经验、智慧,以及一切可以作为借鉴的东西。如果一个人不懂得谦虚,不知道要低调,那么他就会像是锈死的车轮,虽然本身有潜能,但是却再也无法运作。实践告诉我们,善借外智,才能思路开阔;善借外力,才能攀上高峰。当我们发现别人的优点恰是自身不足之处时,何不把它当成学习的目标,使自己得以不断地提高。生活就是学习,安于现状是最为可怕的事情,我们的身边每天存在着很多优秀的人,只有善于去发现,并积极主动去学习

的人才能握有主动权，也只有这样的人才有资格去选择想要的一切，而不是被动地等待着他人来选择你。

人要会为自己定目标并不断地提高目标才会让自己生长得更快、更健康。一次偶然的机会，和朋友一起去参观农场。走到果园的时候，恰好看见一位果农正在给果树施肥。只见那果农在离树大约 2 米的地方挖了一个坑，然后把肥料埋了下去。因为不解，于是我走过去问出了心里的疑惑。果农笑着说："如果把肥料直接堆放到它的根部，它的根系就长不大、长不深，果树的生长就会受到影响。""怎么会那样呢？离得近的话，不是应该能够更好吸收营养成分吗？"我仍然没有明白。果农或许也是想教育一下我们这些涉世未深的年轻人，风趣地说道："它们是经不起惯的，对它们太宠了，反而长不好，'饭来张口，衣来伸手'的生活只会使它失去追求的目标。"果农大概是看出来我仍不理解，于是接着说："果树最重要的部分就是根，如果把肥料直接放到根部的话，你想一下，它的根部还用费力地扎深到泥土中去吸收养分吗？由于没有追求的目标和动力，它的根系就会逐渐地萎缩，从而影响到整棵果树的生长。所以，不把肥料直接堆放到果树的根部，就是为了让果树的根有一段追求的距离，这样，它们才会健康地成长啊！这回明白了吧？"

我们也像那棵果树一样，总是需要一个指引我们不断向上的目标。在生活中，我们的身边会有很多优秀的人，他们当中的大多数都拥有着我们自身所不具备的优点，如果我们能够把别人的优点当成指标，像给果树施肥一样，给自己留下一段向上的距离，通过学习使自己得以成长。这样的话，我们的一生都会在不断地取得进步，目标和动力都将无穷无尽。

沃尔玛的创始人萨姆·沃尔顿一生中从未停止过学习。他把一家毫不起眼的杂货零售店发展成了世界最大的零售企业，就在于他善于学习别人的优点。在创业初期，沃尔顿常到他的竞争对手的店里去了解他想要的信息。而后再把别人好的创意当成自己的学习目标，尽可能地去完善自己的企业。比如说，打折等有效的营销手段都是从他人那里学到的。正因为沃尔顿这种

勤奋好学的精神,使他最终取得了巨大的成功。

向他人学习,把别人的优点当成自己的指标还有一个最大的好处,就是能让自己少走弯路。这就像是我们冬天的时候和别人比赛看谁脚印走得直。往往那些只顾着看脚下的人,走出来的脚印就是弯的,而那些眼睛盯着前方目标的人走出来的脚印就是直的。学习也和它是同一个道理。另外,通过和别人的比较,你能知道他人比你强在哪里,要如何做才能和他人做得一样好,甚至超越他,比他做得更好。孔子曾经说,三人行,必有我师。向他人学习,归根到底是为了提高自己,从而不断地向上,向上,再向上。

面对诱惑要经得住考验

人生就是由一次又一次的考试组建而成的。有的是考学识,也有的是在考品格。站在岔路口上,我们常常在欲望与诚信面前难以做出抉择。坦诚地说,没有任何一个人不渴望自己成为君子,可是有的人把它当成是做人的目标,行事的准则,努力地让自己成为那样的人;而有的人则只是把它当成一尊理想中的"菩萨"罢了。前者本着君子之心对待一切人和事,虽然追求利益的意识淡泊,但是往往会得到意外的收获;而后者虽然时刻被利益的欲望驱使着,但是最终却总是竹篮打水一场空。

有这样一对兄弟,都是替人家做接货生意的。虽然是亲兄弟,但是两人的个性和劳动的态度却完全不同,老大总觉得弟弟是冒傻气,做人太死板。老板从来不给他多开一分钱,他却老老实实地干活,从来不知道动动脑筋。而自己则不同,每次老板让他去接货,他都会从货里每样拿出来一些。老大常"教导"弟弟说:"人为财死,鸟为亡。爱财没有错。再说,货那么多,拿一点

老板是不会发现的。"可是弟弟却反斥哥哥不应该那样做。他认为无论做人还是做事，还是踏实一点的好。你成天心存不轨，时间一长老板总会发现的。老大不听弟弟的劝告，仍然为之。终有一天被老板发现了，二话没说就把老大给辞掉了。因为老大是因品性不佳被辞的，其他的老板都不愿意雇佣他，老大正式地失业了。而弟弟却越来越受老板的器重，还给他涨了工资，赚得一天比一天多了起来。老大见了，真是追悔莫及。

人身上最宝贵的品质就是没有人监视你的时候，你的老板不在的时候，你依然做得那么出色。在这场考试中，老大就输在了贪图小利上。老人常对我们说"吃亏是福"，"贪小便宜吃大亏"。这些话听得几乎让我们的耳朵生了茧子，可是最终还是有许许多多的人因不理解这些话的真正含义，从而把心迷失掉了。女人要想在人际交往中有一个好的形象，而且还能游在其间八面亨通，就一定不要失掉了自我的品格。也许你现在看着一些女人用不正当的手段得到了一切，似乎也是春风得意，但你要相信，那只不过是昙花一现。女人真正的魅力绝对只源于内在，源自闪亮的品格。

有一家中外合资的大企业招聘部门经理，来应聘者几乎踏破了门槛。经过几天的筛选，最后留下了十名应聘者由总裁做最后的面试。小郭就是其中之一。小郭紧张地走进了总裁办公室，刚要与总裁打个招呼，总裁却像早已经认识她一样满脸惊喜地奔过来和她亲切握手，嘴里还不住地说："我可找到你了，可算是找到了！"小郭一愣，这突如其来的一切让她不能消化。这时，总裁转身对秘书说："多亏这位年轻人上周在公园湖里救了我女儿，她不留姓名就走了，真巧，在这里碰上了。"小郭一下子明白了是怎么回事，她觉得自己的脸烫了起来，觉得幸运已经附在了她的身上，可是……她马上让自己镇静下来，诚实比能不能录取更重要。"对不起，先生，您一定是认错人了！""认错人？不，那不可能，我记得和你有着一样的发色。"这时，小郭反而冷静了下来，笑着对他说："先生，那真是太巧了，可是您确实是认错人了，上周我没有去过公园。"事情过后，小郭也没有放在心上，两天后她收到了被

录取的通知，十选七，她顺利通过了。工作一段日子后，偶然有一天和同事们一起吃饭，恰好总裁秘书也在，于是小郭顺口一问："总裁女儿的救命恩人找到了吧？"秘书大笑起来："什么呀，总裁根本没有女儿。"小郭一切都明白了。

这件事就好比你是一个饿得快要走不动的人，突然看到在不太远的地方有一个很大的馅饼，你高兴极了，艰难地向它爬着。这时，从旁边跳出来一人，他笑着对你说："你看你爬得多慢，我去帮你拿吧？"你一想，不错哦，他比我有力气跑得快，我就能更容易地吃到馅饼了，于是便点头同意了。可是，你却没有考虑到，这个你心里想的"幸运"，也可能会把你的馅饼吃掉，而你就算爬到地方却也什么都没有了。当一件特别好的事情要来临的时候，总好像会有前奏发生，那就是对你的考验。要想通关获宝，就要记得保护自己最真和最善的一面，因为只有它们才能助你渡过难关。

女人独特的内在美永不过时

女人风情万种的美，女人含情脉脉的美，女人娇羞的美……无论是哪一种美，皆没有内在美迷人，那是一种只可意会不可言传的美。

佛经里有这样一个故事，一个人死后祈求佛祖，让他下一世还做人。善良的佛祖经不住他的苦苦相求就答应了，佛祖告诉他。当转世的时候，会被带进一个挂满各样衣服的屋子，他会被允许挑选一件，一定要选那件最破的，那人答应了。可是，当他看到满屋漂亮的衣服时，他拿不定主意了，他忘记了佛祖的话，选了一件丝绸衣服，转世后变成了一条体表光滑的蛇。这条蛇死后又看到了佛祖向其抱怨，为什么答应他转世做人却没有做到。佛祖说：

"你一定没有选那件破衣服。"后来那人又被带进了那间屋子,他把手伸向那件破衣时又犹豫了,因为它太破了。于是,他拿起了一件毛皮很亮的衣服穿上了,转世之后他却变成了一只猪。后来猪也死了,又看到了佛祖,因愧于自己的私念,他无脸再问。当他再次被带进屋子时,他毫不犹豫地拿起了那件破旧的衣服。这辈子,他做了人。做人,就像是这个怀有私念的人在挑衣服,明明知道"真理"在那件最破的衣服上,但是内心作怪,虚荣作怪,思想很想超越行为,即使思想错了,它们也总是想站一次高枝儿。想一想,如果是你呢,该做出如何的抉择呢?内在美的女人没有贪婪之念,没有恶俗的嘴脸。

有很多人常常抱怨同学不好相处,或是同事心眼太多,老板总是挑剔,下属总是懒惰……那么请问,当你看到别人缺点的同时,是否也在自省呢?不知大家有没有发现:有的女人通常人缘总是很好,无论学校,无论社会,她们总有很多朋友,而有些美丽能干的女人,本身来讲,她们的资本更优,可是其中却有很多人,仿佛人缘很差,无论学校,无论社会,她总是孤单一人。知道这是为什么吗?如果你也是孤单人群中的一位,那么,你该坐下来,抽一点时间,好好想想了。你常带微笑吗?你语气和善吗?你尊敬他人吗?你注重语言吗?你看得到别人比你闪光的地方吗?问句何止这一点点,上天为什么要给人的寿命这么长,因为他觉得,只有这么长的时间才能让人们对人生有所领悟。这个社会,是一个水与石头的社会。我们每一个人,都像是水里的一块石头,河水顺流而下,起初我们有棱有角地躺在河床里,固执地坚持着自以为是的性格,那姿态仿佛孩子放肆地抽着烟,眼睛流露出挑衅,好像在说"我就这样,你能把我怎样"。河水就像是一直在教育我们的那个人,它冲刷在我们这些顽固的石头上,我们呲牙咧嘴地忍受着疼痛,却不肯受教地坚持着自我的性格,逆着流,借着水花高唱着不成调的示威歌!水一样不会说话,它只是笑着,感染着你,终年包容着你,包容着你的叛逆,你的不驯。一年又一年,十年又十年,百年又百年,经过了多年的洗刷,你的棱角退去了,你已周身圆滑,甚至可以反射太阳的光芒,这时你仰躺在温暖的河床中,会发现,视野忽然变了,太阳原来那么高,那么暖,天空原来那么广,那么蓝。河水温柔地在你身边流过,你再也不会感到疼痛,反而有它在周围会觉得无比的快乐和安心,因为,现在的你是一颗鹅卵石,漂亮的内心与外表,早就融入了身边的山山水水。

社会就像那个河床,我们理所当然是那个石头。有的女人资质高,总想特意地保留一些与众不同,固执地认为如果没了棱角,人就失去了性格。其实不然,石头还是石头,它的坚硬、顽强的性格是没有磨损的。棱角,只是人性弱点中不可取的枝枝蔓蔓。就像有很多人一生都不会懂得体谅,有了毛病都是别人的不是,他们的眼里根本看不到自己的错误。这样的人,就算他的内心是善良的,但是体现出来的外在却是遭人厌恶的,那么,如果磨掉这样的棱角,你觉得如何呢?失去性格了吗?没有自我了吗?忘了哪个名人说过,"适应本身就是一种才能"。这个人说的妙极了,每天我们都在与他人相处,如果显得刁钻古怪,容不下别人,那么可能你早就被很多的别人所排斥了。失去圈子的同时,你才真的是失去了自我!内在美的女人像鹅卵石一样,自我美,别人看了更觉美。

第 9 课

洞察人心掌握先机的技巧

美国著名文化人类学家露丝·本尼迪克特在她的《文化模式》一书中就说过："谁也不会以一种原始质朴的眼光来看世界,他看世界时,总会受到特定的习俗、风俗和思想方式的剪裁编排。"在人际交往中,谁拥有灵巧之心,洞悉之眼,谁就可能赢得先机,加大胜算的几率。虽然你不可能一下拥有神奇的读心术,但是要想去了解一个人的心理活动还是有迹可寻的,只要你能掌握一些洞察他人的方法和技巧,你就一定会在人际交往中崭露头角并取得成功。

养成研究人的习惯，不同的人不同对待

　　这里讲的"研究"并不是主张你张家长李家短的，掏人家隐私惹人厌烦。此"研究"非彼"研究"。洞察别人的心理状态是社交能力重要的一环。人际交往也是需要有极高悟性的，如在你看到别人的行为时，却不尝试去了解对方做事时的处境和感受，便马上从别人的行为去判断对方是一个怎样的人。这种重判断而轻了解的取向，是社交能力发展的一大障碍。世界上没有两个人是完全相同的，所以，不同的人要采取不同的对待方法。通俗来说，就像是一个人养了一只老虎和一只羊，对待老虎是要喂肉的，对待羊是要喂草的。如果你不信这个邪偏要喂老虎吃草，喂羊吃肉，那么结果一定是这两种动物都会被活活地饿死，其结局就是你既失去了老虎又没了羊，两手空空，一无所得。

　　女子较男子来讲更容易感情用事，先入为主。这一点简直可以说是女子成就大事的致命弱点。这就好像是女子在谈恋爱的时候常常晕了头脑，当她认为真爱来临的时候原本的智慧就好像吃了毒药一下消失殆尽了，认为眼前的人一切都是最完美的。他很丑，你觉得这是才华横溢的必然；他脾气很坏，你觉得那是男子气概。当好朋友向你说他为人很差劲，品质有问题的时候，你甚至会质疑朋友嫉妒你的幸福……如果女子在人际交往中也抱着这种态度去看待别人的话，那么失败是必然之事。善于交际的女子往往并不急于去判断别人的性格和道德水平。反之，她们会较留心于一些可变的因素和行为的关系。比如，她们会较留心环境因素的改变，如何影响一个人的心理状态，而心理状态的改变，又如何影响一个人的行为。如果她们在看到别人做了一件事情后,便马上先大倾向地评价这行为是好还是坏。那么,这种对行为本身的过于专注的评估,就较容易使她们忽略行为本身发生的背景和行事者的心理状态,从而错失良机。研究好形形色色的人,探其根本才可出奇制胜。

1.内方外方之人

这一类是指那些为人耿直,做事有棱有角的人,他们往往处世非常的认真,而且别指望着他们为你开开小后门,他们就是那种没有"文件"规定,就算是天王老子都得按章办事的人。这类人敢作敢当,秉公处事,绝不会为了一己私利让公家损失一粒粮食。

在面对这类人的时候,诚实和守法的作风才会让他们高看你一眼;投机取巧,想方设法地走后门必会遭受到他们的唾弃。

2.内方外圆之人

这一类是指那些较内方外方之人更添了一分心计的人。在面对直来直去可能会给别人造成伤害的时候,有棱有角会使自己陷入难堪境地的时候,当方方正正不能达到满意效果的时候,他们就会采取圆滑变通的策略。比如说,面对正确的事,面对应该义无反顾地坚持的事,由于外在阻力过大,如果坚持势必会导致失败的时候,他们就会暂时偃旗息鼓,装聋作哑地观其事态的变化。

在面对这类人的时候,要有礼且有理。你要知道内方外圆的人虽然表面一副没有大风大浪的样子,但是内心却是厌恶粗鲁、仇视邪恶的。所以,女子如果想与这类人交往,就要表现出你的积极、健康、向上的交往心态。交往的过程中要讲究分寸,不要因为他们的脸上始终挂着微笑就觉得他是认可你了,从而得寸进尺,忘乎所以。请你清醒一些,这类人就算是对面坐的是他的杀父仇人,他的微笑看起来也会一样的安详。

3.内圆外圆之人

这一类是指那些更偏重于个人私利的人。他们是见风使舵的能手,为了个人利益,他们可以放弃一切可用之物。该低的头就低,该烧的香就烧,该拉的关系就拉,该糊涂的事就糊涂,该下手时就下手,是他们的行事风格。我们常说的"老狐狸"就是指这些老油条。这类人好脸面,好排场。比如说,自己肚子里墨水不多却又偏偏喜欢听人夸他学识好,有文采。他们遇到好事、露脸的事、有利的事,就去抢;遇到坏事、无名的事、无利的事,就去推,一副小人嘴脸。

在面对这类人的时候,不要采用以"圆"治"圆"的方法,相反,办起事来要有板有眼。因为,对于道德没有底限的人,千万不要信任他冠冕堂皇的场面话,他表面说得漂亮,背地里却很可能做出损人利己的事情。所以,不要因为爱面子而使谈的关键工作含糊其辞地过去了,而是要当机立断,一切按规矩来办。逼着他拿出那少得可怜的信用。这类人只有用这种方法对待,才会使他们在正确的交际轨道上行驶。

4.内圆外方之人

这一类是指那些表面冠冕堂皇,但是实际上肠子里却装的是一些见不得光的鸡鸣狗盗之事的人。他们表面上道貌岸然,一副正人君子的模样,背地里却是什么损事,坏事全部买单。说白了就是"金玉其外,败絮其中"的鼠辈。

在面对这类人的时候,招呼和寒暄是必不可少的。由于他们表里不一,所以与他交往的时候就要更加地注重灵活变通。与他们谈工作的时候,听还是要听的,还要装作十分认真地听,但是其内容是不可全信的,不要让这类人的表面言词蒙住了双眼,要留心观察,洞悉他们真正的想法,找到突破点,对症下药,方可取得良效。

人际交往就像是你伸着手在一潭浑水中捞金子一样,你看不到自己要捞的东西在哪儿,只能通过自己的细心摸索以及经验、悟性来寻得真金,请多多努力吧,相信你一定会成为社交场上的明日之星。

旁敲侧击，了解你需要的信息

　　人心难测，"百好先生"一日之间变成了抛妻弃子之辈；善良的捐助人转眼间变成了操控地下组织的人贩子，人心到底是什么样子？识人难，事物的表面现象相似但实质不同，是很容易迷惑人的。我们不是火眼金睛的孙悟空，不能把妖孽看个透彻，我们也赶不上肉眼凡胎的唐僧，至少他的身边还跟着孙猴子这样的能人，即使自己不能分辨，还有别人代劳。所以，在社交场上为自己练就一身识人的"硬"功夫是十分有必要的。倘若你想明白对方属于什么类型的人，要用什么方法去对待，就看你的本领了。

　　还记得热播剧《奋斗》中的大男孩向南吗？剧中有这样一个情节，向南借出差谈公事之便和陆涛、小灵仙儿一起旅游。但是工作进展却遭遇了阻碍，对方公司的老板就是不肯把欠款还给他们。向南的头大极了，因为如果款项没有被追回的话就意味着他的出差费用不能全报，开销有一部分要自己掏腰包。除此之外，提成、奖励更不用提了，全都泡了汤。这时，陆涛为他支了一招，问他这个老板有没有特殊的喜好，有没有什么想办却始终无法办的事情。向南略一想，倒是真有一件，就是这个老板的儿子一直想去美国可是一直去不成。虽说是这么回事，可是向南依然丧气，因为这样的事哪里是他一个小小的业务员能办的呀？还是陆涛有办法，他提醒向南："你们公司不是有两个技术人员要到美国工厂去考查吗？你问问公司能不能把人员加到三个，这些事情不就都解决了吗？"向南的精神头一下子就上来了，赶忙去打电话了。最后的结果就是事成了，欠款也要回了，一切圆满了。

　　每个人都有他的喜厌或是需求，当一件事情似乎走进了死角的时候，要从侧面多了解一下对方所有的信息,也许事情成功的突破口就隐藏在其中。当然,从侧面了解到对方的信息也是需要一些方法和技巧的,在这里就为大家介绍一些切实好用的。

1.引导话题法

既然涉及社交,那么交谈总是无可避免的。除了正式的商务商谈外,人们难免也会坐在一起喝杯咖啡,吃顿饭,寒暄一下,闲聊一下,这实际上就是你去了解对方信息的好时机。开始谈话前,首先看对方有何与自己相同之处。比如,你发现你和对方用的包是同一个品牌的,你就可以以此为出发点开始你们的谈话,比如说:"你的包好像是××品牌的限量版吧?我的是去年的,你的好像是新款吧?"另外,以话探话的方式也是不错的开场白。可以根据对方的口音来打开话匣子,比如说"听你口音,是北京人吧?"等等。成功的引起话题之后便可渐渐地把话题引得稍深一些,比如说爱好等等,这些都有助于你去从侧面了解对方的信息。但是,有两个话题最好不要被作为开场白,一旦触到钉子是十分尴尬的。一个是"结婚了吗?"另一个是"小孩多大了?"如果对方离了婚或是还没结婚,这种问法就会让对方产生反感;又或者这是别人的一大伤疤,被你这样不经意地揭开了,你想对方还会有兴趣再和你闲聊下去吗?除了这两点之外,像"你挣多少钱?"这种问题也要避免,这会让你显得十分没有礼貌的。

2.借助他人之口法

如果有朋友和你要交往的人相识,你完全可以借朋友之口了解一下对方的性格、喜好或是为人等等。这些信息都可以对你们的进一步交往起到辅助性的作用。"知己知彼,百战不殆",多了解一些对方的情况,对自己是百益而无一害的。

当然,去获得对方信息的方法是多之又多,这两种只是常用之法,具体好不好用还要因人而异。社交场是一个多变的环境,死硬的追求条条框框是不会有什么大成就的,灵活多变才是制胜的法宝。

从不被注意的细节观察一个人

细节决定成败。反思之,细节也会让你洞悉他人想要给你传达的信息,或是他人想极力隐藏的性格缺点,一个人在不经意间显露的才是最真实的。以前听到过这样一件事,说是有一个女孩儿是从南方的农村走出来的,在上海呆了六年,终于坐上了经理的位置。可是,她非常害怕别人挖出了自己的老底,所以一直谎称自己是上海人。这一天,另一个大公司的负责人趾高气扬地借了个理由来公司大闹一顿。这个女经理气极了,可是为了公司的利益一直忍着。后来,这个负责人越说越过分竟然大骂起来,终于,这个女经理忍无可忍,也激烈地反击起来。当女经理逞完了口舌之快后,才猛然发现周围太安静了,所有的职员都愣愣地看着她。原来,这个女经理在激动之时失去了理智,反击长达五分钟,居然全都用的是自己隐藏多年的家乡话。女经理可笑的隐藏动机暂放到一旁不提,这个事情体现了一个人在不经意间才可以展露真正的自我,那才是她生活的原型。女子在人际交往中,如果拿出女性特有的细腻之处,多注意别人在不经意间露出的细节点,必会给你带来丰厚的回报。

1.口头语的秘密

每个人都有口头语。口头语虽无实际的意义,却是在日常说话时逐渐形成的。其所以形成某一口头语,和一个人的性格有一定的关系。

(1)"说真的",有这个口头语的人,有一种担心对方误解自己的心理,所以在说话时加说"说真的",以表明自己的重视程度。说这种口头语的人,性格有些急躁,内心常有其他想法,故用"说真的"来表白。这一类型的口头语还有："老实说"、"的确"、"不骗你"。

（2）"应该"，这一类的人自信心极强，显得很理智，为人冷静。自认为能够将对方说服，令对方相信；另一方面，"应该"说得过多时，反映了有"动摇"的心理。这一类型的口头语还有："必须"、"必定会"、"一定要"。

（3）"听说"，这一类的人见识虽广，决断力却不够。明明是事实，如果是他人说的话，便会是"听说"。这一类型的口头语还有："据说"、"听人讲"。

（4）"可能是吧"，这一类的人自我防卫本领很强，不会将内心的想法完全暴露出来，在处事待人方面冷静。所以，工作和人事关系都不错。这一类型的口头语还有："或许是吧"、"大概是吧"等等。

（5）"但是"，这一类的人有些任性，喜欢为自己辩解。这一类型的口头语还有："不过"等。

（6）"啊"、"呀"，这一类的人应是较迟钝的，也会有骄傲的性格。这一类型的口头语还有："这个、这个"，"嗯、嗯"。

2.从喜欢谈及的话题来了解他人

（1）喜欢谈论国家大事。属事业型的人，经常读书看报，讲求工作效率。

（2）喜欢谈论家庭琐事。属安乐型的人，较为关心生活安排，注重现实生活水平的提高。

（3）喜欢谈论社会现象、大众新闻。这种类型的人生活不很规则，办事粗枝大叶。

（4）喜欢谈论自然现象。这种类型的人生活有规律，办事严谨，注意事物的精确性。

（5）不光是自顾自地把着话题不放，而是希望讨论对方话题。这种类型的人一般都具有宽容的精神，谦虚讲礼仪或是深谙人际交往的技巧；或是走了另一个极端，属于具有较强支配欲和显示欲的人。

视线接触中泄露出来的秘密

一个人的行为举止是内心想法的传送工具。每个人都有自己的思想,几乎没有人能够把内心的全部信息毫无保留地和盘托出。无论对方的性格如何,在必要的环境中,在公司或私人利益面前想要去隐藏心中最直接的想法,也是很自然的事情。所以,你必须要知道,你所要面对的必然不是一个木头人,在你竭力地想去研究对方的同时,你怎么能确定他是不是也抱以同样的心态在研究你呢?

在人际交往中能够取得显著成绩的人必然是识人高手,他们的眼睛就像磁力强大的吸铁石,只要进入了他们的控制范围,任何一个细小的铁屑都无法逃离。为什么会这样呢?难道真有攻心术不成?特异功能不是每个人都能具有的,那百亿分之一的概率根本不用去考虑。识人高手并不是具有特异功能,但是他们却一定有一颗细致入微的心。对于女子来说,由于生理特点异于男子,她们的心思更倾向于"细",所以,要想学会、学通、学精识人术并非难事,只要把握好以下几点,那么你也就算是入门了。

1.眼睛是心灵的窗口

别忽略了人类的这扇心灵之窗。眼睛是会说话的,它很少会说谎,所以识人之时你一定要问一问这个"诚实的孩子"。 初次见面时,先移开视线的人一般性格都较为主动;而目不转睛地注视对方谈话的人一般较为诚实。千万不要小看了这起初相见的十秒、二十秒,心理学家认为,在与人谈话的过程中,在视线接触的时候,往往先移开眼光的人就是胜利者。相反,因对方移开视线而耿耿于怀的人,就可能胡思乱想,以为对方嫌弃自己,或者与自己谈不来,这种想法的产生在无形中对对方的视线有了介意,而完全受对方的牵制了。所以,那些初次见面就不集中视线跟你谈话的人一般为挑战型对象,应特别小心应付。了解到这一点,女子在遇到此类事件时,一定要发挥其优势,克服产生不良心态的想法。

再一次提醒,人际交往是需要悟性的。一个人在表达自己的观点或想法的时候,不仅仅只有直白地说出这一种方式。比如说,当一个人在对异性瞄上一眼之后,闭上眼睛。这种行为就是无声之语,它所要传达是一种"我相信你,不怕你"的意思。当看异性时,并不是把视线移开,而是闭上眼后,再翻眼望一望,如此反复,就是尊敬与信赖的表现。而另一种也特别有意思,如果一个人面对异性时,只是望上一眼,便故意移开视线。女人,你千万不要认为对方是不友好的,实情恰恰相反。一般情况下,这就是说明了对方对你有着强烈的兴趣。在交往活动中,通过观察人的视线方向,是可以透视人的心态的。

2.下个"套",揪出内心的"那点事儿"

(1)以难试人,以利诱人。患难见真情,见着你倒了,你失利了,就逃之夭夭的人趁早要离得远远的。另外,见钱就眼开的人,你就别指望他做你的贴心朋友了。太信任这种人,也许哪天他把你卖了,你还在傻傻地帮人数钱呢。

(2)酒后吐真言。老人常说:"人品好不好,先看酒品好不好。"有的人表面上道貌岸然,可是一旦上了酒桌,多喝了几杯就会完全变了模样,不但满口牢骚,还会猛说别人的坏话,一般说来这是经常怀有不满的心态,甚至嫉妒心强烈,有害人之心的人。这类人一般心眼都极小,你要远离他或是少惹为妙。

了解服饰与性格的关系

现代社会，服饰往往可以十分准确地表现一个人的性格特点。这样讲绝不是信口开河。这是个讲究个性美的时代，种类繁多的服饰恰恰可以满足人们展示自我独一无二的心理需求。明星们在参加同一个活动的时候害怕"撞衫"；世界顶级的服装品牌总会搞"限量"这种把戏，就是抓住了人们的这一心理特点。在社交场上也是一样的，着装并不仅仅是一种颜色、一种样式的展现，也是着装人性格的"外穿"。性格往往就成了支持服装风格的"骨"，看衣识人这种本事真是不能不学的绝招。

1.从服饰颜色看透女人心

几乎每个人都有自己偏好的一种或是几种颜色。它们恰恰是展示一个人性情的标识，这些对女子尤为明显。与人交往几次过后，一般而言，通过他的着装我们就能大略地了解到此人对颜色的偏好了。喜欢鲜艳色调的人，一般都豁达、健康，或热情奔放，以自我为中心；喜欢穿浅色系的人，一般都高尚、纯粹，潜意识里带有些冷淡，给人间隔感等等。美国心理学家研究发现，喜欢穿红色服装的女性被认为是具有丰盛欲望的年轻型，这类人经常觉得不满足，富有冒险向上的精神，喜欢潮流元素，追随时尚，但其变幻无常的性格常常令人捉摸不透；喜欢绿色的女性则常常喜欢安于现状，举动稳重并很尽力，但惧怕冒险和超前，性格内向且常常压制自己的愿望，在感情方面差于主动。另外，喜欢白色的人常让人有只可远观但不可亲近之感；喜欢紫色的人感情也许会比较浪漫；爱好黄色的人内心天真烂漫；喜欢蓝色的人恳切诚挚，富有空想……当然，对于个人对颜色的喜爱分类只不过是趋于大多数,不可一概而论。但是如果知道了这些,对于去了解一个人的性格特点是十分有利的。

2.从职场着装看女子

有人说过工作中的女子有一种别样美。此话不假,不仅如此,工作中的女子所偏好的职业装风格也会显示出她们的性格。穿裤装的女性,穿裙装的女性较有女人味。喜欢穿男性化服饰的女子一般性格较为独立且或多或少地浮现出一些比较男性化的心理。比如说,她们希望让人们见到自己的实力,把女性的特点暂放一边,没有男和女之分,只有输和赢之别。但是这类女性也包括这样一些人,她们如果除去工作的"外衣"就会仿佛放下了所有的束缚,行动举止变得很女性化。另外,选择与男性西装一样的职业装的女子,往往对工作充满热忱、上进心很强,自己拿主意和与别人竞争的意识都很强烈,但是没有和谐性,轻易与人冲突;喜欢穿裙装的女性意识强烈,她们会把自己视为女性来投入工作,这类人会积极地运用女性的特质,她们的内心活动丰富,往往心思缜密与外表浮现的大不相同,可以算做潜意识很有男性化特质的人。

值得一提的是,女子往往为感性动物,她们在挑选穿哪件衣服的时候与心境有很大的关联。她们天天换衣服,今天心情怎样从她们的身上"衣"就可轻易看出。

3.从鞋子看透男人的性格

由于男子在选择衣服的时候,颜色往往会很受限制,不像女子那样可以穿任何她们喜欢的色彩。所以,以颜色辨性格对于他们来说不太适用。但是,却也不是无孔可入,鞋子就是很好的入眼点。

爱穿正统黑皮鞋的男人多是大男子主义者。这类人对待穿鞋子方面总是显得中规中矩的,鞋子擦得很亮,他们绝对不会容忍自己穿双脏鞋子或旧鞋子出门。如果在休闲的时候都选择这类鞋子的人你就一定要小心了,他肯定有不折不扣的大男人主义倾向,而且对母亲的意见十分看重。如果要选择这样的人作为恋爱对象,你要慎重再慎重。爱穿休闲鞋的男人重品位。这类人对鞋子要求很高,不但要舒适,而且更注重鞋子的款式,还要搭配合适的服装。他们注重于生活的质量,并且做事情喜欢站在高处掌握着主动权。不仅如此,他们往往对自己要求严格,几乎不允许自己犯错,对伴侣、下属更为挑剔。所以,如果遇到这种类型的恋人或是上司,一定要多加注意。

除此之外,重复购买固定式样鞋子的男人很怀旧;节俭穿鞋的男人很保守;随便穿鞋的男人不拘小节,眼高手低等等。女子在社交中应多加留意,它们可以帮助你了解对方的性格特点,为后续的交往做好铺垫。

见什么人说什么话

你常常会因为不知道如何开口去说话而保持沉默吗? 你会因为自己的喋喋不休而让丈夫、孩子厌烦吗?你经常会因为自己的不会说话而招致公婆的讨厌吗? ……说话是一门艺术,在人际交往中如果女子不懂得分对象、分场合乱讲话的话,即使自己是一片好意,也往往会遭到别人误解和不满,到时候受伤的就只能是你自己了。

1.对待朋友尊重为先

在人的一生中最少不得的就是朋友,但是,对于友情的维持与加深也是要讲究技巧的。朋友所处的地位是和你画着等号的,他不像我们的父母总是那样无限度地包容着我们的不足之处。任性最好不要展示在朋友的面前,利益也要避离友情的范围。在友情的圈子里不要事事都想着占便宜,必要的付出和吃亏是很正常的事情。因为真正的友谊是建立在互相肯定和尊重的基础上的。朋友幸福,你要做的是真心地祝福而不嫉妒;朋友成功了,你要做的是庆贺和支持而不是暗自不爽；朋友失败了，你要做的是鼓励和真诚的帮助而不是幸灾乐祸……

对待朋友，能帮上忙的只要不是触及到道德的底限就要尽量帮。不仅如此，朋友有了明显的不足，别人都避着不敢说的时候，你要敢于指出。但是，绝对要抱着一个让他进步的心态，而不是故意让他出丑。注意到这些，相信你一定会拥有一份真正的友谊。

2.对待领导处处小心

领导所处的地位本身就会营造出一个奇怪的圈子。有一些刚入职场的年轻人，常常会有这样的困惑：自己满腔热情地投入工作，并且通过自己不断地努力也取得了优异的成绩，可是领导却不去肯定他，反而总是有意无意地指出有些年轻人"翘尾巴"。因此，这些年轻人大感不公。实际上，遇到这种情况也没有什么好奇怪的。想一想自己平时的工作生活，是不是样样优秀，是不是样样都做得很好？如果答案是肯定的，那么你的问题就出在这里了。如果你样样都好，那么你还需要领导去"领导"吗？作为你的上级，在你的工作中却失去他原有的"领导"地位，他会作何感想呢？所以，年轻人啊，你不是不能闪光，而是你需要学习"水的姿态"，把自己放低。

3.对待老公忽悠是必要的

男人是需要被肯定的。生活就是一场作秀，如果彼此都感到快乐且幸福的话，一切就都是值得的。女人的夸奖就仿佛是男人心里的蜜糖，如果你还属于聪明之列的话，切中要害且听起来还不肉麻的话语一定要多说说，你们的生活就一定会过得更美好。比如说，你的丈夫是处在社会底层的人，没钱也没有地位。如果妻子做的只是每天抱怨的话，如果他不和你争吵也肯定是见了你就不愿意呆在一起。你想想，那样的生活有趣吗？忘了谁说过这样一句话："女人无论嫁给了谁都会后悔。"这句话是不全面的，至少聪明的女人不会是其中的一员。聪明的妻子会对丈夫给予肯定，她们在别人都看不起他的时候坚定地对他说："虽然你在工作中地位最低，谁都可能瞧不起你，可是既然当初我选择嫁给了你，我就相信自己的眼光，在这个家里，在我的心里，你已经很好了。"男人表面好像对别人的贬低已经不太介意了，可是在他们的心里，自尊仍然在那里硬挺挺地站着，这个时候如果能得到妻子的肯定的话，一切都是有可能的。不是有一句话这样说吗："你努力付出了，也许什么都不会得到。可是如果你没有努力过，那是肯定什么都不会得到了。"

4.对待孩子陪伴与分享不可少

在生活中女儿、妻子和母亲是女子最重要的三个角色。父母对孩子的爱是以分离为目的的。教育是父母对孩子必须履行的义务，而最好的教育方式，不是强加，而是分享。成长需要的不仅仅是成功，挫折甚至是失败都是成长的一部分。所以，作为母亲要做的不是死板地告诉孩子要如何如何做，而是要引导他们进行思考，自己做出决定。这就是分享的一种方式，没有禁止，没有强迫，便不会让孩子形成负面人格特质，那么将来他们独自在社会上闯荡的时候，也就会以同样的方式与别人互动，那么他们就会赢得大多数人的喜爱，从而实现自己本身的价值。好的母亲不要把目光盯在孩子暂时的得失上，而要着眼于未来，因为放开才是最终的爱。

5.对待老人要保持孩子气

我们长大了，融入了成人的社会，无论自己社会地位多高，年龄多大，在父母面前你永远都只是孩子。老年人的性格随着岁月的流逝已经退化，甚至越来越幼稚。虽然，长大的你也许自己可以摆平一切事情了，无需老人帮助了。可是聪明的女子你要注意，无论你面对的老人是自己的父母还是公公、婆婆，把他们捧得高一些，自己即使是对他们撒撒娇也是可以的。前一阵子看《媳妇的美好时代》，觉得豆豆的弟媳做得真是不错。她本身是农村丫头，本来公公和婆婆都不太看好她，可是到了后来，却变得没有一个人不喜欢她。原因何在呢？拿一件小事来说吧，她开了一个花店，小花店很小，可是她看到婆婆平日在家也没有什么意思，于是就要聘请婆婆做"顾问"。婆婆看见媳妇这么尊重她乐在心里，嘴上却推脱着："你那个小花店，我能做什么啊？

我不行,我不行。"媳妇却睁大着两个眼睛真诚地说:"怎么不行呢? 俺也没有什么经验。您以前是大厂的领导,平时帮着俺管理管理肯定会行的,妈,你就算帮帮俺吧。"婆婆的精神头一下就上来了,颇有自豪感地说:"那倒是,想当初那厂里几百人呢? 都是我管。你们小年轻的真应该多学学。那好吧,我就帮帮你。"这个媳妇真是聪明,哄得老人高兴,哪里还会有什么婆媳矛盾啊。

无意识的小动作其实大有深意

一个人嘴上说的并不一定是心里想的。这就需要我们通过察言观色来洞悉别人内心深处真正的想法。也许嘴上严不可破,但是只要细心留意就会发现,一些无意识的小动作会在对方毫无知觉的情况下出卖它的主人。

1.用手掩口

在听别人说话的时候喜欢用手掩住嘴角的人,在性格上一般比较胆小、羞怯。相反,笑的时候有意露出整齐牙齿的,一般都具有强烈的权势意向。

2.手势的意义

有些人在说话的时候手势常常与讲话同步,比如,摊开双手、摆动双手、拍手、做暂停手势等。这些动作为说话的内容起到帮衬的作用。一般而言,这类人处在领导的位置居多,他们习惯了对下属指指点点安排工作,不仅如此,就他们自身而言,一般都具有较好的语言表达能力且待人热情。但是,值得注意的是,这类人喜欢把自己的真性情掩饰起来,不会轻易把别人当成知心朋友。

3.摸耳朵,拉耳垂

这类通常是那种想要说,抱有说的欲望,但是却又怕自己说不好的人。

但是,也有可能是他已经不耐烦,已经听够了你没完没了的话,自己想发表一下意见了。

4.拍脑袋

这个动作具有自我懊悔和自我谴责的意味。在交谈的过程中,有些人喜欢在听别人讲话时拍自己的后脑,这类人通常比较冷酷且漠视感情;还有些人同样是喜欢拍脑袋,但是拍的地方却变成了前额。这类人一般心直口快且为人单纯,富有同情心,不善于心计,对朋友真诚,喜欢为他人着想。

5.玩弄饰物

这类人通常性格内向,属于内敛型的,平时话不多,感情不喜外露。但是,他们通常工作认真,对于他人的托付或是安排的工作会全力以赴,尽全力做好。

6.低头讲话

这类人一般来说为人谨慎,含蓄且外露,坚强却不张扬。如果有才也是属于内秀型的人。要注意这类人通常不喜欢听别人长篇大论地讲大道理,讨厌条条框框,喜自由,比较自我。

7.用鼻子吹气

这类人一般而言属于有口难言型,心中一定有着什么苦闷之事,但是又不好说明。这类人懂得知恩图报,不爱占别人的小便宜。滴水之恩必将涌泉相报,就是指的他们。

8.咬指甲

在听别人说话时不自觉地就开始咬自己的指甲。这类人一般性格较急没有什么耐性。他们头脑简单,思维能力比较差,喜欢轻松的生活。对于这类人不适合给予重任。

9.面无表情

这类人在听你讲话的时候,无论你说得好与坏,甚至对他做出恶劣的评价,他都会面无表情。但是,面对这种情况你千万不要认为对方会真诚地接受你的见解。特别是那些对他有"恶评"的言词,他们虽然表面没什么波动,但是心里早已经波澜壮阔,恨得你牙根儿痒痒了。如果他还恰好是你的领导的话,那么恐怕降职或失业的日子就离你不远了。

10.强颜欢笑

这类人是表里不一的代表人物。在听你讲话的时候,心里对你充满了敌意,但是却还要装出一副谈笑风生的样子。这时,你一定要警惕不要只顾着听他说,还要注意观察对方的表情。

在人际交往中只要你细心观察,你还会发现去看透别人内心的方法有很多。所谓细节决定成败,不要忽略任何一个小动作,胜利的关键点也许就暗含其中。

掌握谈话主动权的小技巧

社交离不开沟通,有的女子有知识有文化,口才也不错,可是与人谈话的时候却好像有劲儿使不出来一样,明明一肚子的话,却总是找不到开口的机会。这种情况往往就会让自己陷入被动甚至尴尬的情形中。那么,女子究竟要如何做才能摆脱这种状态,在谈话中掌握多一些主动权呢?

1.快语连珠,问题攻势

由于受传统观念的影响,女子往往会在气势上要比男子逊色许多,所以,如果要想给自己长"势"就要在技巧上作些文章。问问题就是一个很好的方法。但是,这种方法只是适用于你是真的有心"压制"对话者,或是希望自己马上占领谈话上风的情况。

李莹是总公司新派下来的副总,今天是她走马上任的第二天。昨天参加

了公司的"见面会"，李莹已经感受到同事们在谈话中所夹杂的不服气的味道。由于心理准备不足，在昨天的会议上气势被几个"元老"抢去大半。今天她决定要把昨日的"气场"抢回来。会议开始了，李莹一改往日温柔有礼的作风，而是板起脸，点了一个具有代表性的"元老"连珠炮似的问起了问题。

"我们的商品现在在市场上能占多大的市场份额？"

"能与我们实力相较量的公司有哪些？"

"为什么明明是旺季，销售额却几乎与平日无差，问题出在哪里？"

……

开始的时候，这个"元老"还可以顺利地回答，可是随着问题的深入及倾向于细节化，"元老"的额上已经渗出了薄汗，明显对提出的问题力不从心了。这个时候，如果对方回答不了你的问题，就证明你占了上风了。当然，这种方法对提问者的才识与对公司的了解也是密不可分的。这种战术用好了，不仅气势会上来，而且还会让别人对你刮目相看。虽然你是被任命为这个公司的领导，可是从某种意义上来讲你毕竟是"外来的和尚"，身处在受排斥的气场中，你的自信心就很容易遭受打击，运用这种方法的目的就是让你一下占上高峰，对方弱的时候，你的自信心就会重新回来。但是，问问题也是要有所讲究的，要尽量提出抽象、模糊，尽让对方不好回答的问题，这样出奇制胜的几率才会更高。

2."表情和姿势"的妙用

社交高手会把表情和姿势当作是电视机的"遥控器"，想看体育看体育，想看少儿看少儿，把对话控制在自己的手掌心中。对话就像是玩球，在接投球练习中，如果投球速度太快，对方就接不到球；如果总是一个人拿着球，接投球练习压根儿就不能进行。对话也是这个道理，如果明明是一场讨论会，但是全会下来只有你一个人在发言，那么会议就失去了它本身的意义了。现在你一定非常想知道，这个谈话的"遥控器"要如何使用呢？

（1）怎样让对方简明扼要地做快速叙述

当对方开始慢条斯理地讲话准备做长篇大论，可是你心里却希望他可以快点挑重点来讲完时，你要以"点头"的方法来向他传达。对方讲的时候，如果你做出快速点头的动，一般对方就会明白你希望他要快、要精。相反，如果你做出慢慢点头的动作，那么对方自然会按照原有的方案慢慢道来，因为你在暗示他"你的话很有意思，请继续说下去"。

（2）如何让对方接到"谈话"的接力棒

当你想要让别人也谈谈意见而不是光自己一个人讲的时候，就要想方法将发言权让给别人。这时，要降低自己说话的音量，减慢语速，并且拖长最后一个字，视线下垂，如果你面前有稿子，可以做低头看稿状，这些都是向对方发出交换发言权的信号。当然，也可以直接用语言来交"棒"，比如说："×××你也来谈谈自己的看法吧？"或是"好了，现在你们谁来讲讲。"

（3）怎样才能让喋喋不休的人"歇"一会儿

在谈话过程中难免会有一些人一说话就停不下来，把整个地方给他做专场也许他都不会介意。这个时候，你就要让他"歇"一会儿了。你可以试一下抬起食指这个动作。这个动作表示"我稍微打断一下，可以吗"的意思。虽然，自古以来都说打断别人的谈话是一件没有礼貌的事情，可是有的场合为了事态能向着自己有利的一方面发展，你应该尽可能地掌握谈话的主动权。还有一种方法也很巧妙，如果对方讲在兴头上你却实在没有听下去的兴致，但是又苦于不好意思打断，你可以用故意弄掉一些什么东西，或是好像想起忘了给客人倒咖啡等方法，使对方的谈话无法进行下去。等事情完毕后，重新把发言主动权"抢"回来。

（4）如何表达自己不想再听下去的想法

以消极的态度来应对，对方就很难再有说下去的欲望了。比如说，低头看表、唉声叹气或是无视对方的意见，以"嗯、嗯、嗯"来应答所有问题。如果对方还是没有注意，那么你就利用视线低垂、跷着腿晃来晃去的动作，来传

达"我觉得很没有意思"的信号。摸摸鼻子、摸摸耳朵这些动作也都表示"您能不能快点结束啊"的意思。

(5)怎样把发言的主动权重新控制到自己的手里

稍微强势一点的,如果自己想要继续讲下去,而对方明显要把主动权拿过去,那么你可以伸手将对方的胳膊轻轻按下去,也就是一边说着"嗯,嗯",一边让想站起来的对方坐下去。这表示"我还没有说完,请稍等"。如果你想让谈话和讨论向着有利于自己的方向发展时,应该轻轻触碰对方的胳膊,表示"现在还是我说话的时间"。多次重复这个动作,对方就会等得失去耐心。别小看这些动作,在社交场上如果运用得当,是会给你带来很大帮助的。

第 10 课

获取他人支持
和帮忙的技巧

　　一个人的力量是有限的，集体的力量是无限的，只有把有限的力量投入到无限的集体中，才能使自己的力量得以最大程度地发挥。社交场也是如此。自己的本领再大，没有人支持，没有人帮忙也都等于零。当美好的想法因为"寡助"而导致无法付诸实践是一件非常悲哀的事情。所以，女子要懂得一些"网"住人脉的技巧，最好有自己忠实的支持者，这样才会让你省去后顾之忧，全心全意地去经营自己的交际圈。

让他人主动来帮忙

交际心理学认为，人际之间存在互动效应，你如何对待别人，别人也以同样的方式给予回报。面对生活，每个人都可能会遇到事情。今天我有事，别人帮帮我；明天别人有事找我，我也会马上过去帮助别人。话是这样讲，但是，当真有事情发生而想要有求于他人的时候，自己就会十分头疼，不好意思，怕丢面子，怕别人不愿意，怕……种种的顾虑一拥而上。想象中复杂的事情，往往在付诸于行动的时候就会变得简单许多。如果你再学上一点应对他人的攻心术，你就会发现"这原来没什么！"

1.动用你的朋友

在有事情需要帮忙的时候，男人往往会说："把我那几个哥们儿都叫上帮忙！"而女人总会比男人想得多，怕给别人添麻烦，怕别人没有空，怕路太远等等。实际上，你用不着想那么多，友情就是在一件件小事情中成长起来的，大多数的人都会希望能为朋友做点事儿。话又说回来，就算朋友真的有什么事情走不开，大不了自己披挂上阵，也没什么大不了的。去试一试，如果还有点勇气不足的话，就在心里先做好最坏的打算，再打电话给朋友就行了。

2.职场出招

有的女人，心思太细。在日常工作中，有事情求助于别人时只找女同事。这是为什么？找男同事，她怕别人说闲话；找上司问，又怕同事们说她"心怀鬼胎"、"用心不良"。脚正不怕鞋歪，真的永远假不了，同理可证，假的也永远真不了。求助不会破坏你的形象，不仅如此，反而会让同事们更愿意与你亲近。一个没有架子，愿意向他人请教的人，别人会十分乐意给予你帮助。但是你要记住什么事情都要适量,如果你是新进职员,每个人都会包容你,帮助你,但是"新"不会永远成为"不会"的挡箭牌,尽快适应工作才是上策。

现在给你提供一些职场求助的好方法:

(1)明智的自我批评。当你知道自己很快就要被他人指责的时候,一定要先发制人,先示弱,别人气势再强也会因为你的表现而弱下来,众多的说辞都会缩成一句"下次一定要注意!"

(2)先把事态说得严重些。当你有求于他人的时候,不妨先给你"小小的问题"铺一条宽一些的路。比如在说问题之前,你说,"我或许不应该打扰你","我这可能是无理的要求"等等。这样一来,即便是你真的说了什么不该说的,下场也不会"死"得很难看。

(3)渐进式前进。人大多数都喜欢随波逐流,其原因很多,比如说不爱出风头,懒得解释,太麻烦等等。如果先从一个大家都比较能接受的要求入手,让接受的人成为赞成的主流,然后再推行一个比前者的要求要高的新要求,其接受者就会比突然提出较高的要求的接受者多上许多,这就是"得寸进尺"效应。

所以,当你想要向他人提出一个较大的要求时,不妨采用渐进式的方法,先提出一个较小的要求,一旦对方答应了,再去提那个较大的要求,就有更大的被接受的可能。

3.感情投资

"人无远虑,必有近忧"。想要在自己遇到困难的时候有人帮助,平时就要做好人情储蓄。人容易受情感所驱使,只要你在平时多关心他人,别人有困难的时候不做旁观者,而是真心地伸手拉一把,你有事情的时候就会换来朋友的鼎力相助。

4.客套不可少

客套也是一种礼貌,如果你需要帮忙,开门见山地就提出来,除非你们两人关系很密切,彼此非常了解,否则就会让对方觉得有点突兀,感情上也接受不了,办起事来就会大打折扣。

适当激励合作者,给他描绘一幅美好前景

　　一般情况下,人们决定去付出一定是因为能够得到丰厚的回报。如不是特殊原因,几乎没有一个人希望自己的金钱、精力、时间或是任何一样有价值的东西白白地扔到海里打水漂儿。在人际交往中这个道理同样适用。想要与人合作,如果你只是告诉他:"只要投资就可以了,别的你都不用管。"对方是一定不会同意的。因为他并不知道,花了钱自己究竟能得到什么? 要想得到别人的支持,就要让对方觉得与你有着相同的利益,那么他也就会表现得更为主动,合作便会收到更好的效果。实际上获取他人的支持和帮助就像是打战一样,无论在一个国家中有几股力量, 当他们的国家遭遇外敌的时候,这些力量就会拧成一股,一致对外。那是因为大家都知道,如果一个国家没了,自己的这一股力量又从何谈起。所以,你要明白一个道理,欲与人合作就要让他人先知道他会得到什么,如果不这样做他又会失去什么。总之,最主要的目的就是,大力强调合作绝对是他最明智的选择。

　　一支曾经是衣衫褴褛、半饥饿的、士气低落和纪律涣散的军队,在拿破仑的带领下,成为一支所向无敌的优秀军队。他——拿破仑,是如何做到这一切的呢?

　　起初士兵们缺衣少食,拿破仑看到了这一点并开始鼓励他的士兵们:"兄弟们,你们衣不蔽体、食不果腹的苦难日子马上就要过去了,我将把你们带到世界上最富足的地方去,在那儿,你们可以看到繁华的都市和富饶的乡村……"士兵们军威大振,每个人都恨不得插上翅膀一下子飞到那个美丽富饶的国度。

当他们打了胜仗,衣食有了保障的时候,拿破仑又把鼓励的点放在了士兵们的自尊心上,他大声地鼓励着他们:"士兵们,祖国期望你们去取得重大成就,你们不会辜负祖国的期望吧?你们还有许多仗要去打赢,许多阵地要去夺取,许多河要去渡过。你们当中是否有人勇气低落了呢?没有!我们所有的人都要确立光荣的和平……我们所有的人都希望,在回到自己村子的时候,能说上一句:我曾经在战无不胜的意大利军团作过战。"士兵们的尊严和荣誉感被激发起来了。

这支军队之所以能够取得胜利,是与拿破仑的鼓励分不开的。每个人的心中都会有一片美好,那是他们想去极力得到的。在我们与人交往的时候,若想要得到他人的支持和帮助,就要学会向他人描绘我们相互合作的美好前景。只有让对方知道,我们有着相同的利益,相同的目标,且前方一片大好的时候,双方才更有可能达成共识,并为之而努力。

不给对方说"不"的机会

不给对方说"不"的机会?这简直就是天方夜谭。亲爱的,请你先别激动,听下去你就知道这是真的了。在人世间最难搞的就是人际关系,这是因为,每个人的性格和修养等方面都各不相同,要想都能够友好相处,的确很难。但是,这并不是没有技巧可寻的。如果要使你的意见让别人同意,而不是拒绝,你必须牢牢地记住:让对方立即说"是"。特别是在商业谈判中,双方都希望能够为自己一方争得最大的利益,因此相互反驳,讨价还价,甚至被拒绝都是常有的事情。但是,真正的谈判高手懂得对对方进行引导,循循善诱,让对方逐渐同意自己的观点,解决了双方争论的焦点,从而让谈判顺利地进

行下去。

辛普森是美国一家电器公司的推销员。有一次,他到一家刚做一场生意的客户那里,希望再推销出一批新型的电机。可是没有想到,刚进门,该公司的负责人一看来者是他,立刻走了过来,劈头就说:"辛普森,难道你还指望我们再买你的电机吗?"辛普森一愣,而后听负责人一说,才明白了,原来该负责人认为刚从他手中买的那一批电机发热超高于正常标准。

辛普森想,现在他在气头上,即使我向他说明道理,甚至为了反驳他不正确的观点而和他争辩起来也是毫无益处的,于是他便打算采用诱导的方式,来让对方意识到他的错误。于是,辛普森仍然保持着恭敬的态度,对负责人说:"嗯,这样吧先生,我的意见和你相同,假如那批电机发热过高,别说再买,就是买了的也要退货,你说是吗?"

"是的!"负责人气呼呼地答道。

"自然,电机在使用过程中一定会产生热量,但你不希望它的热度超过全国电工协会的标准是吗?"

"是的!"负责人毫不犹豫地说。

然后,辛普森开始把谈话转入具体问题,他问道:"按照标准,电机的温度可以比室温高出72F,是吗?"

"是的,"负责人说,"但你们的产品却比这个标准高得多,简直叫人没法摸,难道这不是事实吗?"

辛普森也不和他争辩,反问道:"你们车间的温度是多少?"

负责人答道:"大约75F。"

辛普森兴奋起来,他拍拍对方的肩膀说:"这就对了,车间里的温度是75F,加上电机可以高出的72F,一共是147F。如果你把手放进147F的热水里,会把手烫伤的,是吗?"

辛普森得到了第四个"是"。紧接着他提议说:"那么,不把手放在发动机上行吗?"

"嗯，我想你说得不错。"负责人赞赏地笑起来。而后，把助理叫来为下一个月开了一张价值 3.5 万美元的订单。

不给对方留下说"不"的机会。让别人说"是"，这是谈判高手在谈话中经常运用的一种方法。通常情况下，若想反驳一个人的观点如果让对方说出了"不"，那么你将很难有机会继续解释下去。因为从那个"不"字开始，对方用来反驳你的话就已经准备了一箩筐了。所以，为了预防别人对我们进行的反驳，就要引导他讲"是"，这样的话，对方就会一直听你讲下去。当然，这还要求引导说话的这个人要有坚定的信念，就拿案例中的电机为例，它至少要确实是没有问题的。那么，你的说服方法就会有效。

另外一种方法也可以起到同样的作用。比如说，一个姑娘爱上了一个穷小伙，姑娘的家里人都不同意她这样做。但是姑娘却坚定地对父母说："无论你们怎么反对，我是非他不嫁了。嫁过去如果吃苦受累的话，我都认了。如果你们硬是不同意，那我也没有办法了，你们就当养了一个不孝的女儿吧！"虽然这种说法有点走了极端，但是却是必胜之招。女儿的话都说到这个份儿上了，做父母的还会说什么呢？但是，这个方法最重要的前提条件是一定要表明自己的坚决，让他人知道你的主意已定，它是不可动摇的，对方自然就没有说"不"的机会了。

巧妙地向他人灌输思想

在生活中，有的人有这样一种本事。当两人争论的时候，无论双方所争论的事情谁对谁错，最终的结果都是他取得了胜利。这让他的对手感到很奇怪，明明是自己有理，可是为什么越讲就越觉得道理不在自己的手里了呢？

不得不说,你遇到了一位谈话的高手。他就像是一缕奇特的香气,闻到它的味道的时候,你就已经中了它的"毒"。这样的人善于把自己的观点、想法以洗脑的方式,巧妙地灌输到对方的思想里。明明是他想要这样办,但是他却不会说出来,而是引导对方把他的想法说出来。

前一阵子在网上看了一个热播的电视剧叫做《媳妇的美好时代》,里面有一集说的是丈夫开了一家影楼。于是妻子辞去了原来的工作和丈夫一块经营影楼。可是,妻子每天在身边真是让丈夫苦不堪言,因为妻子方方面面都要看得到,来了女的拍写真,妻子就要左三审,右三审,店里的客人是越来越少了。丈夫想让妻子自己去上班,不要和他一起工作了。于是,丈夫想了一个好方法。这天两人在吃晚饭,丈夫就先开口说话了:"老婆,店里的生意太淡了,我想和你商量一下,裁个人!"老婆转过头问:"要裁谁啊?店里一共就一个摄像,一个门市,一个你,一个我。你要裁谁啊?"丈夫接着说:"那也没办法啊,真是养不起这么多人了。我看就把门市裁了吧?""那可不行,人家姑娘多好啊,再说,影楼怎么也不能客人一进门连一个招待的都没有吧?不行,不行,我不同意。"丈夫接着又故意说道:"那就把摄影的老张裁了吧。大不了我辛苦点儿,累点儿,也比饿死了强!"老婆马上又反驳道:"那怎么行啊,生意一好,你自己是忙不过来的。不行,不行,我告诉你,我不同意啊!"丈夫捂着脑袋装出没有办法头痛的样子。老婆想了想对丈夫说:"你看,门市和摄影响是肯定不能裁掉的,这样一看,就剩下我整天没事干了,还是我下来去找工作吧!"丈夫心里一乐,正中下怀,但是却不能表现出来,于是故意地说:"不行!绝对不行!我都说了让你做老板娘,我怎么能让你下来啊,不行啊!"丈夫越是这样说,老婆反而越坚持,坚定地说:"这事不用争了,我说了算,明天我就去找工作。就这么定了。"说完老婆起身回屋里了。而丈夫呢?早已经偷偷地乐开了花。

丈夫的这一招真是绝了。他心里最清楚,店里最应该下来的就是自己的老婆。可是他却不能这样说,因为只要自己一开口势必会造成老婆的反驳,

自己就不会有好日子过了。于是,他聪明地选择了把"谁应该退"的这种思想,灌输到老婆的脑袋里,让她自己进行分析,最后结果就自己分析出了自己。而丈夫此时又装模作样地刻意阻挡一下,就好像这原本不是他的初衷一样,但是反倒让老婆的主意更坚定了。到最后,老婆仍然觉得是自己把自己拿下来的,而不是丈夫把自己撸下来的。

这真可谓是一个好方法,无论面对的是谁这个方法同样适用。当你有了一个想法或意见之后,如果你要他人按照你的意见去做,你就要想办法一步步地来给对方灌输你的思想,那么,若是成功了,他人就会认为这是他们自己提出来的意见,并绝对地信任它,这才是最好的方法。这样一来,你就可以不再担心他们的反对了,因为对方已经信心百倍地去执行你的意见了。这就是制胜的绝招。

顺水人情,不妨多送一些

林肯曾经说过:"一句古老而真实的格言说:'一滴蜜比一加仑胆汁,能捕到更多的苍蝇。'人也是如此,如果你要别人同意你的原则,就先使他相信你是他忠实的朋友。用一滴蜜赢得他的心,你就能使他走在理智的大道上。"这个道理就好比是钓鱼,渔夫总要在钓钩上放上一些鱼饵,给鱼儿一点甜头,它们才会上钩。在人际交往中,欲得到他人的支持和帮助往往也要使用这种方法。你给了对方一点好处,或是自己退了一步做出了一点牺牲,如果让对方感觉自己占了便宜或是觉是亏欠于你,双方就越容易达成共识。相反,如果你不甘人下、斤斤计较、算死对方、逼死对方,反而容易使自己陷入到被动的局面中。即使双方最后达成了共识,气氛也绝非愉悦,合作的可能性也多半是仅此一次。你要知道,这样的结果对于自己来说就是失败之举。

你一定听过六尺巷故事吧。根据《后汉书》记载:在汉朝有个叫陈嚣的人度量很大。有一次,他的邻居纪伯在晚上偷偷地将自家的篱笆向陈家移过去一丈,这样一来自家院子的面积就一下子增大了很多。不料,这一举动却被陈嚣看到了。可是他并没有跑过去大吵大闹,而是等纪伯回去以后,他又将篱笆往自己这边移了一丈。纪伯发现后,心里觉得十分的惭愧,不但将侵占的地盘退了回去,还往自己的这一边移进一丈二尺。两家之间空出了一条巷子,就成了历史上有名的六尺巷了。

虽然这个小故事里面并不存在着使用技巧来说服别人之说,但是同样让我们看到一个道理,如果遇到事情,自己先做出一点牺牲,哪怕是对方开始是抱着占小便宜的心,也会因为你的举动,而自惭形秽,从而做出适当地退让。在生活中,大多数人都是寸土必争,毫发不让,生怕自己吃上一点亏。以退为进,也是一种人生智慧,有的时候先让别人尝上一点甜头,表面上好像是自己损失了点儿什么,但实际上最终你才是最大的赢家。那么,到底他人什么时候才需要你的这点"小甜头"呢?

第一,把握住他人的心理特点。

什么时候人们会感到有亏欠之心呢?比如说,当你用实际行动证明对方是很"重要"的,他的自尊心就会得到极大的满足。这时如果你让他尝到一点小甜头,他就会心存感激,被你的真诚或是努力工作不计回报的精神所感动。对方的心里就会产生微妙的变化,觉得似乎自己不伸出手来帮你一把,有违常理,往往自己的心里感到过意不去。这个时候,对方的亏欠之心已经基本成熟,这就意味着你所付出的"小甜头",已经快到了收获的季节了。

第二,做顺水人情。

这个"小甜头"要求你要送得有一些技术含量。所谓的顺水人情,说得通俗一些就是讲尽力地满足对方的需求。例如:他想要什么?需要什么?你能为他做些什么?如果有一件事,他很想去办成,但是却失手了,而你却替他办

成了。这个甜头就算是送出去了，他必然会觉得亏欠你点儿什么，总想有机会还了这份人情。换句话说，只要你有事，他能办到的，在他能力范围之内的，如果你找他，他一定会尽力地为你办好。比如说，对方是搞装修的，快过年了，要回老家，但是一票难求，他买了多日都没有买到，而你却给他送去了一张。开春之后，你要结婚，求他帮助你一起去挑材料，对方一定是二话不说，立马就会同意的。

但是，凡事都要讲究个分寸。做顺水人情，一般都会把握好以下几点：

1.要讲原则。绝不能用原则做人情。

2.事成之后再想办法让对方知道，以免事前答应了对方，但是却没有做到，让对方对你失去了信任，这个顺水人情反倒是不做为好。

3.这个甜头也许是个长期投资，不可性急，坏了大事。

显示自己的谦卑，调动起对方的同情心

"败坏之先，人心骄傲，尊荣之前，必有谦卑"，意思是人一动了骄傲的心思，就意味着以后做事一定不会成功；而人若能保持谦卑的态度，就一定会在日后得到尊荣。无数的事实都向我们证明了这一点，越是大人物所显示出的谦卑之举越能够打动人心。比如说，一家大型企业的老总去向民间艺人请教某些问题总比他到哪个世界名牌大学去进修更受到人们的关注。谦卑往往让那些处在高位的人更显高大。有的时候，当一个人放下自己的身段，显示出自己的谦卑，往往更容易打动人心。

汉末时期，天下大乱。汉宗室豫州牧刘备听徐庶和司马徽说诸葛亮很有学识，又有才能，就非常想把他收归己用。于是带着自己的爱将关羽、张飞到了隆中卧龙岗去请诸葛亮出山辅佐于他。可是偏偏不巧，诸葛亮恰好有事出去了，等了好久也不见人回来，刘备只好悻悻然地离开了。但是，刘备哪里肯就这样放弃。没过多久，刘备又带着关羽、张飞冒着大风雪去诸葛亮的住处，第二次去请他。可是诸葛亮却出外闲游去了，并没有在家。张飞一见，第二次又吃了个闭门羹，心中十分不快。本来自己就不想来，于是催着刘备快点回去。刘备只得给诸葛亮留了一封信，用来表达自己求才若渴的心境，以及自己对诸葛亮的敬佩之意，并提出了希望能请他出来帮助自己挽救国家于危难之中。又过了一段日子，刘备吃了三天的素食，打算再去请诸葛亮，刘备很执著，但是他边上的关羽却也有些意见了。因为两次都没有见到诸葛亮，却让刘备折腾了两次，想必也是心中有气，开口便说："诸葛亮也许是徒有一个虚名，未必有真才实学，不用去了。"张飞也不主张刘备再去，而是建议由他自己去叫，如果诸葛亮不来的话，就用绳子把他捆来。刘备把张飞责备了一顿，也没有理会关羽的意思，带着两人第三次去请诸葛亮了。这次，诸葛亮倒是在家里，但是却在睡觉，刘备不敢惊动他，一直站到诸葛亮自己醒来，才彼此坐下谈话。诸葛亮见到刘备有志替国家做事，又被刘备诚恳的态度所打动，终于决定出山全力帮助刘备抵抗曹操重扶汉室。

刘备的谦卑没有让诸葛亮感到有丝毫的厌烦之意，反倒是被刘备的诚挚之心深深地打动。试想一下，既然如此多的人都知道诸葛亮是个不可多得的才子，怎么会少了当时大大小小的头目纷纷去请他出山呢。可是，为什么诸葛亮就偏偏被刘备请动了呢？我想，其主要一点就是刘备谦卑的态度。在人际交往中，这一点同样适用。当一个大人物放下架子去亲近一个小人物，甚至给予他关怀和帮助的时候，往往会让对方觉得他是那么的平易近人，和蔼可亲；相反，如果一个大人物趾高气扬地对你指手画脚的时候，人们就会觉得这个人为什么会如此的卑贱。谦卑绝对不会让一个人自掉身份，往往是那些持着身份，以身份说事儿的人才会遭受别人的白眼，成为万人唾弃的对象。

谦卑,也是一种品格的表现。一个能放得下自己身份和架子的人,才会得到人们的喜爱,也只有这样的人才可能拥有成功。因为,谦卑本身就是一种做大事的胸襟。曾任美国总统的林肯,他出身卑微,并没有任何贵族身份。当林肯竞选总统前夕,在参议院演说时,有一个参议员极为无理地向着林肯叫嚣:"林肯先生,在你开始演讲之前,我希望你记住你是一个鞋匠的儿子。"林肯并没有因为别人揭穿了他的底细而恼怒,因为林肯从来都没有以它为耻过。虽然他今天高高在上了,可是他仍然敢承认这一切。林肯是这样回答的:"对参议院的任何人都一样,如果你们穿的哪双鞋是我父亲做的,而它们需要修理或改善,我一定尽可能帮忙。但是有一件事是可以肯定的,我无法像他那么伟大,他的手艺是无人能比的。"林肯流下了眼泪,全场响起了雷鸣般的掌声。谦卑,往往会让一个人的形象更加的高大,也会让他赢得更多人的支持和帮助。

识别对方的真实意图,拿出恰当的对策

在人际交往中常常强调倾听的重要性,因为当人与人打交道的时候,他们常常是表里不一的。比如说,一个女人在商店看见了一件自己很喜欢的衣服,而恰好这个商店里的服装是可以讨价还价的,她肯定会有意无意地询问这件衣服的信息,当服务小姐给予回答后,她必会挑着那些无关紧要的毛病,"有点大","颜色有点暗"等等,而这样做的目的无非是想让自己在讲价的时候更容易一些。这样的事情在生活中并不少见,所以,无论遇到什么事情都要让自己机警一些,多做观察,如果能够准确窥知到对方的真实意图,并做到有的放矢、随机应变,无疑会让女人在说话办事时更加顺利。

加里说，他想买一幢既能看到美景，又能眺望港湾的房子。从加里的办公室向外看，都能看见哈特森河上码头云集，船舶穿行于水面之上，真是一幅热闹的风景画。对于他来说，这是很重要的。

售楼员约瑟夫当然知道，钢铁公司办公室旁边符合加里这些条件的房子有很多，但是想来想去，还是只有帝国大厦最为理想。因为，没有比这栋大楼更漂亮，看风景更好的地方了。但是，此时看上去，加里似乎更中意旁边那栋更时尚的房子，而且他说他的一些同事也力主他买那栋房子。这让约瑟夫开始有些担忧了，因为除了加里看上去好像中意的那座楼之外，还有许多别的符合条件的房子。为了避免事情有变，他想尽快解决这件事。所以，当加里第二次请他帮助看房子的时候，约瑟夫便立即建议加里买他们原本就一直住着的那栋旧房子——帝国大厦。他的理由是：旁边的房子确实也能看到美景，可过不了多久，一座新建筑就要拔地而起，一切景色都将被遮住。如果买了帝国大厦，就没有这层顾虑，可以安心观赏哈特森河美丽的风景。可是，加里却立即表示不想买帝国大厦。

约瑟夫这回没有搭话，只是在一旁静听着加里的话。"他到底是什么意思呢？他中意的到底是哪一座呢？"约瑟夫的脑子飞速地运转着。现在，很明显，加里坚决不同意买帝国大厦。可是他所拒绝的理由都是一些无关紧要的理由。从这里可以看出，这并不是加里的意见，而是那些想买旁边的新房子的职员的意见。想到这里，约瑟夫有了恍然大悟的感觉，加里说的并不是真心话，其实，他是想买帝国大厦的，尽管他嘴里极力反对。想通了这些，约瑟夫心里有了底。而此时的加里，因为没有人反驳他的话也就安静了下来。于是，在接下来的一段时间里，他们一起静坐，一起眺望窗外那些加里特别喜欢的景色。后来，因为谁也没有反驳加里所说的话，所以，加里就不再讲下去了。又过了一会儿，约瑟夫十分平静地问："先生，刚到纽约时，你的办公室在哪儿？"沉默了一下，加里才说："什么意思？就是这栋房子。"约瑟夫点了点头，又问："那么，钢铁公司是在哪儿成立的？"一样的沉默，而后加里回答："也是这里,就是我们现在坐着的办公室。"之后,他们再也没有说话,就一直静静地坐着。时钟以极慢的速度走了五分钟,终于,加里兴奋地说:"几乎所有的职员都主张买那栋新楼,可这是我们的老家啊!可以说,我们是在这里成长壮大的,我们实在是应该永远在这里住下去啊!我决定买下这里。"

就这样,约瑟夫没有想到,自己画图、制表、做预算,花了好几个星期研究怎样才能找到加里所说的"合适"的房子,却一点收获都没有。而在实际操作时,他只用两个问题和五分钟的沉默就成功地让加里买了一栋房子。在生活中,我们往往就是这个样子,忙了半天,结果却是一无所获。我们也应该像约瑟夫一样,当问题好像走进死胡同的时候,想一下,对方真正的意图到底是什么?他说的话是他心里想的吗?多观察,多分析,而不要被眼前的假像所迷惑住,使自己失去了方向。有些事情看起来十分复杂,那是因为你没有体会到他人真实的意图,如果你能看清了,五分钟的解决时间,也已经足够了……

懂得给他人面子,别人才会给你留面子

老人们常说:"人活一张脸,树活一张皮。"中国人最讲究面子问题,没有面子就感觉像是没有穿衣服一样。今天你给我留了面子,你就是我的朋友。明天你若是碰到了难处,即使我吃上一点亏,也会伸手相助给你留下面子。倘若你不顾忌他人的感受,不留余地地让他人颜面扫地,这笔账他一定会记在心头,一旦有了合适的机会,定会让你更加难堪。实际上,给面子也是一种礼尚往来,正因为人们都重视它,就使它看起来更有分量。西楚霸王项羽兵败乌江时,还在仰天长啸:"纵江东父老怜而王我,我何面目见之!"可见,面子有的时候比生命更具价值。我们每个人都需要面子,而且都希望自己有面子,有面子就能被别人看得起，有面子就有优越感。由此可见，在人际交往中只要懂得了这个道理，并遵照着它来行事，有些事情在处理起来就会轻松得多。

1.要懂得保全他人的面子

关羽为人骄横，处处不给人面子。在关羽驻守荆州期间，孙权曾派诸葛瑾到他那里，替孙权的儿子向关羽的女儿求婚，这本来是一件大好事，这样一来蜀吴的联盟就会更加紧密。谁知，关羽不但没有好好地把握这个机会，反而狂傲地叫嚣："吾虎女怎肯嫁犬子乎？"实在是太不懂得给他人留面子了。当然，关羽的下场也不好，兵败被斩，被盟军所杀，这与他不给别人面子有很大的关系。

史坦恩梅兹是电器方面的天才。他在担任通用公司电器部门的总管时，把企业管理得井井有条，连年来，公司的销售额不断上升。不久，他获得了提升，其职位是通用公司计算机部门的主管。然而，这一职位并不适合他，看着计算机部门糟糕的业绩，通用高层领导心急如焚，但他们也不敢对史坦恩梅兹有所冒犯，因为这样的天才不是他们所能得罪的。通过最后的协商，他们想到了一个绝妙的办法，让敏感而又极其自尊的史坦恩梅兹愉快地接受工作调动。通用公司在内部新成立了一个部门叫做通用电器公司顾问部。史坦恩梅兹担任"顾问总工程师"，并且兼任部门主管。这样一来，既保全了史坦恩梅兹的面子，还顺利地解决了问题。通用公司这一举动，无疑表示了他们对于史坦恩梅兹的尊重。保全他人的面子，还可以通过对他的观点表示赞同来完成，让他的心理方面得到满足，然后再指出他的弱点或是不足之处，这样对方就比较容易接受了。

2.公共场合，更要给他人三分薄面

楚人献给郑灵公一只特大的鳖，灵公用它来大宴群臣。但是，他却不让子公吃。原来，在前几日上朝的时候，子公的食指自己动了起来，他便对别的大夫说，我的食指一动，就能尝到非同一般的美味。为了让子公的这句话不能得以实现，让子公失面子，灵公才会有此决定。但是，子公也不会任人摆

布,为了挽回自己的面子,他就径直走向烹鳖的鼎前,把手指伸进了锅里,然后放到嘴里去尝其味道。这回子公倒是寻回了面子,却扫了灵公的面子,灵公起了欲杀子公之心。两个人大打出手,结果子公把灵公给杀掉了,这回灵公可真是永远没了面子。

在公共场合,人们的自尊心和虚荣心更为强烈,因此面子仿佛也比平日里更具分量。所以,在与人交往时,一定要给对方留面子,注意给他人台阶下。否则,像灵公那样,本来是要当众让子公没面子,到最后,自己不仅失了面子,还招来了杀身之祸。

知道给他人面子,别人才会给你留面子,既然面子对每个人都那么重要,我们就更应该注意别伤了他人的面子,多给他人面子,这样我们也就会越有面子了。

切勿让客套话"生产过剩"

两人初次相识,朋友好久没见,见了面难免大家要互相客套一番,一般说得都很短,诸如"您好、劳大驾、借光、请慢走"之类。这既表示你的礼貌,也代表你对他人的尊重之意。可是,如果不注重对方的生活角色,让客气话不小心生产过剩,不但起不到拉近两者距离的作用,反而会让朋友感到不安,甚至觉得你是个虚伪、迂腐之人。

1.客套话太多会让人"难受"

有的人习惯于张口闭口客套话,自己感觉不错,可是和他在一起的人要么感到坐立难安,要么觉得哭笑不得。如果你就是一个"盛产"客套话之人,在今后的日子里一定要注意自我节制了。比如说,一个朋友到你的家里来做客,你的老毛病开始发作了。因为你过于客气,朋友有些不知如何是好,生怕自己哪里没有说好让你不高兴了。没坐多久,如果你仍保持在一种客套的状态的话,你的朋友很快就会找理由离开的。而去你家,和你聊天,也会成为他的噩梦。当然,如果是新朋友客套一下也是在所难免,可是当你们都已经成为熟人的时候就必须控制好客套话的"生产",让彼此在一起能呆得随意一些,无论谈点什么都好。千万不要让你过剩的客套话把彼此的距离越隔越远。你试想一下,和你很熟的老朋友,你一会儿一个"府上",一会儿又一个"过意不去"、"表示歉意",好人都得叫你逼疯了。特别是当一个人把客套话当成是一种习惯的时候,就更有好玩的事情发生了。比如说,领导从厕所出来,正好撞上,你赶紧说:"吃了吗您?"你说领导的脸得黑成什么样子啊。也可能,领导会把脸一沉,回一你句:"你还没问我吃的什么呢!"

客套并不是不好,可是物极必反,什么东西如果过剩了就反倒会让人觉得讨厌了。

2.说客套话要注意哪些问题

(1)态度诚恳。如果与他人讲客套话,一定要说得充满真诚,让他人能感觉到你的真心实意。如果把客套话说得像是炒豆一样生硬,就会让人产生厌恶之感。另外,在讲客套话的时候,还要与礼貌的姿态相配合,如果嘴里说得挺文明,但是举止却很放肆,那你还真是不说为妙。在对待朋友的时候,大可以把平时说的客套话讲得稍微坦率一些,让朋友能够适应,而不是总是觉得你很奇怪,相信你就会得到更多的朋友。如果你所面对的人是你的长辈,把话说得客气一些反倒能表示出你对长辈们的尊重。还有一点要说的是,像那种早已经做古的客套话,如"小妹才疏学浅,一切请阁下多多指教","贵号生意一定发达兴隆"等,就不要拿出来特意卖弄了。

(2)有的说,没有的不可乱说、乱用。说着客套话,你却不一定会使用客套话。如果硬是卖弄着那一点半点的学问,倒不如问得细些更为得体。比如说,"久仰大名,如雷贯耳",倒不如说:"阁下不就是上次晚会上的特邀嘉宾

吗？真没想到你能来啊，真是蓬荜生辉啊。"这样的表达，才会更容易拉近彼此的距离。

事没办成，依然不忘感谢

求人办事若是办成了一番感谢自然是免不了的，可是事情没有办成还需要感谢别人吗？当然。事情不成人情在，即使对方没有帮你把事情办好，但是他却为你出了主意，尽了力，没有功劳也有苦劳，如果我们不但不感谢还让他人落了一身埋怨，想一下即使对方下次完全有能力帮助你的时候，你再去求他，对方也不会忘了前车之鉴，故而找个理由将你的请求推辞掉。他人不是你的一次性卫生筷子，用过之后就扔掉了，今日河东，明日河西，变幻莫测的局势无人能够把握。交友办事不能把眼睛只盯在成与不成的问题上，多一个朋友，结下了一份情谊，都可能成为一件好事。如果没有把自己的心态摆正，事情没成，你就老大的不高兴，甚至给他人摆脸色，对方就会认为你这个人修养较差，缺少人情味，根本不值得一交。

卡特是美国石油大王洛克菲勒的好友，也是帮助他创建标准石油公司的伙伴之一。但是有一次，洛克菲勒与卡特合资经商，因卡特投资失误而惨遭失败，损失巨大，受朋友的信任却给他帮了倒忙，出了这么大的事情，这让卡特很过意不去，以至于自己不知道如何去面对洛克菲勒。有一天，卡特走在路上，正好看到洛克菲勒和其他两位先生走在他的后面，他觉得自己没有勇气去回头，于是打定主意当作没有看见，继续低着头向前走。这时洛克菲勒也看到了卡特并叫住了他，微笑着对他说："我们刚才正在谈有关你的事情呢！"卡特一听更加地无地自容，以为洛克菲勒要埋怨他，于是他马上开口

说："这次真是太对不起了，你信任我，我却让你遭受了这么大的损失……"可是，卡特没有想到的是，洛克菲勒若无其事地回答道："我们能做到那样已经难能可贵了，这次多亏了你处理得当，使我们保存了剩余的60%，这完全出乎我的意料，谢谢你！"这一切太出乎意料了，卡特没有想到自己没有招致朋友的埋怨，反而得到了赞美和感谢。卡特心里充满了感激。后来，卡特做事更加地努力认真了，不仅为洛克菲勒挽回了损失，而且还为他赚了不少的钱。

每个人都应该有一颗宽容的心，再说毕竟是自己有求于朋友，朋友完全可以拒绝去帮助你。而他选择了试试看就是有心帮助你。如果朋友历尽周折，却因为某些原因只得无功而返，你得知后却连一句感谢的话都没有，那么谁以后还愿意来趟这个浑水呢？事情没办成，你仍要感谢，这无疑是给办事的人以信心和鼓励，不仅会使两人感情更为融洽，也为以后可能存在的机会种下了希望的种子。

有一个农村女子在大城市打工，出来多年自己有了一些资本，于是做起了小本生意。她有一个儿子在乡下，眼看就要上初中了，她非常想把他接到自己的身边来读书，受更好的教育。于是，她托了在教育局工作的朋友希望能办成此事。这个朋友只是教育局的一名普通职员，没有什么权力，但是基于是朋友所托自己也就尽力而为。可是费尽了周折仍然没有办成。虽然如此，这个农村女子仍然很感谢朋友的大力帮助，并且从家乡托人捎来了好多特产送给他。朋友认为自己并没有帮上忙，说什么都不肯收，农村女子却执意要送。事情过后，好像就没有什么新的事情发生了。过了三年，这个朋友居然被提拔成了教育局的副局长了，于是，他帮助农村女子已经要上高中的孩子顺利地调到了城里。

事事难料，人总不能为眼前活着。除去人情不提，一番感谢也许是为明天留下了机会。想一下，这个农村女子如果当初没有对朋友表示感谢，而是不理不睬，那么他的儿子又怎么会有到城市读书的机会呢？事情总会有成与不成两说，在求朋友办事的时候，不要太苛求，只要对方愿意帮助你，即使没有办成，也理应感谢，这一点是万不可忽视的。

第 11 课

化解敌意和处理
反对意见的技巧

这个世界上鲜有人愿意为自己树敌。中国自古以来讲究以和为贵，如果稍退一步可以解决问题且化解敌意的话，尽量为之。人与人之间的交往并不像是话家常那样简单，冲突、矛盾、敌对都像是埋在地里的地雷一样，不知什么时候就会踩到而突然爆炸。所以，防患于未然是每一个新时代女性应有的意识。自己多长一个心眼儿，多学习一些交际场上应对难题的技巧是大有益处的。

耐心地听完对方的抱怨

抱怨来自于失望和急迫的心情。在人际交往中,根据我们所处的社会角色不同,很可能会收到来自各个不同人群的抱怨之声。比如说,你的客户,你的家人,你的员工等。当你处在弥漫着怨气和怒气甚至有些敌意的场景时,你应该怎样去处理? 如何做才能拨开云雾见月明,如何化干戈为玉帛呢?

应对总则:

(1)"敌动,我不动。"保持自我情绪的平和。

(2)将说话语气放柔、放慢。

(3)耐心倾听。

(4)做出应对措施。

(5)尽可能地让对方"怨气尽消"做结尾。

1.抱怨者是你的客户

目的上:处理客户抱怨的目的是为了获得客户的理解和再度信任,防止客户因你在处理抱怨的时候极度不满意而在外大肆宣传你的服务不到位,从而影响公司的形象。

行为上:千万不要客户刚一开口,你就一味地急于向客户解释或辩白,这样只会浪费时间和令客户更加反感。正确的方法是,先凭由他说,你只要耐心地倾听即可。让客户憋了许久的怨气向外发泄一下,也是人之常情。在对方讲的过程中,无论他说得有多么啰嗦,多么的不中听,都不要流露出不耐烦的情绪,也不能打断客户的倾诉,要保持冷静。当客户讲完之后,你再根据其原因为他解决问题,如果超出自己的职能范围,就要向上级反映,由上

级出面解决。

态度上：如果客户对你产生抱怨时，无论对方的脾气有多差，口气有多冲，一定要告诉自己保持微笑，让客户感受到你的诚意。因为客户就是你的上帝。

心态上：要善于应用换位思考，站在客户的立场上想问题，从他们的角度来找寻事情的解决方法。

言语上：处理抱怨可以是道歉，也可以是说明，甚至也可以是说服。尽量多说一些客户喜欢听的话，适当的赞美之词也会对事情起润滑作用。因人而异，灵活对待，尽可能地把对话的双方的情绪从不满转成愉悦。

2.抱怨者是你的家人

目的上：解决问题是事件的关键，了解家人的需求，看看自己是否可以伸手帮一下。

对象上：如果是家里的老人，基本上话题离不开"为什么这么久不回家？""孙子为什么不来看我？""儿媳妇对我不好！"等琐碎的家庭问题；如果是丈夫，大体上就是孩子问题，家务问题等；其他人一般就是家长里短的繁乱之事。比如说："前几天你七大姑借给了我三万元，没用几天就要了回去，太没人情味了。""你八大姨家孩子上学我拿了一万元，我家儿子上学，她才拿了三千元！这种人！"等。

态度上：长辈要尊敬；平辈要平和；晚辈要奉劝。

心态上：家人找你抱怨，有可能你是当事人，也有可能你只是个倾听者，所以你的态度要有两种，前者要虚心、礼让；后者化解矛盾，毕竟家和万事兴嘛！

言语上：对长辈，哄着来，甚至撒点娇也不足为过；对平辈，自然、轻松；对晚辈，亲切、认真。

3.抱怨者是你的员工

目的上：了解员工抱怨情绪产生的原因，尽量给员工一个较为满意的答

复。

态度上：鼓励员工发言，认真对待，积极处理。

心态上：站在员工的角度思考问题，设身处地地为员工着想。有则改之，无则加勉。

行动上：给员工建立一个反映意见的平台，让员工能与你做最及时的沟通；鼓励员工合情合理地抱怨；倾听下属的抱怨；一定要追踪了解处理效果；防范于未然。

所有的抱怨都不会是无中生有的，一定会有引发它的原因存在。如果能够了解清楚其根本，解决问题也就不是什么难事了。女人在面对抱怨者时要保持冷静，不要被对方过凶的语气吓退，而是面带微笑，以柔克刚。当抱怨人听到你柔和的语气，看到你真诚的微笑的时候，心里的气已经消减大半了。无论你处于上述所提到的哪个一角色中，都要心里有一个信念，多一个朋友总是比多一个敌人要好得多。

对反对意见做些让步

在人际交往中，如果我们的意见比较占优势，而他人却坚持反对的时候，不妨暂退一步，不要把对方逼得喘不过气来，虽然这时坚持下去一定就会取得胜利，但是结果却是不乐观的。对方在走投无路的情况下顺了你的意见，但是却有了受到屈辱的感觉，而这一切他也一定会找个机会还给你的。何必要把事情做绝呢？人际交往最大的成功点，就是朋友与朋友的联系，一个接一个形成巨大的网，只有每一个环节都是友善的，这个网才算得上是名副其实。退上半步，给对方留下一些余地，从兵法上来看，也是一种战术。如

果你在攻打敌人的时候，没有给对方留下一条退路可走，而是把他们团团围住的话，敌人在走投无路的情况下只有选择背水一战，全力反击。你要知道，对方的那种反击一般是不顾后果的，最大的可能性就是双方谁都得不到好处。即使你胜了，往往也会造成一些不必要的损失。

在战国时期，齐景公的一匹心爱的马突然死去了，齐景公非常伤心，恨恨地扬言要把马夫杀掉。大臣们听了，一起劝阻他不可为了一匹马而滥用刑罚。可是，无论怎样都改变不了齐景公的心意。这时，一直没有作声的国相晏婴站了出来，大臣们都认为晏婴一定会去劝诫齐景公的，齐景公也早已经做好了坚决抗议的准备。但是，事实却出忽大家的意料，晏婴对齐景公说："这个可恶的马夫，该杀！"齐景公一听晏婴原来是和自己站在一边的，心中一喜，于是叫人把那个马夫带上来，听晏婴把他的罪过说清楚。晏婴则给马夫列了三大罪状。齐景公满意地连连点头。可是当晏婴讲到第三条"使天下人知道我们国君爱马胜过爱人"的时候，齐景公有所醒悟了。这时，晏婴大声地说："来人，按大王的意思还不推出去斩了！"齐景公此时已如大梦初醒，赶紧对晏婴说道："相国息怒，寡人知错了。"

好一个晏婴，当他看到众人力谏，齐景公却不为所动的时候，来了一个缓兵之计。先在表面上对齐景公做出一些让步，让齐景公心不设防，而后再给他一个有力地回击。这样既可以达到事先想要得到的效果，还避免了君臣之间出现针锋相对局势，真可谓是一举两得。当我们在面对这样的场合的时候，有些话一旦说不好，很可能会让双方陷入僵局，彼此伤了面子和和气。但是不说的话，又会把根本的利益牺牲掉。这时，可以适当地对他人的反对意见做些让步，赢得一些自己做解释的机会，然后再以退为进，一举成功。

从另一个方面来讲，人都有一个通病，比如说一个人花了大价钱买了一件衣服，到手后觉得很不值，可是当一个朋友对你说："这太贵了，他们怎么可以这么过分，占了你多大的便宜啊。"这时，我们的第一反应是为自己辩护，虽然我们心里知道吃了亏，可是没有人肯听别人否定自己判断力的实话。但是,如果你的另一个朋友对你说:"还不错,样子多么别致啊。"面对朋友的肯定,我们往往会说实话:"哦,我是觉得它的价钱有些贵了。"这就是人性的特点。所以,当我们遭遇到反对意见的时候,不妨做一些让步,也许你会有意想不到的发现。

尽量避免当面争辩

冲动有的时候会导致人们失去理智。最常见的就是在娱乐圈发生的那些风风雨雨的事。不得不说,娱乐新闻记者提出的问题可以说是个个尖锐,有些涉"圈"未深的新秀往往会因为这些问题而感情失控,当场与之争辩起来。这恰恰正中了他人的下怀,冲动的争辩中新秀常会不自觉地另爆出一些不为人知之事,从而给自己制造了更多的负面新闻。虽然我们不是什么明星,也没有人会过多地关注我们。但是,这里是要告诉女人一个道理,当面争辩不仅会打破原本祥和的气氛,而且还有可能因为不自觉的口误,而使本来的计划出现纰漏。到那时,即使是丢了羊,再补牢损失也是无法追回来的了。因此,在生活中我们应该尽量避免这类事件的发生。

那么,造成争辩的矛盾是如何产生的呢?原因不外乎以下几点:

1.意见相异

也就是说,这与双方关系好坏无关,最主要的矛盾点是因为大家对同一个问题有着不同的看法。并且双方中的任何一方都不妥协,各执一词,都觉得自己是最有道理的。

2.个人好恶不同

也就是说,双方在人际上有一定的交往,可是因为各自的兴趣和爱好有明显的不同，而导致了双方互看不顺眼的局面。比如说，甲喜欢做的事情恰好是乙最讨厌看到的事情，因而两人产生了矛盾。多发生在家人、同事、邻里之间。

3.感情不和，交情不好

也就是说，因为彼此在某些方面缺少对对方所做事情的认知和理解，又没有及时地加以沟通，时间长了在彼此之间产生了隔阂，造成了双方都看不顺眼的情况产生。多发生在夫妻、父母和子女、婆媳之间。

4.个性不和

也就是说，双方在性格方面相差过大，而使两人在行动及为人处事方面产生了较大的差异，从而造成了相看两不顺眼的情况产生。比如说，急性子的人往往看不习惯慢性子做事磨蹭的行为，反之亦然。

有一只骡子走到半路忽然来了脾气，四只脚像是钉上了钉子一样，无论主人怎么拉它，它都不走。主人一气之下，挥起手里的鞭子使劲地打它，可是骡子反倒是更加地耍起了脾气，半步都不肯迈。主人气极了，加大了手里的劲儿抽打它，却丝毫不起作用。这时一个老和尚带着他的小徒弟从此路过，老和尚看到了这个局面，赶忙上去制止了主人。并对他说："慢！慢！每当骡子闹脾气时，有经验的主人不会拿鞭子打它，那样只会让情况更加严重。"主人停了下来不再打骡子了。小和尚忙问："那该怎么办呢？"老和尚说："你可以运用智慧，很快地从地上抓起一把泥土，塞进骡子的嘴巴里。"小和尚好奇地问："骡子吃了泥土，就会乖乖地继续往前走了？"老和尚摇头道："不是这样的，骡子会很快地把满嘴的泥沙吐个干净，然后，在主人的驱赶下，才会往前走。"主人听了老和尚的话马上又去驱赶骡子，果然，骡子开始往前走了。看到这一切，小和尚诧异极了，忙问师父："怎么会这样？"老和尚微笑着解释道："道理很简单，骡子忙着处理口中的泥土，便会忘了自己刚刚生气的原因。这种塞泥土的做法，只不过是转移它的注意力罢了！这个方法用在骡子身上有效，同样也适用于人发脾气的时候……"

当双方针锋相对的时候,就与这闹了脾气的骡子是一样的,如果你与对方争辩只会让事情越闹越僵。主人使劲地打骡子,骡子倒是越打脾气越大,越是不走。这就像你和对方去争辩一样,问题不但无法解决,反倒是越来越被动。这时,你不如先转移一下话题,待双方都冷静过后,再行议事,往往会取得较好的成果。

对不好回答的问题,找个合理的挡箭牌

每个人都有自己的敏感区,当我们和他人交谈时,不经意触碰到了它就会让我们左右为难,前进也不是,后退也不妥。这个时候,你不妨找一个合理的挡箭牌给彼此都搭上一个下台的梯子,以防止双方对立或僵持不下的局面发生。除此之外,人们还可能随时会碰到他人提出了一个你不便于回答的问题,此时不妨机智一些,幽默一点,找个适当的理由,让大家淡忘掉问题,皆一笑而过。

在西汉时期,传说汉武帝晚年经常梦想自己长生不老。有一天,汉武帝对身边的近臣说:"相书上说,一个人的鼻子下面的'人中'越长,命就越长,'人中'长一寸,能活百岁。不知是真是假?"不料,这句话却被坐在不远处的东方朔听到了,他心里暗想"皇帝肯定又在做长生不老的梦了",不禁把下嘴唇咬了一下,又微笑了一下。但这一举动却被汉武帝看到了,他很不高兴地对东方朔说:"你怎么敢笑话我?"气氛一下子降到了零点,可是东方朔却毫不畏惧,反倒是从容地站了起了。脱下了帽子,毕恭毕敬地回答说:"我怎么敢笑话皇上呢?我是在笑彭祖的脸太难看了。"汉武帝问:"你为什么笑彭祖呢?"东方朔说:"据传彭祖活了800岁,如果像皇上刚才说的'人中'就有八寸长,那么

他的脸不是有丈把长了吗?"汉武帝听了,禁不住哈哈大笑了起来。

人难免会遇到一些尴尬的局面,当你面对一个自己不便于回答的问题时,不妨扯上一个让人还看得过去,却也能接受得了的理由做挡箭牌,便可以使自己顺利地渡过难关了。而具体的方法也不外乎是以下几种,可以酌情使用。

1.转移话题,制造轻松气氛

在交际场合中,如果遇到了一个对方很敏感且不便于当众回答的问题时,不妨暂时回避一下,通过幽默的方法将严肃的气氛做一次转型。比如说,对方提问:"你对这次中国足球没有打进世界杯有什么看法?"如果你所处的场合使你不适合去谈论这个问题,你完全可以就此问题中的关键词为跳点,转移话题。你大可以说:"说到足球,我倒是想起了一件很有意思的事情……"这样的话,无论你搬出的是一个什么样的故事,都显得那么合情合理了。

2.给他人搭台阶

在某些情况下,我们找个挡箭牌并不是为了自己安渡,而是帮助对方下台阶。这样一来对方也会心怀感激。比如说,在一次老同学的聚会上,一个男子谈到了兴头上,对一名女子说:"想当初,你还追我来着呢!"谁知这名女子却毫不给面子,冷淡地说:"谁追过你呀,真不要脸!"一瞬间,大家都陷入了尴尬之中。这时多亏了另外一个女子站出来说:"我们灵灵怎么还像当年一样,性格那么直爽呢,真是一点也没有变啊,活该把你们说下去!"哈哈,大家哄堂大笑,尴尬瞬间消失了。

3.懂了装不懂,自然不会尴尬

在交际活动中,人们常常会因为彼此之间言语失当造成误会,常常会说出一些让别人感到惊讶的话语,做出一些怪异的行为举止,从而导致尴尬和难堪场面的出现。这个时候,为了避免尴尬的继续加深,你完全可以采用懂了却装不懂的方法来应对,所问非所答往往会让你化险为夷。

4.权衡局势,让大家都满意

在交际场合,如果你是以调解者的身份出现的,就应该本着理解争执双方此时心理和情绪的态度，不要厚此薄彼，要对双方各自的优点都给予肯定。如果实在难以调节,最好还是把他们共同的领导或是长辈搬出来做挡箭牌,自己全身而退就好,否则,好人没当成,反惹一身鱼腥臭,那你岂不是倒霉透了。

学会比别人先说"是我的错"

舌头没有不碰牙齿的,只要是与人相处难免会有这样那样的矛盾产生。也许是一句话没有说对,也许是不经意的一个小玩笑,冲突就产生了。再激烈一些的,双方破口大骂甚至大打出手,这将会把冲突激化到最高点,不仅伤了彼此的感情,还有可能造成他人身体上的伤害。事实上,在冲突中是不会有真正的胜利者的,如果是因为自身的原因引发了令他人恼火的事情,你大可以表现得大度一些,诚恳地说上一句:"是我的错……"纵使对方有再大的火气也都会降下来了。在人际交往中最难得的也正是这种"是我的错……"退一步海阔天空,你没有少一个朋友,也没有多一个敌人,难道这不是最好的解决之道吗?

有的时候,自己无心的一句话只是想逗大家一乐,却不想那边早已经有人拉了长脸变了颜色。你正沉浸在自己的机智中没缓过劲儿来呢,根本不会料到就此跟某人结下了梁子。在朋友之间,同事之间,伤害和玩笑往往只在一线之间。在这种情况下,过后大家都平静之后,双方都应该发扬出自己的高风格,先去对对方说"是我的错……"这样的话,也许你就挽回了一个好同事、好朋友。

棘手的事，请将不如激将

面对难缠的角色着实会让人们感到头痛。大道理讲了八百六十遍却一点不起作用。如果直接指出他人的错误，有的人脸皮厚，无论怎么讲我都可以当作没有听到，其结果无效；有的人好脸面，如果张口闭口大讲其弊处，恐怕他人心理难以承受，其结果也可称之为无效。这个时候，不妨动点脑筋，从他们自身的性格特点下手。你要知道，无论是大人物还是小人物，每个人都是有自尊心的，他们喜欢让他人觉得自己是很重要的，所以当你无方可想的时候，不妨使用点极端的方去，走点迂回的路线，从他人的自尊心入手，也许会收到更好的效果。

在三国时期，曹操准备镇抚关中以后，即回师洛阳。可是关中某地豪强许攸拒绝率部归降曹操，还说了许多谩骂曹操的话，曹操大怒，准备去征讨许攸。群臣都觉得曹操做此决定实为不妥，最好用招抚的办法使许攸归顺，以便集中力量对付吴蜀军队的侵扰。可是，曹操在气头上，哪里听得进这些话，心里只想着许攸骂了自己，一定要给他好看。群臣再劝，曹操就把刀横在了自己的膝上，群臣便吓得没有一个人再敢言语些什么了。

唯留府长史杜袭却仍上前劝谏，曹操劈头喝道："我的主意已定，你什么都不要说了。""主公，你看许攸是个什么样的人呢？"杜袭问道。曹操怒气冲冲地回答道："不过是个匹夫罢了。"杜袭说："对啊，了解贤人的只有贤人，理解圣人的也只有圣人，像许攸这样的人，怎么能了解您的为人呢？所以，您犯不着去跟他生气。现在大敌当前，豺狼当道，您却偏要先去打狐狸，人们会议论您避强攻弱。这样的进军算不上勇敢，收兵也算不上仁义。我听说力张千钧的巨弩,对小老鼠不会扣动扳机;重逾千斤大石,不会因小草棍的敲打而发出声音。现在一个小小的许攸,哪值得劳您大驾呢?杀鸡岂能用牛刀?"曹操听了杜袭说的话,觉得很入耳,便爽快地接受了杜袭的劝告,以优厚的条件去招抚许攸,许攸如他们所料,果然被招抚了。

在社交场合中,有的时候自尊心是最重要的。曹操明明知道群臣说的道理都是正确的,但是却坚持去打许攸,这是为什么?是因为许攸说了曹操的坏话,骂了他,伤了曹操的自尊心。而杜袭恰恰是看出了这一点,故意贬低许攸,而抬高曹操,让曹操的自尊心得以满足,达到这样的目的之后,再请求曹操"大人不计小人过。"曹操一想,是啊,我怎么会和小人一般见识呢!自然就会听得杜袭的劝说了。不仅仅是大人物,小人物也是有自尊心的,对待他们,同样适用。

拒绝的话也要让人听着顺耳

人与人的交往中,拒绝与被拒绝是必然的。道理说出来好像十分的理所当然,可是真要是做到那一步却不是一件容易的事。当我们的朋友或是同事来找你帮忙的时候,虽然我们很想伸出援助之手,却因为自己的能力无没去满足对方提出的要求,或者不愿意去那样做,但是嘴里的这个"不"字,却怎么也张不开口。一方面,我们害怕因为自己的拒绝而伤害到彼此的感情;另一方面,害怕自己说不好而使彼此陷入尴尬之中。事实上,拒绝他人确实是很难说出口的,一个不小心两人之间就会有了隔阂。但是,如果我们能在生活中注意说话的含蓄和否定的技巧,这种情况就可以避免发生,甚至会把本来看似"无情"的拒绝之词变成能让对方欣然接受的话语,那岂不是美事一

桩吗？

1.请别人帮助转达

这种方法意味着拒绝一定会成功。因为无论对方同没同意你都不得而知了。因为别人只能把话帮你带到，而不能像小跟班一样，再把对方的意思给你递回，那样的话就实在是太滑稽了。比如说，参加朋友的生日会，家里临时有事走不开，你就可以让也是参加生日会的朋友，帮助你把礼物和祝福和你未能参加的歉意一并带到。

2.找个适当的理由

找理由是我们最常用的拒绝别人的方法之一，但是，其结果也常常会引起他人的不满。实际上，如果你的理由真实，语言诚恳，一定会让对方接受的。比如说，有一名记者去登门采访一位知名的画家。因为事出突然，老画家并没有什么准备，所以有些不愿意接受采访。这时恰好电视里的球赛开始了，于是老画家对记者说："我是个老球迷，球赛一开，心就全到那里去了，你看，如果要是接受你的采访，我本身也是想抱着一个认真的态度。我看这样吧，我们哪天再另外定好一个日子，我们再好好地谈一谈，你看怎么样？"虽然，记者没有采访成功，但是听了老画家的一番诚挚的话语，便有礼貌地告辞了。

3.以圆应方

意思就是说，当你拒绝了他人的这个要求的时候，可以用另外一种比较合适的方式来替代他人对你的请求。比如说，你的朋友让你帮他到附近的超市去买一袋瓜子，而你却不想动，正好你的包里有半袋瓜子，这时你就可以说：这样吧，我这里有瓜子，今天早上开的封，你先吃着吧，就别买了。

4.另做选择

当你的朋友邀你一起去做某事时，恰好那件事是你所不喜欢的，直接拒绝可能会造成误会，朋友会觉得你不给他面子。所以，不妨把他提议式换成你提议式就万事可解了。比如说，朋友邀请你到网吧去玩，但是那种场合却是你十分不喜欢的。你不妨这样说，我肚子有点饿哦，我们去吃饭吧，然后我请你去滑旱冰好不好？如果正赶上你没有时间，你也可以说："这次我记住了，可是今天实在是有事情，改天好不好，你可不能耍赖哦！"

5.转移话题

当你的朋友让你去做一件你不想去做的事情，你可以采用顾左右而言他的方式，朋友自然会明白你并不感兴趣的事实了。比如说，朋友约你周末去逛街，如果你说："这周加班加得太累了，终于到周末了，可以好好睡上两天了。"你说完这话，朋友就自然不会和你提出去玩的事情了。

6.找个借口

如果有人想让你去帮助他做些什么事，不妨找个借口，虽然这里面含着一点点欺骗的成分，但是确实是屡试不爽的一招。比如说，下班的时候，你的同事让你帮着他一起打扫卫生，而你又十分想早点回家，不妨说："真是太不好意思了，今天恐怕真是帮不了你了，朋友约五点半在西站见，现在都快要迟到了，真不好意思啊！"这样一说，同事当然不会强人所难了。

先让对方提出可选方案

先打个比方，一个盒子里有五颗不同颜色的珠子，它们分别是红、黄、蓝、绿、紫。如果你要开一个新的店面，想要用其中的一种颜色来装修，此时你心里中意的是红色，但是你却让店里的员工们去从五颗珠子中推荐出一种。于是员工很高兴，觉得自己老板很尊重他们的想法。当然，他们的意见也是不统一的，经过私底下多次地友好协商，大家挑出了绿色，你看了一下，说道："再选一个吧！"于是员工们又挑了红色，正中你意，于是你同意了。其最终的结果是一样的，员工们都认为那是他们一致选出来的颜色。但是只有你

知道"那还是你自己的想法"。让对方自我感觉良好地接受你的意见，往往会省去了争论、决定、怀疑等许多麻烦，因为对方会觉得"那是我们的意思"。这真是个好办法，对吗？

罗斯福曾任过纽约市长，那时大家本以为罗斯福得费上一些精力来对付那些不太安分的政治头目，可是一切却似乎来得那么平静。有一次，普兰特·马修斯去拜访罗斯福，并向他请教，他是如何使那些政治头目听话得像羔羊一样，又是怎样做到既能赢得这些人的友谊，又能将他们所反对的一系列改革实行下去的。

罗斯福便把他的策略讲给马修斯听。原来在罗斯福刚开始实行这个计划的时候，正好有一个机要部门缺少一个重要人物，于是他便借机会去拜访那些政治头目，然后以特别诚恳的语气希望他们推荐出一个人来。第一个被他们推荐上来的这个人很可能是具有返岗嫌疑的，要犹为小心。于是罗斯福对他们说："恐怕人们不会赞成委任这样的人。"第二个被他们推荐上来的人，基本上就是一个走狗或是顽吏一类的人，虽然这样的人还不致于让人讨厌，但是也不会让人产生好感。于是罗斯福对他们说："这也不是人们所希望任用的那个人，我请你们再推荐一下，看看是否还有人能胜任这个职位。"第三个被他们推荐上来的人也大体上和前两者差不了多少，算不上什么特别好的。于是罗斯福对他们表示感谢，并希望他们再试试。第四个被他们推荐上来的就肯定是能让人接受的人了。也很巧，他正是罗斯福心中合适的那个人选。于是，罗斯福再次向他们表示感谢，并且任用了他们推荐上来的人。而这种举动就很容易让那些政治头目相信，罗斯福之所以任用那个人，完全是他们极力推荐的结果。罗斯福说："正是这种策略让我赢得了许多政治头目的友谊。我也会告诉他们，为了取悦他们，我曾经做了这些事情，现在，是他们为我做一些使我愉快的事情的时候了。"果然，在一些改革的推动过程中，他受到了那些人的支持。

实际上，这个方法的道理很简单，不一般的是罗斯福的用心。从罗斯福的例子中我们应该警醒,特别是那些从事商业活动的姐妹们。也许,我们也总是在花很多的时间和精力与人协商,也经常会遇到那些很难搞定的客户。有的时候,甚至我们觉得都要把自己的心掏出来给他们看看是什么颜色的了,却还是很难换取到他们的信任。当你再碰到类似情况的时候,不妨也学一学罗斯福的做法,请引导他们自己提出一些意见,到那个时候,他们一定会容易地接纳你。而且,你不要忘记,当他提出意见后,一定要表示出你的感谢之情。它就会成为姐妹们驰骋于商场的有效策略方法之一。

建立私人之间可以信赖的感情

信任,从来都是一个沉甸甸的字眼。在快餐文化盛行的今天,它似乎一举跃升为最耐人寻味的东西。每个人都渴求它,但却不是任何人都能得到它。因为它是一个人无法独立去完成的工作。想给信任找到一个可以作为参考的标尺,似乎这种东西却又是不存在的。如果程式化地去评估,条条框框地去规定,却又觉得仿佛在过程中遗失了什么。虽然,参透它很难,但是拥有它的人又能真切地体会到那种让人欲罢不能的滋味。信任可以左右他人的行为,如果双方之间缺少应有的信任,就可能会产生误解;如果你赢得了别人的信任,也可能会给你带来意想不到的惊喜。

有这样一个故事,东村和西村相隔不远。在媒婆的搓和下,东村的李家和西村的张家订下了儿女亲家。一天,两个未来的亲家在田里不期而遇,虽然相距很远,但是两人都看到了对方,于是互相摆手问好。中间休息时,李家公从身上取了点什么,背着未过门的亲家自己卷了点"东西"悄悄地抽着,生怕人家瞧见,却不巧被张家公看到了。张家公心想:"你自己偷偷摸摸地抽烟,烟少

不舍得给我抽也就算了,可是连客套一下都没有,还真是瞧不起人啊!"

过了几天,张家公赶集回来,没舍得花兜里那几个铜子,什么也没买。在路上碰到一泡热气腾腾的"宝贝东西",哪舍得丢弃,于是就摘下头上的毛巾兜起它急匆匆往家赶。事情就是这么巧,恰逢李家公出门办事,两人又不期而遇。两个亲家迎面碰到了,支支吾吾地寒暄了一下,都有点不好意思地分道而去。李家公心想:"你赶集回来兜着'好吃的',不说让我尝尝也就算了,连个让的意思都没有,还真是好意思?"

于是,两个亲家公各自憋了一份心事。

眼看着儿女大喜的日子临近了,媒婆来联系迎亲的事。两个亲家公再也憋不住这个火了,都向媒婆倾诉了自己的看法。张家公说:"李家公太看不起人了,'抽烟'都偷着抽,也不让让。"李家公说:"张家公也太不像话了,两人都碰上了,都没说让品尝'包子'。"媒婆大惊,怎么还会有这样的事情发生呢?于是忙去核实。可是出结果的时候,事实却让人哭笑不得。李家公说:"不是我小气,我是用破棉袄套子卷的'烟',怕人家笑话才偷着抽。"张家公说:"不是我不让亲家品尝,我兜得不是包子,而是还冒着热气的一泡牛粪呀。"弄了半天,原来是一场误会。

如果人与人之间缺少信任就会经常产生这样的误解。两个亲家公还是幸运的,至少最后他们把事情说开了。假如两个人一直都闷着不开口说出来的话,怨来怨去怨成仇,事情就闹大了。由此可见,在人际交往中,获得他人的信任对事情是否能够顺利地发展起着不可忽视的作用。想要有效地影响他人,最稳妥的方法就是让他人知道你有多么看重他们。大到互帮互助,互惠互利,小到那些十分自然、简单的小动作。比如说,诚恳地打招呼,会心地微笑,或者是给他人传递"我是信任你的"任何动作。也许在开始的时候,他们会表现得有些冷漠,但是暗自里,他们的自尊心却得到满足。因为他们能感觉到你是在意他们的。每次我们微笑地面对他人时,就传递给人这样的信息。以善意和真诚的方式来守望别人的信任,很有可能命运就会给你打一个

幸运的擦边球。

古马是一个性格十分古怪的人,小城里的人常常会在背地里嘲笑他。因为他从来不和别人打招呼,也从来不会笑,很少说话,似乎对每个人都充满着敌意。同在这个城里,有一个牧师,他总面带笑容,喜欢和任何一个人打招呼。每次在大街上,牧师碰到古马的时候,不会像其他人一样去嘲笑他,而是面带微笑,亲切地对他说:"你好,古马先生。见到您很高兴。"古马每次都只是看上他一眼就匆匆离去。而后不久,古马就消失在小城中了,但是没有人会注意到这个不讨人喜欢的人。

这样安静平和的生活又过了三年,战争就爆发了。为了让顽固分子无处可逃,战胜者对小城进行了血的屠杀。他们把人们赶到一个宽阔的广场上,一个士兵穿着的人大声地向人们宣布。一会儿将军会亲自挑选良民。被点到左面的人就能活着,被点到右面的人就将被处死。人们的心提了起来,没有人知道,自己究竟是生还是死。一会儿,将军到了,让所有人诧异的是,这个人居然是古马,他居然做了将军。古马依然板着脸,因为他恨痛这个小城,他想让那些嘲笑过自己的人都死去。于是,他站在队伍的最前面,一个一个地把人们分到左面和右面,幸运的人很少,惨叫声却不绝于耳。轮到牧师了,当他看到古马的眼睛的时候,可能是出于自然反应,他居然生硬地笑了一下然后说:"你好,古马先生。"而奇怪的事情也发生了,古马居然回了一句:"你也好,牧师先生。"然后把手指到了左面……

谁能想到,牧师当年的微笑和诚恳的问候居然换来了今天"生存"的机会。在这个世界上,也许真的没有什么东西比微笑更能表达我们对他人的尊重了。女人们也要常带着微笑,它会给你带来更多的好运。

第 12 课

打动人心赢得信任的技巧

　　守信是中国人的传统美德。商人讲究"诚信为本"，老百姓追求"诚信做人"。要想赢得别人的信任，除了要抱有这样的心态之外，还要学习一些技巧，让别人有机会感受到你的"诚"，这才是良好合作的开始。当对方把你当成毫不设防的"自己人"时，愉快的气氛中，你就有可能梦想成真。

交流时先创造一种和谐愉快的气氛

会说话的女人更讨人喜欢,无论是朋友之间,同事之间,还是商业伙伴之间。和谐愉悦总会给人际交往的气氛增色不少。聪明的女子善用谈笑的口吻提高自己的人气,获得他人的信任。在谈笑间,就算是偶尔出现了不愉快的事情,也会在哈哈一笑的瞬间得以化解。那么,要如何去做才能让自己成为创造和谐愉悦的"发动机"呢?

在谈话时,要注意这样去要求自己:

1.面带笑容

女子的笑容是感染快乐最好的方法。嘴角含笑或面带喜色是一种比较适宜的表情。这样会让对方认为,你与他谈话是一件十分令人高兴的事情,从而使对方的心理得以放松,有助于两人进一步地深入了解。

2.声音的掌控

语速要适当,如果太快了很可能让对方无法听清楚你在说什么。语调要尽可能沉稳,但是不要失了亲切感。音调不要太高,如果音调太高常常会引来旁人的侧目,引起尴尬。当然,更不可忽高忽低,如果突然来了一个"河东狮吼",心脏再好的人可能也会受不了。

3.说话要有所节制

爱说话可能会表现出你开朗的一面,但是也有可能让对方觉得你不稳重,难做大事。所以,女子在与对方交谈的时候,最好先符合"大众口味",以达意抒情,不令人生厌为好。另外,女子的沉默有时候也是一种交际语言,有时会收到意想不到的效果,比如说"娇羞"等。

4.身体姿态为说话吸引力加分

说话时的身体姿态也是有"功用"可寻的。端坐或站立，表示你想真诚地听对方说话；两脚平行放置站得稳稳地，表示你愿意听下去而不是随时准备走人；交叉双腿或双脚，这表示你对对方有防备甚至是敌视之意；与人说话时身体稍稍前倾，表示你在专心地听他讲话，很乐意与他接着谈下去。只要在合理的时间，合理地运用这些身体姿态，都会为你的语言起到锦上添花的作用。

5.心灵窗口的对话

我们每个人都有这种感受，当你和别人说话的时候，与他做一下目光的交流你就会知道对方有没有好好地听你讲。如果有，劲头更足；如果没有，则草草结束话题。所以，让对方知道你在认真地听的最好方法就是"目光交流"。一个眼神也许会比你说上十句话还要起作用。善用这一点，适时地加上肯定地点头，其效果就会更好了。

6.谈话方式的选择

在谈话过程中切莫东说一下，西说一下，颠三倒四让人摸不到头绪。而是要应着一个双方都感兴趣的话题来说。有些女人说话爱唠叨，这一点不应该带入到人际交往中来，如果在谈话时总是有意无意地说一些毫无意义的话，不仅会使你的表达显得不连贯，还会让对方感到在其中夹杂着犹豫不决的心态。

7.柔性美不可过度

一般来讲，女性讲话都比较温柔。当然，适当的"温柔"会让人有如沐春风之感，但是如果一旦"过度"，且谈话的对方是男性，就会很容易产生误会。不仅如此，温柔的声音也会让女子显得信心不足，不敢确定。

8.与之谈话时应注意的事项

寒暄是必要的，但是说得过长过多就会让人心生厌烦。开场白也不要讲得过于啰嗦，自己想好再说，脱口而出，想到哪里说哪里很容易让对方越听越糊涂;在谈话过程中,不要左耳听右耳冒,看上去在认真听,一旦别人临时发问:"××女士,你说对吗?"你愣愣得地回一句:"你刚才说什么了?"那笑话可就闹大了。

特别提醒女子要注意的是,对于一些"尖锐"的话题,为了让它听起来没有那么锋利,往往都要加上很多修饰语或是软化语气。虽然,这种做法是没有什么毛病的,但是如果过于委婉,就会造成让对方不知其意,不明其理的结果。

通过闲聊一点一点打动对方

人与人相处总免不得闲聊上几句。可是大多数人说的都是废话,闲聊过后自己都不记得说过什么,而和你一起闲聊的人大抵上也是哼哼呀呀地应着,也记不得你的话。这无疑是一种浪费,懂得用闲聊的方式在不知不觉中打动对方的人,才算是人际高手。

情景一:出差的火车上。

孙红跟着处长去外地出差,在火车上两个人聊了起来。处长给孙红讲了许多自己年轻时在外独自打拼的事情,孙红听后感慨良深地说,处长,一个女人在外面要吃那么多苦,您真是太不容易了。处长笑了笑,没有搭话。孙红接着说:"我在公司也已经三年了,也见过了许多人,许多事。在咱们公司里我最佩服两个人……"孙红顿了顿接着说:"一个是咱们公司的老总,从白手起家到现在拥有了这么大的公司真是太不容易了。而且,那么大个老总待人还那么亲切,一点架子都没有,太了不起了;第二个,就是您。同为女人,我可知道女人的成功要付出多少努力啊!有的时候,我觉得工作太累了,就不

知不觉地想起您,您就是我的榜样。"

任谁听了孙红的这一番话心里都会无比敞亮。这种模式的说话技巧关键在于"我最佩服两个人,一个是1,另一个是2。1指的是一个两个人都共知的优秀的人,2当然就是和你说话的那个人了。虽然两个人做比较1会比2更优秀,但是1的作用弃其量就是个帮衬,后面的内容才是打动对方的关键点。

情景二:给老师祝寿。

老同学们相约着去给老师祝寿。相隔多年,孩子们都长大了,老师挺兴奋。一会儿看看这个学生,一会儿拍拍那个学生,好像每个人都是他的孩子一样。同学们围坐在老师的身边,回忆着当年的点点滴滴。有个同学提议,每个人都向老师说一句话,大家纷纷表示同意。有的说:"老师,您辛苦了。"有的讲:"老师,想想您当年教得真好。"还有的说:"我们永远都不会忘了您。"轮到小丽了,她说:"老师,在这个世界上,父亲是我最敬重的男人,母亲是我敬爱的女人,您就像我的母亲一样,只要有事情开口叫我去做,我绝不说一个'不'字。"老师点着头,眼睛里泛出了泪光……

为什么那么多同学说过之后,轮到了小丽,老师会显得如此激动呢?这个关键点在于"母亲"。"在这个世界上,父亲是我最敬重的男人,母亲是我敬爱的女人,您就像我的母亲一样。"前面把对父亲和母亲的感情做一番描述之后,再把对方比成他们其中的一人,就可以彰显对对方的尊重和热爱。

话虽如此,说话人本身内心的感情也是不可忽视的。如果这些方法,你只是把它们当成了"华丽的词藻",只是为了帮助自己达到某种目的,也许他人会暂时被你打动,但是,这种没有感情的外在的词藻是不会长久的。你只是给情感账户做了一个假账,总有一天,它会回归于真实的。

找到对方的"兴奋点"，引起共鸣

一般认为，情绪是生物在产生意识、高级心理活动的基础上而产生的主体的愿望、需要、欲望、追求目标等为中介的一种心理活动形式。情绪就像感冒，是具有传染性的。但是，并不是所有情绪都可以在无声无息中以同样平静的方式进行传播。在人际交往中，要想得到对方的信任和喜爱，我们要传递给他人的是快乐和温暖。而当别人失败或沮丧的时候，我们也要让他人感觉到，我们在因你的失败而惋惜，在因你的沮丧而痛惜……总之，要让我们和对方的情绪产生共鸣，让他能够知道，我们彼此是感同身受的。情绪的信息表达会给对方传递怎样的感受和行为呢？

1.如果你对他人表现得热情且友善，对方也会以同样的态度对待你。

2.如果领导对下属的工作能力表示很失望，那么这种情绪会激发下属的斗志，希望通过努力来让领导消除这种想法。

3.如果你对他人微笑，讲有意思的事情，他人也会受你快乐的感染从而快乐起来。

4.如果你很苦闷，即使和他人在一起时，也总是唉声叹气，那么对方也会觉得心里闷，不痛快。

5.如果你对他人大发脾气，对方也会火气上头和你对着争吵。

情绪就是这样一种奇怪的东西，它好像是一面镜子，你对镜子笑，镜子里的人就会对你笑。你对镜子哭，镜子里的人也同样会对你哭。这种功效在人际交往中同样有用。

1.音乐传情

当洞悉他人思乡的时候,你不妨为他播放一支乡曲,让他知道你和他感同身受;当洞悉他人欢心雀跃的时候,你不妨为他播放一支节奏欢快的曲子,一起跳舞,让他知道你也在为他高兴;当洞悉他人讨厌喧嚣的时候,你不妨为他放上一支优美的曲子,让他知道你和他一样也想要感受平静的快乐……音乐的魅力是无限的,它可以帮你把情绪做一个最完美的诠释,然后传递给对方。

2.把别人当成自己

当他人身上发生难堪、痛苦、不快的时候,你要学会把别人当成自己。将自己的情绪带入到他的情绪中,才能以情动人,感同身受地给予对方必要的安慰和关心。

3.用微笑给对方带来快乐

你对别人微笑,很少有人会对你视而不见。当别人看见微笑的第一眼就知道你是友好的,充满善意的。微笑是最有感染力的交际语言,是向对方传递快乐最好的方法。虽然微笑的作用很神奇,但是,如果真的想达到效果还要注意几点小事项。

(1)注意他人的情绪,倘若他人原本情绪十分平和或是本身就带着一丝快意,那么就尽情地施展微笑的武器吧。如果再讲上一些幽默的小故事或是谈一些对方感兴趣的话题,会让快乐的因子渗入得更快。倘若他人极度地忧伤或是心情暴躁,那么还是不笑为妙,你若是还是微笑以待的话,很容易让对方误解你是在看他的笑话。

(2)相信自己笑得很美。在微笑之前,你需要相信微笑有一种感染人的积极力量,富有自信的微笑更能打动人。而且,微笑要发自内心,才会迅速地传递到他人的内心。

(3)程度的把握。微笑是向对方表示一种礼节和尊重。淡淡的笑往往会起到更好的效果。

4.用鼓舞的话语激励他人

当对方因为失败而气馁的时候,你首先要肯定对方的能力,并且让对方感受到被信任的力量;其次,有技巧地让他重新肯定自己。比如说:"你看王力,他工作业绩也没有你好,人缘也没有你好。他都能做得那么有成绩,你差哪里啊? 只要你想干,一定做得比他强。"

良好情绪是人际交往过程中的润滑剂。掌握好这些技巧,得心应手地运用情绪心理规则,你就能控制好情绪并达到用情绪感染别人的效果。

别人的"特别之处"要给予特别的赞美

赞美就像你帮着别人洒香水,自己都会香。在人际交往中,如果女子善于捕捉别人的可赞之处,她就会赢得别人对她的喜爱。赞美,说出来容易,说好了却很难。"工作干得不错啊!""你挺好啊!"这种应付的赞美方式不但不会赢得他人的喜爱,有的时候还会适得其反。当对方把你认定为虚伪之人的时候,你就很难在他的印象中翻身了。所以,见机行事是当务之急,谁能把握好时机,谁就会占尽先机。

1.坦诚地赞美

如果你有了名利,有了地位要做到这一点是很不容易的。特别当对方的特别之处还是你的优势的地方就更加地难上加难了。比如说,游泳冠军遇到了比他游得还要好的人,他要如何去赞扬那个人的游泳技术?实力歌星发现了比他唱得还要好的人,他要如何去夸奖那个人的唱功?

有一名商人酷爱钢琴,而且也弹得一手好琴。一次,这个商人为他的太太举办了一场盛大的音乐生日会。请了许多在音乐方面有造诣的人,其中就有一位是自己仰慕已久的钢琴大师。生日会上有这样一个节目,就是让十名钢琴爱好者每人弹一段曲子,然后请这位知名的钢琴大师指点一二。大家都很兴奋,十分珍惜这一次难得的机会。这个商人也参与其中。已经有三个人陆续上台,每个人在弹过之后,这位知名的钢琴大师都会把演奏中不足的地方再弹一次,然后告诉他们应该注意的地方。每个人都觉得受益良多。终于轮到商人了,他有点紧张,但是当手一碰到琴键时一切不安就都平静下来了。这个曲子他弹得美极了,每个人都陶醉其中。待一曲过后,商人把钢琴请过来点评,钢琴师照例坐在了琴凳上,抬起手。片刻,钢琴师叹了口气,站了起来。所有人都感到特别的奇怪。钢琴师说,这位先生弹得非常好,我不知道还能指导他些什么,最起码在这支曲子上。所以,我不用再弹一次了,非常好!"

钢琴大师发现商人绝好的琴技时,坦白地承认自己挑不出毛病,他正是用这种特别的举动送给了商人一个最特别的赞美。这位商人在听过钢琴大师如此的评价后该是何等地激动啊。我敢保证,商人肯定不会因为钢琴大师的直白而觉得他徒有其名,反而会更加尊重和信任他。坦诚一点,你并不会失去什么,还会得到一个忠实的仰慕者。

2.及时赞美

当别人有了不一样的地方或是有了可喜可贺的事的时候,赞美是要有时效性的。比如说,同事烫了新的头发,第二天来上班的时候,你要马上给予赞美:"呀,变样了。真好看。在哪儿烫的啊,我都快认不出你了。"同事换了新的形象,最想听到的就是你的赞美之词。她们现在最在意的就是别人看她的头发是觉得漂亮还是难看。所以你的赞美要及时,别等到同事有意在你眼前走来走去,你还都没看见,逼急了问你:"你觉得我烫的头发怎么样啊?"到那时就一切黄瓜菜都凉了。再比如,领导升职成了经理。如果第二天早上见面,你还像往常一样问候"你好!"就不行了,至少你要说:"你好,经理!"别看没说什么话,但是这多的两个字就是最好、最特别的赞美了。

3.顺势赞美

与人交谈的时候,人们难免会谈及自己的得意之事。如果你觉察到了这一点顺着对方的话题赞美下去,肯定会说到对方的心坎里。

比如,你和一位父亲在谈话。父亲无意中说上个月送儿子去北京读书去了。你就要接着问:"您的儿子考上大学了吧,上北京了,可真好。"父亲没有太大的兴奋劲儿,回答说:"读的是专科,唉,考得不太好。"这时,你要有所觉察,你本来要去选择赞扬的地方是不正确的。你就要马上寻找别的点。你再问:"送儿子到外地,不舍得吧?""是啊,不舍得啊,在那里和他住了两星期都不想走。不过我的儿子随我,是个很独立的人。"父亲答道。很好,赞美点再次出现,虽然儿子的成绩父亲不满意,但是从父亲的话中可以看出他对儿子的独立性却很自豪,所以只要你从此点展开赞美,就是走对路了。

每个人都有他们得意的地方,特别的地方,即便只是改变了形象都想让别人看到、注意到。别吝啬你的赞美,这也是走宽人际关系的一个绝好的方法。

让对方感到自己很重要

俗话说:"种瓜得瓜,种豆得豆。"把它用在社会交往中同样适用。机遇的花朵在人生处处都可以开放,如果你懂得尊重别人,别人对你也会抱以同样的尊重,并且还会对你心生好感。如果你的尊重是戴着有色眼镜,看人下菜碟的,在无声无息中你就会失去很多东西。

全世界知名的玫琳凯化妆品公司的创办人曾经说过这样一个故事:多年前,玫琳凯开着一辆老旧的汽车到福特汽车的展示中心去,那时她手头还算有些钱,想买一辆黑白相间的新轿车。过了展厅,当时的业务员看着她开

了一辆老旧的车子,便料定她是买不起车的,只是来"瞻仰"一下罢了,这种穷人他见多了。于是,业务员根本没有把她当一回事,态度傲慢,爱理不理的。玫琳凯虽然心中不悦,可是由于急着买新车,就要求见业务经理。"现在是中午,经理不在,有什么事就和我说吧。"对着这种态度,玫琳凯觉得再没有谈下去的必要了。于是,她悻悻地逛到对面的 Mercury 汽车展示中心,一进门就被展示在大厅中心的一辆黄色车子吸引住了。但是尽管她很喜欢,但这辆车子的价格却远超了她的预算。业务员很热情地招待了她,谈吐十分殷勤、诚恳。玫琳凯因为业务员的态度也显示出了自己温情的一面,很快就和业务员愉快地聊了起来。在此期间,玫琳凯说想买车是因为当天是自己的生日,想买一部车作为自己的生日礼物。而后,业务员借称自己有点事情请她等一分钟。玫琳凯欣然地应允了。大约十五分钟之后,一位小姐抱着一捧鲜花走了进来,而业务员谢着接过了花,然后送给了玫琳凯,并祝她"生日快乐"。这一切太突然了,玫琳凯真是又惊又喜。不用说,玫琳凯后来把那辆超过预算的车子买了下来。聪明的业务员早就在玫琳凯的身上看到了一个无形的标签,上面写着"我很重要"。在人类行为中,有一条至为重要的法则:"永远尊重别人,使对方获得自重感。"只有这样,照在他人身上的光才会让你更加辉煌。

这样的例子在我们的生活中随处可见。比如说,你在超市里购物,推着购物车下电梯的时候,在电梯的尽头,站在一旁的超市工作人员都会帮助你拉一下购物车,避免购物车不能顺利离开自动扶梯而产生事故,这个时候你不妨抱以微笑并向他说声"谢谢";你去某个公司大楼找某个人,当导路员清晰明确地告诉了你要找的地方的时候,你不妨在报以感谢的同时,赞扬一下他的专业性;当你在快餐店要了一份炸薯条,而服务员却端给你一盘薯泥,这时你不妨说:"对不起,给你添麻烦了。可是我要的是炸薯条。"女服务员会说:"不用客气,是我搞错了,这一点也不麻烦。"现实生活就是这样,无论他人的身份多么微不足道,地位多么低贱,薪水少得屈指可数,你都要让他

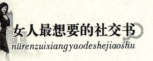
们感觉到自己是重要的。他们就会对你还以无限的信任和支持。

有很多人社交出现了障碍,就是因为他不懂这个原则。他们表功心强,喜欢表现自己,吹嘘自己,最常听到的话就是"你算老几","你是什么东西","你配吗?"等等。有句话你要记得"有花千万别抢着往自己头上戴,有功千万别往自己身上扯。"要想让他人信任你,首先你要肯定他,只有当他感觉到自己是重要的,他才会更加卖力地发光发热。这就是"肯定他人"的作用。

先抑后扬,牵着对方的情绪走

有很多女人都不明白,为什么自己的嘴也不笨,却要下很大功夫才能得到周围人的信任。而有的人往往不如自己和对方相处的时间长,却三言两语笼络了他人的信任呢?这就要从说话的技巧谈起了。怎样才能让对方很快就对我们产生好感,继而信任我们呢? 一般来说,从否定到肯定往往会有更好的效果,其方法也是多种多样的。

1.先抑后扬

先"损"一下,再"扬"起来,对方的情绪波动虽大,但往往会起到更好的作有。相传,纪晓岚就有这样一段趣事。有一次,纪晓岚应邀去为一个朋友的老母亲祝寿,席间他即兴做了一首祝寿诗。纪晓岚号称大清第一才子,到场的大人物都在期待着会有怎样的一首好诗诞生。谁知,诗的第一句劈头竟说:"这个老娘不是人",众人皆吓了一跳,在上坐的老太太心想:"这不是在骂人吗?"只见纪晓岚不慌不忙地再言:"九天仙女下凡尘。"哦,原来是这样啊。众人皆松了一口气,鼓掌叫好。老太太也高兴起来。谁知第三句却是:"生个儿子却做贼",宴会主人脸上勃然变色,四座咋舌。哪知纪晓岚又从容

地说:"偷得蟠桃献娘亲。"众人俱喜,宴会主人更是高兴地为他敬酒。

不愧是一代才子,一出言就非同寻常。第一句,"这个老娘不是人",仿佛在骂做寿者,引发他人的不快;第二句,"九天仙女下凡尘",峰回路转,原来是在赞扬其母为天人转世啊!众人皆喜;第三句,"生个儿子却做贼",又下一次重药!主人怒气直上;第四句,"偷得蟠桃献娘亲",原来,儿子也不是凡人,居然犯险到天上偷王母娘娘的蟠桃给母亲祝寿。短短四句话,抑一扬一抑一扬相结合,既表达了主人不凡的地位,又表现了儿子对母亲的孝心,真是一道绝妙的诗。在与人交往的过程中,虽然应该多赞美别人,不能轻易否定对方,然而,这种先抑后扬的赞美方式往往会让气氛更好,更得人心。

除此之外,先抑后扬的方法也可以换成另一种形式,皆有异曲同工之效。比如说,"刚开始认识你的时候觉得你特难相处,熟了之后没想到对朋友这么够意思,","上学那会儿你像个假小子特淘,现在怎么这么漂亮,这么文静啊?!"适当地否定他的过去,实际上是对他今天成绩的加倍肯定。

2.否定他人,肯定对方

如果有两个人对你表达喜爱之情。第一个人:"我喜欢的人多了,当然也包括你。"第二个人:"我很少喜欢别人,不过你是个例外。"你更愿意接受哪种说法。当然是第二种。第一个人用的是双双肯定,第二个人用的却是否定其他人,肯定你自己。如果他们是喜欢你的男生,第二个人胜出的比例明显强于前者。

说话也是一门艺术,虽然其中有技巧性可言,但是这只能增强你表达意思的效果。如果此方法不是出自于内心,而是单纯的技巧的话,会很容易被别人揭穿的。说白了,"诚"字仍然是你言语的先行军。技巧和心里想表达的话就像是积木盒和积木的关系,积木盒只是大小最适合装积木的盒子罢了。

换位思考，权衡双方利益

在人际交往中要想自己可以得利还使他人信任你的话，就要学会本着"双赢"的思想进行换位思考。如果人与人在相处的时候，总是想着如何占人家的便宜，别人肯定会对你十分反感。就算是你一时地蒙混过关占得了小便宜，却把长远的利益输了进去。孰轻孰重你应该很明白。特别对于从商的女人，更不能贪了小的失了大的。男女偏见在一定程度上还是存在的，有的人不愿意和女人做生意，他们觉得女人都是斤斤计较的，所以，哪怕是你动用了一点这种想法，对方通常都会以一当十。别说商人只看利，做生意讲究情义，重情不重利。如果在与人相处的过程中，你体现出大家之风，处处为他人着想甚至是拉他一把，并且言出必行，对方就会对你产生信任甚至是感激之情。如果是这种情况，他要有十分羹的话，能不给你分几羹吗？这样，感情人脉这条线才会得以发展。当一次这样，两次这样，人传人，口传口，不久你的声誉就会有口皆碑，人人信服。虽然在生意场上商人都是了为利而行的，但是，这并不意味着不讲道义，不够朋友，为了钱什么方法都用，那样的商人是难以立足的。一次生意挣少了点儿，却迎来了第二次和第三次，乃至更多次。反过来，一次生意耍了心眼多挣了一点，却失去了以后挣钱的机会。

在《宋稗类钞》中有这样一个故事，宋朝有一个叫苏掖的人，官位很高，十分有钱，但是却吝啬得要命。每次买田买房的时候总是不能付给对方足够的钱，为了少付一分钱也会与人争得面红耳赤。不仅如此，他的同情心少得可怜，别人越是困难着急用钱的时候，他越会把价格压得很低，以此赚得暴利。有一天，他又遇到了这等好事儿，仍是按着他的老套路把房价压得低低

的。房子的主人觉得他不讲道理于是与之吵了起来。两人越吵越凶,旁边的儿子再也看不下去了,张口说:"爸爸,您还是多给人家一点钱吧!没准将来我们儿孙辈会出于无奈而卖掉这座别墅,那时候,我们也希望有人给个好价钱。"听了儿子的话,苏掖愣了一下,也觉得自己似乎做得有些过分了。

当你发别人"困难"之财的时候,良心何安。多么可爱的孩子,他懂得站在别人的位置上去体谅别人的难处。他也知道,爸爸就算是多付出一点钱,他也是有利可得的。既然如此,又何必把事情做得那么绝呢?予人方便,自己方便。这是必然的规律。

还有一个故事也十分值得人们去思考。有一个村子盛产鲜花,每个人的家里都有大片的花田。有一个妇人历尽了辛苦从外面找寻到一种非常罕见的花种。这种花在市场的价格非常高。回到家里,她开始把花种拿出来一些种在了院田里。又怕当花开的时候被邻居们发现向她索要花种,于是她把自己家的花墙加高了一尺。第一年,在妇人的精心呵护下,花儿长得好极了,看着满院子紫色的花儿,她笑得嘴都合不上了。这一年,她挣了很多钱。花期过后,妇人把花种搜集好,待第二个种花时节到来后再行播种。邻居们都听说妇人挣了大钱,都问她种的是什么花,妇人支支吾吾地搪塞着,心想:"为什么要让你们知道啊,我自己挣钱多好。"每个花期很快就到来了,妇人把去年培育的种子种到了田里,满心期盼着它们成长,再给她带来丰厚的回报。可是事实却让她失望了,花儿虽然长势很好,但是花色却不纯了,原本应该是紫色的花儿却有的带红,有的带黄……这样的花在市场上是卖不到好价钱的。这到底是为什么呢?妇人想了想突然明白了"是花粉"。不错,就是花粉。花儿长成后,风会帮助花粉来给花儿进行受精,这样花儿才会发育出种子。虽然妇人种的都是一种花儿,可是邻居们的家里却有的种黄色的花,有的种红色的花。风的作用把别人家的花粉吹落到自家的花上,自然花就不纯了。想到这里,妇人决定把最原来的花种都拿出来,分给左邻右舍,如果大家一起种就再也不会出现这种情况了。邻居们充满感激地领走了花种。一年又一年,妇人家里的花仍然是紫得绚目,村子里的人也因为这种花都过上了富裕的生活。而妇人也因为献花有功而被推选为村子里的村长……

人生就是这样,觉得获利的时候不一定就是好事儿,觉得吃亏的时候也不一定是坏事。独乐不如众乐,有钱不如大家一起赚,不但收入有增无减,而且还为自己赢得了大家的信任。在人际交往中,多为别人想三分,也是在为自己加一分。生意不成友情在,人生处处是机遇,没准什么时候你在前一秒积下的福报在下一秒就得以实现了。总之,女人要真想在人际交往中做到左右逢源,八面玲珑,这个道理是不能不懂,不能不做的。

保持合理的人际距离,
尊重对方的心理空间

在这个世界上,从一方面讲,有的人热情如火,也有的人腼腆沉默;有的人性格开朗愿意与人相处,也有的人性格内向,孤僻自守不喜与人往来。从另一方面来说,两个人关系好自然愿意靠得近;两个人不相识自然离得远。当然,人际距离有的时候也会因环境的约束而不得已地做些改动,比如说,在拥挤的公共汽车上,在没有办法做选择的时候,人们通常也会容忍陌生人靠得很近,但是这只是距离感做了转移,人们都在通过躲避别人的视线和呼吸来表示与他人的距离。虽然如此,只要是换一个比较宽阔的环境,人们还是喜欢去恢复该有的距离。比如说,公园里的长椅,同是公园里散步的陌生人。如果有两个长椅,两人就会各坐一个,如果只有一个也会选择坐得远一些。人与人之间是需要距离的,只有当我们了解了交往中的人们需要的自我空间有多大,心理空间有多广,然后再根据这些来做适当的调查整,就能寻

找到人际交往的最佳距离了。

1.亲密距离

这种距离一般在很亲密的朋友或是亲人之间得以体现。人际交往中最小的间隔或几无间隔,即我们常说的"亲密无间"。彼此相隔距离在 15 厘米之内,可能肌肤相触,耳鬓厮磨,以至相互能感受到对方的体温、气味和气息。稍远一些的范围也不过在 15~44 厘米之间,可能挽臂执手,或促膝相谈。这种亲密不仅表现在外在的距离上,也体现了彼此时间的心理距离。比如说,相恋的情侣、贴心的朋友、夫妻、母女等。在人际交往中,如果你不属于对方这个距离范围内的人,却要硬性地行之,随意闯入他人不可承受的心理空间,这都是十分不礼貌的,甚至会让对方产生反感。

2.个人距离

这种距离一般在熟人与朋友之间得以体现。较亲密距离相比较,较少有直接的身体接触。彼此间距离 46~60 厘米的可维持熟人间亲切地握手,友好地交谈。一般把 76~122 厘米的距离界定为个人距离。所以,如果你是第一次与对方见面,最好不要侵入这个范围之内,对于陌生人之间的谈话最好保持在 122 厘米左右为宜。

3.社交距离

这种距离已超出了亲密或熟人的人际关系,而是体现出一种社交性或礼节上的较正式关系。社交距离一般在 1.2~2.1 米之间,适用于工作环境或社交活动中。我们常常在电视上看到国家领导人在会谈的时候,彼此之间总会摆上一个茶几。这个茶几实际上有一种功用就是为了增加距离。在正式场合,如果两个人离得过近,会让彼此都感到十分不舒服。特别要提出的是,在人际交往中亲密距离与个人距离通常都是在非正式社交情境中使用,在正式社交场合则使用社交距离。不要因为对方是你的好友或是熟人就忘乎所以,忽视了社交距离的重要性,这样不仅会使对方难堪,也会让自己成为满场的笑柄。

在社交距离范围内，已经没有了直接的身体接触。所以，在说话时不妨适当地提高声音，让别人能够听得更清楚些。另外，目光交流和适当的点头认可等动作也是不可缺少的。因为它们直接传递了态度，是彼此感情交流的一种方式。

4.公众距离

这种距离一般应用于演说者与听众之间。公众距离一般在 3.7~7.6 米，远范围在 7.6 米之外。这个距离范围是一个开放式的距离，几乎可以容纳一切人的门户开放的空间。两者之间基本上不会发生什么联系，但是却很有可能做距离类型上的转变。比如说，演讲者讲到激情之处与台下的一个听众谈话时，他必须要走下台，使两者的距离从公众距离转为亲密距离或是个人距离。

虽然人际距离会因为国家、民族、社会文化的不同而有所不同，但是，就一般情况来说，如果遵照以上四种距离，基本上可以让自己了去"安全隐患"之忧。在人际交往中，女子要时常地给自己提个醒，切莫犯了别人的大忌讳。

第 13 课

和八种不同类型的人
交往的技巧

在生活中即使你是个超级幸运的女子，你也不会一直碰到的都是好好先生，好好小姐。既然有人类群体的存在，就一定会包含形形色色的人。有的人不爱说话，总是让你的热情碰壁；有的人趾高气扬，好像所有人都长在他们的鼻子底下；有些人目中无人；有些人顽固不化等等。如果他们仅仅是路人甲、乙、丙、丁也就罢了，若是长时间与他们交往、相处的话，就必须提起十二分的精神，想办法对付这些"难以相处"的人。一通则百通，只要你掌握了其中的诀窍，就会发现有许多事情一瞬间都迎刃而解了。

对冷硬死板的人，唤起他的兴趣

个性特点：我行我素，面无表情，不善于人际交往，对人情世故很木讷。即使你面带笑容地与他寒喧、打招呼，他顶多会点点头以示听到了，甚至以不理会做回应。

钻"空子"：这种类型的人大多性格内向，一般来说兴趣和爱好比较少，虽然别人不太了解他们，但是他们仍然有自己的追求和喜好。而"空子"，正是这难得的特点，如果从此处做文章，就会有成功的希望。别被他们表面的冷硬吓住，每个人都有自己的"软肋"，只要寻找到他们的兴趣点，碰触到他们真正关心的话题，他们就会一改平日死板的表情和态度，表现出相当大的热情来和你畅谈。

女子通常对冷硬死板的人很"感冒"，往往一看到那张阴沉沉的脸，满心的自信就会自动打了退堂鼓。

北风和南风谁都对谁不服气，于是北风提出来要和南风进行一场比赛。正巧街上走来了一个年轻人，身上裹着厚厚的大衣。北风说："这样吧，我们看谁能让他把大衣脱下来，谁就胜了，好不好？"南风同意了。北风心里想，这回我可是赢定了，我的风力比南风大，温度也比南风冽冽。于是，北风撒起欢儿来，肆无忌惮地吹起风来。结果，路上的年轻人在寒风中左右飘摆着，但是身上的大衣却因为冷风的突降，而裹得更紧了。北风费了好大的力气都没有达到自己的目的，气喘吁吁地对南风说："我不行了，你来吧。"南风笑了笑，吹起风来，暖暖的气流吹向年轻人，渐渐地，他感觉到身体暖了。又过了一会儿，他额头上竟然渗出了汗，于是为了消热，年轻人把大衣脱了下来。北

风简直不敢相信自己的眼睛,南风赢了。

换个角度去想,也许生活就会给你带来不一样的惊喜,我们有头脑,为什么硬要去以卵击石呢?相较于男子来说,女子更容易与他人建立友好的关系。遇到这种冷硬死板的人,要注意观察,尽可能地从他的言行举止中寻得蛛丝马迹。如果一旦寻到一些头绪,试着提一下,如果对方有些反应,那么接下来的事情就会好办得多了。

有一推销面包的女孩儿,看中了市区最大的一家饭店,她料定如果谈成那将是一块最有价值的"宝玉"。连续四年,她每天都打电话去给该饭店的负责人,可是明显这个人是个冷硬且死板的人,日复一日,他都是用那不变的语调说:"对不起,我们不需要。"但是这个女孩不死心,她把这个负责人的行程弄得一清二楚,参加他参加的社交活动,在某个饭店故意和他创造巧遇机会,趁机谈论面包的事。可是她都失败了,自信心遭受了挫折。

可是在一个偶然的机会,她得知该先生是某书法协会的一员,不仅如此,因为他的功底深厚,还被推选为主席。女孩儿高兴极了,就像是一个干渴的人突然发现身边还放着一杯干净的水。有了这个发现,再与该先生交谈时,女孩聪明地把话题扯到书法协会和书法上,那个四年来没被开启的话匣子终于打开了。他还留了一张会员入会申请表给女孩。那一天,虽然女孩儿没有提及面包的事情,但是饭店的工作人员却打来了电话,让她把面包样品和价目表送过去。一切就这样简单地成了。

对于冷硬死板的人,兴趣才是开启他话题的钥匙。所以找寻对方的兴趣点才是解决问题的关键,除此之外,这类人是没什么话题能和你聊到一起去的。在生活中这样的例子很多,比如说,当你看到这种类型的人深情地抚摸着远在国外上学的儿子的照片时,那么你就谈谈他儿子的优秀,他是很愿意告诉你的……每个人的内心都有一块供兴趣的话题生长的空地,只要你能找到它,事情自然就会很容易办成了。

对傲慢无礼的人，说话简洁有力

个性特点：自视甚高，目中无人，表现出"唯我独尊"的样子。仿佛周围的人都不如他，级别都要比他低。

钻"空子"：正是因为这类人自我认定的高姿态，傲慢无礼的态度，让我们有"空子"可钻。首先，在保证能阐述清楚谈话内容的情况下，尽可能地减少与其交往的时间。把握好自己手中交谈的"砝码"，在能够充分表达自己的意见和态度，或某些要求的情况下，尽量减少他表现自己傲慢无礼的机会。如果你以最少的话清楚地表达了你的要求和问题时，因为他们特有的性格特点，往往会由于少了表现"性格"的机会而不得不认真思考你所提出的问题，从而使事情顺利地进行下去。

傲慢的人，多半有足以傲慢的条件。失去了这个条件，傲慢的，也一反其从前之所为；拥有了这个条件，伪装谦虚者，也会改变其常态。可见，傲慢是后天的，不是先天的，是环境所造成的。对待傲慢且无礼之人，要求说话简洁有力，抛出内容的关键点，至于值不值得，应不应该去做让他自己去寻思吧，不要给他施展"傲慢"的机会。

冯爽到一个韩资企业去面试，在此之前，朋友曾告诉她这家大名鼎鼎的公司办公环境和工作待遇都是一流的。但是，他们的老板却十分的大牌。虽然做好了心理准备，可是冯爽还是紧张着。面试的人很多，好的公司就是不一样，走廊里排满了人。她排在比较靠后的位置，看着一个个求职者进去，又出来，从她们讨论的言语中，她捕捉到了老板是一个超级"拽"的韩国男人，冯爽不由得深吸了一口气。

　　两个小时后，冯爽终于排到了队伍的最前面。推开办公室的门，让她奇怪的是第一眼没有看到面试的老板，冯爽随即想到肯定是有摄像头之类的东西，正当她忐忑不安的时候，突然传出一句蹩脚的中文："介绍一下你自己吧！"声音来自硕大的老板桌那边。顺着音看过去，冯爽才发现老板椅调得很低，老板懒懒地躺在上面，手里把玩着矿泉水的瓶子，言语中充满了傲慢，甚至有一丝蔑视。冯爽的脑袋一下子大了，经验丰富的她见过很多的大老板，可是却没见过如此傲慢无礼的老板。气愤可想而知，冯爽吸了一口气，然后平静地分别用中文和韩语对这位老板说："收起你没有礼貌的傲慢，调整你的坐姿再和我说话。"她觉得自己是必"死"无疑了，她一定会被"请"出办公室了，一下午的队算是白排了。可是，事情却发生了质的变化，这个刚刚还气得你想去揍他的老板，突然站了起来，非常有礼貌地向她微微点了点头，然后说："冯小姐，抱歉，我的傲慢只是面试中的设计，你是唯一一个敢让我站起来的求职者，恭喜你，你被录用了！"

　　虽然，这只是布的一个"傲慢无礼"局，可是如果你面对的人像事例中的老板那样，并且是真实存在的，即使，他很愤怒，但是大概气焰已经灭了大半了。在生活中，我们肯定会碰到各种各样的人，比如你的老板就恰恰是这类人，取宠献媚是不会解决问题的，反而自污了人格。

　　密尔登是克伦威尔的秘书，为他写了不少册子。查尔斯就以此为由来讽刺密尔顿："你可曾想过你的眼睛所以瞎掉，正巧是因为你帮了杀我父亲的凶手而遭的天谴吗？"对于这种明显的无礼攻击，一般人都会迫于权势而默不作声，但是密尔登却说："我的眼睛瞎掉，这是千真万确的事情。不过假如一切祸害都归于上帝的天谴，那么你要知道，陛下，令尊的头颅也是失掉的啊！"

　　面对高高在上的人，惧怕只会长了这类人的小人之势。虽然密尔登的话会令皇帝发窘，但是却在告示着人格是不能随便被人侮辱的，即便你是"王"，傲慢无礼的态度也是不应该存在的。当然，对于这类人还是应以少说为妙，本着多做事少说话的原则是最为明智的举动。

对沉默寡言的人，直奔主题

个性特点：沉默不爱言语，性格内向，典型的"闷葫芦"，往往让人感到沉闷和压力。这种类型的人一般心事很重，不喜言笑。即使你找话题来说，他们往往也会有一句没一句地回答，如果你问多了，甚至会对你产生反感厌恶的感觉。

钻"空子"：这种类型的人之所以这样，很有可能是出于某种心事不愿多言。所以，女子在与此类人打交道时，简单的寒暄之后就可直奔主题。

女子在与这种类型的人打交道的时候，通常惯用的"没话找话"对他们不起作用，不仅达不到活跃气氛的作用，反而让自己陷入到尴尬之地。所以，不妨直接挑明主题才是明智之举。当然，虽然这类人很难搞定，但是也不是完全没有技巧可言。比如说，在谈问题的时候，以话语引导他，只需他能够明白地表示"是"或"不是"，"行"或"不行"就可以了，把迂回式的谈话方式收起来。如果有两种或两种以上的可能的时候，你不妨直接地问："对于 A 和 B 两种办法，你认为哪种较好？是不是 A 方法好些呢？"既然对方不爱讲话，那么随了他们的意，让他们少讲则为好。

对深藏不露的人，维护他的"面具"

个性特点:工于心计,城府极深。无论是面无表情还是微笑以对,都像是带着面具的人,表面所表现出来的一般都不是他们内心的想法。这类人很会保护自己,他总是把自己的大脑数据库填得满满地,把对方了解得透透的。这样他的心理才觉得是安全的。这类人的通病是你在得势的时候,他会为你锦上添花,当你失意的时候,他落井下石。他根本不懂什么叫真诚,在他们的眼里权势才是最重要的。所以,这种人最好少交往为妙。当然,还有一种却走另一个极端的类型,肚子里的墨水很少,对某些事情缺乏了解,拿不出有价值的意见,为了掩饰自己的无知,以一种未置可否的方式,含糊其辞的语气与人交往,并装出一种城府很深的样子。

钻"空子":第一种类型的人善于在各种矛盾关系中周旋,使自己处于不败之地;第二种类型的人善于伪装,害怕自己的短处被别人揭穿。无论是哪种,极度地自我保护是他们的共同点,只有在"面具"的后面,他们才会感到安全,所以,与这类人相处的时候,要维护他的"面具",才不会让他把你当作自己的敌人。

我们身边一定有许多深藏不露的人,他们不肯轻易让人了解其心思,有时说话甚至不着边际,一谈到正题就"顾左右而言他"。双方进行交流,其目的在于了解彼此的情况,以使事情圆满完成。所以,女子并没有必要踏入这潭浑水,挖空心思地窥探对方的情报,让他的真面目曝光并不是一件好事情。

狮子成了大森林里的王,并任命猴子做它的军师。狮子很受动物的爱戴,大家都认为它爱民如子,又勇敢,又有能力,如果没有它的保护,森林里

的动物早就被另一片森林里的野兽吃掉了。所有的动物差不多已经忘记了狮子原本也是食肉的。而狮子也为了维护自己的"光环"，总是在半夜才活动，悄悄地逮点动物吃，解解馋。本来一切都还算平静，可是这件事却被猴子发现了。猴子没有害怕，反而很兴奋，因为它居然知道了英明大王的秘密。可想而知自己的地位是多么的高啊！猴子变得神气起来，甚至威胁起狮子来。狮子为了顾全大局也就做了适当的忍让，可是猴子却不见收敛。有一次和狗熊一起喝酒，到了兴头上居然把这件事说给狗熊听了。狗熊这个高兴啊，因为它早就想成为大王了。不久这件事不胫而走，所有的动物都知道了，并且坚称不能让这样残忍的动物做大王。狗熊顺势说自己是吃蜂蜜的，体格又壮。于是当选成了大王。狮子一气之下吃掉了猴子便离开了大森林。森林里一片欢呼声。可是好景不长，另一片森林的野兽们听说狮子走了，便借机又来入侵，而狗熊空有体格却不会指挥，且自己也胆小怕事，只好找个地方躲了起来。森林里的动物逃的逃，死的死。重回平静之后，狗熊爬出了洞，看见遍地的尸体默默地说："早知道这样，让狮子吃点又能怎样呢？这样倒好，大家都死了……"

　　狮子是食肉的，它必然会吃掉一些动物。但是从全局来看，利是远远大于弊。多事的猴子何苦要挖出它那一点不见光的原形呢。结果是自己被吃了。而狗熊也是为了达到自己称王的目的而把消息散发了出去，它却从来没有想到失去了狮子，它却不具有驾驭的能力，最后只能以悲惨作为结局。狮子就好比是深藏不露的人，不愿意让某些事情曝光从而带起了面具，当我们也遇到这类人的时候，只需要完成自己该做的，比如把预先准备好的资料拿给他看，让他根据你所提供的资料做出最后决断。根本没有必要挖出别人不爱见光的一部分，这对彼此都好。

对精明难缠的人，步步为营

个性特点：很难相处，很难摆脱，难与别人深交，朋友一般都为酒肉之友。他们有可能是商场上狡猾的竞争对手；可能是乱发脾气的难缠人；可能是欠钱不还的泼皮户等等。

钻"空子"：这种类型的人点子很多，随时可能爆发出新的主意或是更难解决的问题。与他们相处就要以不变应万变，如果遭受他们的有意攻击、诋毁，你要步步为营，时刻做好抗战准备。

女子与这类人打交道的时候，灵活的头脑是不能少的。随机应变的能力往往会帮助你渡过难头。有一个女演员，她与大学时代的一个女同学非常不合，所以总想找个理由吵上一架。说来也巧，不久大学同学举办同学会，这个女演员一眼就看到了她的"眼中钉"。于是，她故意走到旁边和其聊天，伺机而动。她们谈起来各地的戏院。"你到过圣堡戏院吗？"女演员问。"去过，而且我还看到了一个非常蹩脚的演员表演，也就是你在此处获得极大声誉的角色。"这个同学回答。女演员的脸色一变，森森地说"那位演员就是我！"女同学转看女演员一眼，心想："糟糕，这回可真是踩地雷了。"可是她灵机一动，以惊讶的口气说："真想不到，在短短的时间内你居然进步得这么快。"女演员的怒火顿时消了大半。

这个女子果然机智。如果当时她表现得大惊失色的话，那么这场蓄意的吵架事件就是不可避免的了。所以，对于难缠之人，即使你很讨厌他，也要尽力地不让他陷入窘迫的地步，否则他会对你记恨更深。西方有句谚语说："与魔鬼交往的通道是由善意铺成的。"也就是说，即使那些难缠的人像魔鬼一

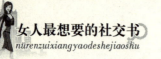

样奸诈狡猾，只要具备起码的善意，再加上恰当的技巧，也可以与之和平相处。

1.识别动机

这个问题是最关键的。首先你要知道对方的动机为何。如果是好的，那么即使他们的行为让你有点不能接受，但是也要友好地对待。比如说，你的老师为了你能进步得快一些而采取种种方法来对付你，再比如你的上司对你十分严格，但是完全为了工作着想；如果动机是不好的，那么就要求你多做防范了。

2.树立良好的形象

与这类人打交道的时候要让对方多说，尽量用提问、复述等方式让对方说，然后在对方说的过程中适当地插入自己的观点，使对方潜移默化地接受我们的观点；不要把自己对对方的喜厌写在脸上。在交谈过程中语调要亲切、自然，让对方感受到你的真诚和温暖。否则，这类人的疑心病就会加重，很可能引发误会或冲突；如果这类人是你的下属，如果他的想法你没有认可，不要都不认同，这样会刺激对方，以至于其负面行为一发不可收拾。反而要表现出自己对他的信任和期待，他就会产生向正面行为转变的勇气和信心；如果对方一开始就看你不"顺眼"，那么大费周张的客套并不具备实质的意义，弄不好他们还会认为你是"黄鼠狼给鸡拜年——没安好心"。但不如实话实说，该做什么就做什么。

3.对待职场中的"不良"之辈

职场如战场，女子要本着"害人之心不可有，防人之心不可无"这一金科玉律，才能得以永生。遇到难缠之人，如果你无法改变他去攻击你的做法，只好多备几招以防成为受害者。

（1）如果这个人是你上司，你也还想保住工作的话，就要注意不要把他推到与你相抵触的位置上。要不然，一旦他的心情不佳，你就肯定是他的出气筒。

（2）把同事"分类"。哪个是难缠的家伙，要在心里有数。他们往往重利益，有的高谈阔论，有的则总是不说话，但是他们都有一个通病就是搬弄是非。如果不小心很容易被他捅暗刀。

（3）化被动为主动。当你掌握了全部情报之后，却还想在这个环境中长期呆下，就要采取必要的措施，否则你今后的处境会更糟糕，你应该让那个诋毁你、攻击你的同事知道，你正在做出积极回应。

（4）认清自己的情况。也许你会因为这类人的诋毁而受到了不公平的待遇。委屈吗？忙着哭的时间没有了，现在要做的是摆脱这种状态。

（5）控制事态的发展。不要任由一个小问题又一个小问题地任意增多。蝼蚁尚可溃堤。一味地忍耐只会让你的委屈和气愤积累，到最后你很可能会失去理性让事情更糟，倒不如及时把问题客观地、理性地处理好。

（6）有些东西丢不得。比如说声誉。面对这类人给你造成的困扰不要挂在嘴边，即使你与老板共事在同一间办公室，也不要经常提及。如果时间长了，老板会觉得奇怪"你为什么不能解决问题？"你的工作能力或是为人处事的能力就会遭受质疑。

（7）先支一招。先下手为强也是不错的方法，如果你明确知道某些人要给你制造麻烦，你不妨开诚布公地对他说："对不起，我做的事情可能已伤害到你了。"或者"我可能错了。""战争"当然是能避免的就避免了才好。

对马虎糊涂的人，尽量明确

个性特点：头脑不太灵光，做事马虎，你无论事情说得多么清楚，他们总是因为一开始就没有弄懂你的意思从而使整个谈话内容陷入到"不理解"的

泥淖中。

钻"空子"：这种类型的人常犯的错误一般有两种：一种是从来不知反省；另一种则是理解能力太差，完全没听懂别人的谈话。针对这些性格特点，你要尽量把"事务"明确化，以激励他打起十二分的精神。

一般让我们有这样感觉的人通常是我们的上司，因为他们在布置工作任务时含含糊糊、笼笼统统，从来没有明确具体的要求；有的既可理解成这样，又可理解成那样，给我们带来了不少麻烦。向他汇报工作，他也往往是听三不听四。有的时候，你还没有把汇报做完，他就定下结论了，弄得下属们无所适从。这种类型的上司，常常会做出一些令人啼笑皆非的事，使身为下属的你不知如何是好。比如说，上面有了新政策，上司带着大家一起开会学习精神。这类人往往只会照本宣读，对你提出的具体内容反而支支吾吾说不出个所以然；对于下属们做的申请、报告等签字确认性的书面文件，没等仔细看完就签上字草草了事等。对于这样的上司，在接受任务的时候，一定要进行详细询问，从具体要求到完成时间、调用人数等，一定要明确地问，有可能的话还要记录在案，让上司核准后再去动手。你去请示工作也不可听了上司的"哼哼哈哈"、"知道了"、"你看着办"之后就去做了，成功了还好，一旦出现了什么纰漏，他就会大发雷霆，指责你的不是。所以，职明的女子要认清，你只是一个执行者，多问问，多请示是十分有必要的。为了避免今后出现类似这样的麻烦，所以在做下属的可反复说明旨意，并想方设法诱导其有一个明白的判断。必要时，用自己的语言去引导上司做出明确的回答。比如说，"你的意思……"，停下，让上司接着说下去。也可采用猜测性判断的语言，比如说，"你的意思是不是……"当你得到上司比较明确的回答后，还要再重复一下用来做进一步的确认。

对顽固不化的人，适可而止

个性特点：易钻进"牛角尖"。只要是他认定的，无论你如何说，说什么，他都完全听不进去，坚持己见，死硬到底。

钻"空子"：这种类型的人属于不开化的类型，要想让他们开窍比登天还难，往往累人且又浪费时间，而结果却没有任何进展。因此，与这样的人相处、交涉时，万不可打持久战，要适可而止。否则，谈得愈多，愈久，心里愈不痛快。

意大利流传着这样一个民间故事，一天，一个农夫要去勒城，在路上突然狂风骤起，而后下起了倾盆大雨，几乎无法行走。但是农夫有要紧的事要赶到勒城，于是他冒雨前行。

这时，碰到了一个同方向行走的老人，他笑着对农夫说："下这么大的雨你要到哪里去啊？"

农夫回答说："我要去勒城。"

"你至少可以说上一句'上帝保佑'。"老人仍笑着。

农夫停了下来，看了看老人，双眼眨了眨，说："上帝保佑，我要去勒城，无论他保不保佑我都要去勒城。"

老人一听，很不高兴，因为他就是上帝。于是他对农夫说："如果是这样，你就七年以后再去勒城吧，好好反省一下。"说完上帝把手一挥，接着说："现在，你给我跳到那片沼泽里，在那安心地呆上七年吧。"于是农夫变成了青蛙。

七年过后，咒语解开了。农夫爬到了地面，变回了人形，他第一件事想到的还是要赶去勒城,于是继续赶路。走了一会儿,他又看见了那个七年前把自己变成青蛙的老人,老人仍带着笑容,对农夫说:"你到哪去,我的好人。"

"去勒城。"农夫仍然答道。

"那么,你能否说一句'上帝保佑'。"上帝心想,经过上次的教训,他一定长记性了。

"如果有上帝保佑那很好,如果上帝不保佑,我也知道会有什么结果,可是我不要别人的帮助,我自己现在就可以跳进沼泽地里。"从此这个农夫再也不会说话了。

这个类型的人是最难应付的,无论你对他说什么他都听不进去,仍会坚持自己的意见。上帝都在这个顽固的农夫身上碰了钉子,我们还要拿出多少精力和时间来和这样的人打交道呢? 所以,如果与这类人打交道时,一定要适可而止。如果你不信邪硬要碰硬的话,往往到最后也只会得到一个徒劳无功的结果。

对爱摆架子的人,不卑不亢

个性特点:冷漠态度,高高在上的姿态,目中无人,即便是你主动和他搭话,他也爱理不理的"嗯""啊"了事。喜欢训人,趋于蛮横专断。一般都为两面派,对下面的人是一幅嘴脸,如果面对的人是他的领导、上司则判若两人。

钻"空子":"架子",顾名思义,就是空的。这是内心空虚的一种表现,所谓的架子就是在装势,这种类型的人大多是纸老虎,你越是对他们尊敬,顺从,他们就越得寸进尺,如果你表现得不卑不亢,他们的气焰反而会消下许多。

架子是那些自认为十分尊贵的人对"平凡人"所表现出的态度。也许是因为有权势，也许是经济实力强……总有一样是可供他们去显示的，也是他们"高人一等"的原因。这类人大体上是不识恭敬的，你越是对他有礼，他们就越会无礼，甚至颐指气使。所以，当面对这种人的时候，除了保有自己的固有的礼貌之外，还要做到不卑不亢，没有必要过度迁就。

有一次，晏子奉命出使楚国，楚王听说后，霸主的气焰随即上来了，对左右人说："晏婴，是齐国最能言善道之人，现在他要来，寡人欲羞辱他一番。"楚国摆出大国之势欲让晏子出丑，楚王命人在城门口故意不开正门，而是在正门旁开了个小门来迎接他，以嘲笑他的身材矮小。晏子见此，并没有屈于楚王的高姿态之势，而是用语言还击道："只有出使狗国者，才从狗门而入；而今晏婴出使楚国，不当由此门而入。"迎宾官员一听，脸色发红，却无言以对，只得打开城门，请晏子从大门堂堂正正进入。

楚王一听此事没有捉弄到晏子，心里很不痛快。随之为他设宴赐酒。宴上，高高在上的楚王看着晏子，轻视地问："难道齐国没有人了吗？怎么派你当使者呢？"晏子丝毫没有惧意，作礼后回答："齐国的临淄城有七千五百户，人人张袖可成阴，挥汗可成雨，行人来往川流不息，站立时必须并肩接踵，怎么会没有人呢？"楚王接着进攻道："那为什么要派你出使呢？"晏子回答道："齐国派遣使者，各有所出使的对象，贤者出使于贤君，不贤者出使于不贤之君。晏婴最为不肖，故最适合出使楚国。"楚王心里大为不痛快，但是又不好发作。这个时候，恰有两个下属绑着一人从殿前经过，楚王故意问："绑住的人怎么了？所犯何罪？"下属回答道："是齐国人，所犯是盗窃之罪。"楚王这回更神气了，说道："难道齐人生性喜欢偷窃的吗？"晏子则回答说："晏婴听说，橘子生在淮南为橘，其味甜美，若生长在淮北就变成枳，酸小涩苦，其叶虽似，但果实味道却不相同。为何会如此呢？实是水土不同的缘故啊。如今人民生活在齐国不偷窃，来到楚国却偷窃，这难道是楚国的水土使他发生了变化吗？"楚王一时语塞。几番下来，楚王用了多种方法仍然羞辱不

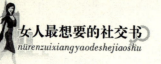

到晏子,反而让自己感到羞愧,于是放下了原本的架子真诚款待了晏子。

对待爱摆架子的人,只有做到不卑不亢,才会把他的"架子"打散,正视问题。有很多人也并不是因为自身的优势多强,而是缺少能力和自信的一种伪装,如果我们去迁就他,那么他只会把架子越摆越高。在面对这类人的时候,不如学一学晏子的做法,不向其低头,正视对方出的难题,态度上做到不卑不亢,事情才会有从低势到高势逆转的可能。